Léo

Marie

Mehdi

Alex

Jérôme

un café-restaurant

un stand de crêpes

la maison de Marie

la maison de Mehdi

la maison de Léo

Découvertes 1

Série bleue

für den schulischen
Französischunterricht

von
Birgit Bruckmayer
Laurent Jouvet
Ulrike C. Lange
Andreas Nieweler
Sabine Prudent
Marceline Putnai

sowie
Andrea Floure
Brigitte Laguerre
Sandra Märten
Jeanne Nissen
Michael Pfau
Christa Wänke

Ernst Klett Verlag
Stuttgart • Leipzig

Découvertes
Série bleue
Band 1

Zusatzmaterialien für Schülerinnen und Schüler zu diesem Band

Cahier d'activités mit MP3-CD und Übungssoftware, Klett-Nr. 622115
Cahier d'activités mit MP3-CD, Klett-Nr. 622116
Grammatisches Beiheft, Klett-Nr. 622118
Fit für Tests und Klassenarbeiten, Klett-Nr. 622110
Das Trainingsbuch, Klett-Nr. 622220

99 Wortschatzübungen, Klett-Nr. 622177
99 grammatische Übungen, Klett-Nr. 622119
Vokabellernheft, Klett-Nr. 622182
Verbenlernheft, Klett-Nr. 622160
Internet: Zusatzmaterial *www.klett.de*

Am Ende von Découvertes 1 erreichen die Schülerinnen und Schüler das Niveau A1 des Gemeinsamen europäischen Referenzrahmens. Die Kenntnis der im Inhaltsverzeichnis grün unterlegten fakultativen Inhalte wird in den anschließenden Einheiten nicht vorausgesetzt. Das Lehrbuch versteht sich als Gesamtangebot. Die Schwerpunkte des schulinternen Curriculums legen fest, welche Texte und Aufgaben in Découvertes 1 verpflichtend sind.

1. Auflage   1 7 6 5 4 | 18 17 16 15

Alle Drucke dieser Auflage können im Unterricht nebeneinander benutzt werden, sie sind untereinander unverändert. Die letzte Zahl bezeichnet das Jahr dieses Druckes.
Das Werk und seine Teile sind urheberrechtlich geschützt. Jede Nutzung in anderen als den gesetzlich zugelassenen oder in den Lizenzbestimmungen (CD) genannten Fällen bedarf der vorherigen schriftlichen Einwilligung des Verlages. Hinweis zu § 52 a UrhG: Weder das Werk noch seine Teile dürfen ohne eine solche Einwilligung eingescannt und in ein Netzwerk eingestellt werden. Dies gilt auch für Intranets von Schulen und sonstigen Bildungseinrichtungen.
Hinweis zu § 16 MarkenG: Alle in diesem Heft genannten Namen, Abbildungen und sonstigen Unternehmenskennzeichnungen Dritter sind eingetragene Marken, Geschmacksmuster und Warenzeichen der jeweiligen Rechtsinhaber.

© Ernst Klett Verlag GmbH, Stuttgart 2012. Alle Rechte vorbehalten.
Internetadresse: http://www.klett.de

Autorinnen und Autoren: Birgit Bruckmayer, München; Laurent Jouvet, Desaignes; Ulrike C. Lange, Bochum; Andreas Nieweler, Detmold; Sabine Prudent, Berlin; Marceline Putnai, Maulévrier Sainte-Gertrude; sowie: Andrea Floure, Schorndorf
Weitere Mitarbeit: Brigitte Laguerre, Stuttgart; Sandra Märten, Halle/Saale; Jeanne Nissen, Rostock; Michael Pfau, Halle/Saale; Christa Wänke, Linz
Beratung: Dr. Peter Bettinger, Rehlingen-Siersburg; Prof. Dr. Christoph Bürgel, Münster; Michette Eyser, Leonberg; Prof. Dr. Andreas Grünewald, Bremen; Silke Herr, Ludwigshafen; Hanns-Christoph Lenz, Leipzig; Prof. Dr. Franz-Joseph Meißner, Gießen; Ute Miesterfeld, Barleben; Christopher Mischke, Waiblingen; Ulrike Molter-Bocquillon, Mazaugues; Dr. Andreas Müller, Hannover; Inge Rein-Sparenberg, Marburg; Julitte Ring, Saarbrücken; Jérôme Rorig, Hannover; Jutta Rösner, Erlangen; Dr. Angelika Schenk, Wittenberg; Wolfgang Spengler, Solingen; Hermann Voss, Münster; sowie: Claus Darstein, Starkenburg; Gerda Germann, Zürich; Volker Hähnlein, Rostock; Annegret Mielke, Berlin

Redaktion: Dr. Gilles Floret
Gestaltung: Anita Bauch, Sven Thamphald

Layout: Petra Michel, Bamberg
Illustrationen: François Davot, Troyes; Christian Dekelver, Weinstadt; Katja Rau, Fellbach
Satz: Satzkiste GmbH, Stuttgart
Reproduktion: Meyle + Müller, Medienmanagement, Pforzheim
Druck: PHOENIX PRINT GmbH, Würzburg

Printed in Germany
ISBN 978-3-12-622111-5

So lernst du mit Découvertes

Découvertes

Einführung
Découvertes bedeutet „Entdeckungen". Diese Seite führt euch in das neue Thema ein.

Atelier A–B

Neuer Lernstoff
Atelier bedeutet „Werkstatt". Hier findet ihr Geschichten, neuen Lernstoff und Übungen.

Pratique

Anwendung
Pratique: Das neu Gelernte wird in Aufgaben praktisch angewendet.

Bilan

Überprüfen
Bilan: Hier könnt ihr selber prüfen, ob ihr den Lernstoff schon könnt.

Grammaire

Grammatik
Grammaire: Hier seht ihr die Grammatik des Kapitels auf einen Blick.

Vertiefen, wiederholen
Plateau: Zum Lesen und Wiederholen und zur Vorbereitung auf die internationale DELF-Prüfung

Plateau 1

Gezieltes Üben
En plus: Zusätzliche Übungen, auch zur Differenzierung

En plus – différenciation

Vokabular
Vocabulaire: Die neuen Vokabeln zum Lernen

Vocabulaire

Nachschlagen
Liste des mots: Die alphabetische Wortliste zum Nachschlagen

Liste des mots

En classe: Erklärung der wichtigsten Übungsanweisungen

En classe

Hier lernt ihr Frankreich mit eurem Land zu vergleichen.

PORTFOLIO
Das Ergebnis dieser Aufgabe kannst du in deinem Portfolio-Ordner sammeln. Informationen zum Portfolio findest du auf Seite 139.

32 CD[1] mit Hörtexten

Schriftliche Übung

Partnerarbeit

Gruppenarbeit

Übungen, die auf die DELF-Prüfung hinführen.

69, 1 Dazu findet ihr eine Übung im Cahier d'activités Seite 69, Übung 1.

Selbsteinschätzung

→ **En plus 120, 1**
Verweis auf Seite 120, Übung 1 im „En plus"-Teil dieses Buchs

△ einfachere Übung
△ schwierigere Übung

(G7) Die Nummern nach den Übungstiteln verweisen auf die Grammatik im Buch und auf das Grammatische Beiheft.

[1] Dieses Symbol kennzeichnet die Tracknummer auf der MP3-CD, die der Schülerausgabe des Cahier d'activités beiliegt. Diese enthält alle Hörtexte – sowohl aus dem Schülerbuch als auch aus dem Cahier d'activités. Lieder sind in dieser CD aus lizenzrechtlichen Gründen nicht enthalten.

Mehr dazu d73u8f

Auf einigen Seiten im Buch findet ihr Découvertes-Codes. Diese führen euch zu weiteren Informationen, Materialien oder Übungen im Internet. Gebt den Code einfach in das Suchfeld auf www.klett.de ein.

trois 3

Inhalt

PAGE

		Kompetenzen	
		Kommunikativ	**Interkulturell / methodisch**

Au début
Was weißt du schon über Frankreich und Französisch?

10	**Bienvenue** Vorwissen über Frankreich Begrüßung Chanson Alphabet Französisch in der Welt Rallye durch das Buch	**Parler** Sich begrüßen / verabschieden; Sich vorstellen / sich bedanken 　**Wortschatz** Begrüßung	🇫🇷 **Vis-à-vis** Vorwissen über landeskundliche Highlights aus Frankreich, der Schweiz und Belgien

Unité 1
Bonjour, Paris!
Moi et mes amis

Bonjour, ça va?

En plus → S. 120

16	**Découvertes** Paris, 17. Arrondissement	**Ecouter** Verstehen, wer spricht (Globalverstehen)	🇫🇷 **Vis-à-vis** Eine Straße in Paris
18	**Atelier A** Léo und Marie lernen sich kennen.	**Parler** Sich begrüßen / verabschieden; Fragen und sagen, wer jemand ist 　**Wortschatz** Bonjour. / Au revoir. / Salut. 　Ça va? Je m'appelle … Qui est-ce? – C'est …	
21	**Atelier B** Léo und Marie entdecken, dass sie im gleichen Viertel wohnen.	**Parler** Sagen, woher man kommt 　**Grammatik** Das Verb être (Singular); 　Unbestimmter Artikel (Singular) 　**Wortschatz** Zahlen 1 – 12 　**Aussprache** Die liaison / [ɛ̃/ɔ̃]	
24	**Pratique: tâches** Anwendungsaufgaben	**Parler** Du lernst jemanden kennen. **Lire** Du orientierst dich mit Hilfe von Schildern.	**Stratégie / Ecouter** Verstehen, worum es geht **Portfolio** Du stellst dich vor.
26	**Bilan**	Übungen zur Selbstkontrolle	

Unité 2
Copain, copine
Moi, mes amis et mes activités

Qu'est-ce que tu fais?

En plus → S. 120

28	**Découvertes** Ein Geschäft im Quartier	**Parler** Fragen, was etwas ist, was jemand macht	🇫🇷 **Vis-à-vis** Ein Geschäft in Paris
30	**Atelier A** Léo lernt Alex kennen.	**Lire** Einfache Informationen entnehmen **Ecrire** Einfache Sätze schreiben 　**Wortschatz** Gegenstände in der Schule 　**Grammatik** Verben auf -er (Singular); 　Bestimmter Artikel (Singular)	

🟩 fakultative Inhalte

4　quatre

PAGE		Kompetenzen	
		Kommunikativ	**Interkulturell / methodisch**
34	**Atelier B** Die Freunde unterhalten sich über ihre Vorlieben.	**Ecouter** Verstehen, was jemand mag (Selektives Verstehen) **Parler** Sagen, wo jemand wohnt / fragen, was jemand mag oder nicht mag 　**Wortschatz** Musik und Sport 　**Grammatik** Verben auf -er (Plural); Das Verb être (Plural); Fragen stellen 　**Aussprache** Stimmhaftes [z] und stimmloses [s]	
37	**Pratique: tâches** Anwendungsaufgaben	**Médiation** Du findest französische Briefpartner.	**Stratégie** Mit dem Buch arbeiten **Portfolio** Du schreibst auf, was du magst.
39	**Bilan**	Übungen zur Selbstkontrolle	

Plateau 1

41	**Plaisir de lire**	„Les chiens célèbres" (Lesetext); „Mirza" (Chanson)	
42	**Révisions**	Wiederholungsübungen	
43	**On prépare le DELF**	Test	

Unité 3
Bon anniversaire, Léo!
Moi, ma famille et mes amis

Joyeux anniversaire!

En plus → S. 122

44	**Découvertes** Familie, Freunde Geburtstagsfeier	**Parler** Zum Geburtstag gratulieren	**Vis-à-vis** Geburtstagsbräuche
45	**Atelier A** Vorbereitungen für Léos Geburtstag	**Ecouter** Vorlieben und Abneigungen verstehen (Detailverstehen) **Parler** Über seine Familie sprechen 　**Wortschatz** Familienmitglieder 　**Grammatik** Bestimmter und unbestimmter Artikel Plural; Possessivbegleiter: mon, ma, mes; ton, ta, tes 　**Aussprache** Stummes [ə] und geschlossenes [e]	**Vis-à-vis** Einkauf in der FNAC **Stratégie** Flüssig vorlesen
51	**Atelier B** Ein überraschender Besuch	**Ecouter** Zahlen **Parler** Sagen, wie alt man ist **Ecrire** Personen vorstellen 　**Wortschatz** Zahlen 13–39; Monate, Datum 　**Grammatik** Das Verb avoir; Possessivbegleiter: son, sa, ses	
55	**Pratique: tâches** Anwendungsaufgaben	**Médiation** Du erklärst einen Veranstaltungshinweis. **Lire** Du findest ein Geburtstagsgeschenk.	**Portfolio** Du machst eine Collage über ein Fest.
57	**Bilan**	Übungen zur Selbstkontrolle	

cinq 5

PAGE		Kompetenzen	
		Kommunikativ	Interkulturell / methodisch

Unité 4
Au collège Balzac
Moi et mon collège

Au collège, on fait des découvertes!

En plus → S. 124

60	**Découvertes** Alltag in der Schule	**Parler** Über die Schule sprechen **Ecouter** Orte an der Schule	🇫🇷 **Vis-à-vis** Das Collège Honoré de Balzac

62	**Atelier A**
	Léo findet einen USB-Stick.
		Parler / Ecrire Mein Tagesablauf
		Ecouter Uhrzeiten heraushören
		  Wortschatz Zahlen bis 60, Uhrzeit
		  Grammatik Das Verb *aller*; Die Verneinung	

66	**Atelier B**
	Eine Meinungsverschiedenheit zwischen Freunden
		Lire Einen Stundenplan verstehen
		Ecouter Das Ende einer Geschichte
		Parler Vorschläge machen, reagieren
		  Wortschatz Wochentage; Schule
		  Grammatik Das Verb *faire*; Possessivbegleiter: *notre / nos; votre / vos; leur / leurs*
		  Aussprache Stimmhaftes [ʒ] und stimmloses [ʃ]
			🇫🇷 **Vis-à-vis**
			Stundenpläne vergleichen

70	**Pratique: tâches** Anwendungsaufgaben	**Lire** Du suchst nach Informationen über die Schule. **Médiation** Du erklärst Plakate.	🇫🇷 **Vis-à-vis** Schule in Frankreich und Deutschland, Österreich und der Schweiz **Stratégie** Einen Text erschließen **Portfolio** Du stellst deine Schule vor.
72	**Bilan**	Übungen zur Selbstkontrolle	

Plateau 2

74	**Plaisir d'écouter**	„Bye bye collège" (Chanson)
75	**Révisions**	Wiederholungsübungen
76	**On prépare le DELF**	Test

Unité 5
Un samedi dans le quartier
Moi et mon quartier

Vive le sport!

En plus → S. 126

77	**Découvertes** Freizeitmöglichkeiten	**Parler** Über seine Umgebung sprechen	🇫🇷 **Vis-à-vis** Das *Quartier des Batignolles*

78	**Atelier A**
	Alex übernachtet bei ihrer Freundin Marie.
		Parler Über Vorhaben sprechen
		  Wortschatz Freizeitbeschäftigungen; Zeitangaben
		  Grammatik Das *Futur composé; Faire + de*
			🇫🇷 **Vis-à-vis**
			Verkehrsmöglichkeiten in Paris

🟩 fakultative Inhalte

PAGE		Kompetenzen	
		Kommunikativ	**Interkulturell / methodisch**
82	**Atelier B** Beim Judotraining	**Ecouter / Parler** Wegbeschreibungen **Parler / Ecrire / Ecouter** Ein Interview **Grammatik** Der Imperativ; Fragen mit *est-ce que*	

85	**Atelier C**
	 Die Freunde treffen sich am Crêpes-Stand.
		Lire Eine Speisekarte verstehen
		 Parler Etwas zu essen bestellen
		    Wortschatz Speisen und Getränke, Zahlen bis 100
		    Grammatik Das Verb *prendre*	

87	**Au choix** Übungszirkel	**Médiation** Ein Freizeitprogramm erklären **Lire** Eine E-Mail verstehen **Wortschatz** Die Bedeutung von Ausdrücken erschließen	**Stratégies** Das Wesentliche wiedergeben Einen Text gliedern und schreiben **Portfolio** Du stellst dein Wohnviertel vor.
		Un, deux, trois …cent!	
91	**Bilan**	Übungen zur Selbstkontrolle	

Unité 6
On fait la fête!
Moi et les fêtes

C'est ma fête, aujourd'hui!

En plus → S. 129

92	**Découvertes** Der Nationalfeiertag in Frankreich	**Parler** Über Feiertage sprechen	🇫🇷 **Vis-à-vis** *Le bal du 14 Juillet*

93	**Atelier A**
	 Marie bekommt Besuch aus Lyon.
		Ecouter Ein Gespräch im Zug
		 Parler Vergangene Ereignisse erzählen
		 Lire Einen Blog lesen
		    Wortschatz Kleidung
		    Grammatik Das *Passé composé* mit *avoir*; Adjektive
			🇫🇷 **Vis-à-vis** Der TGV
			 Stratégie Schlüsselwörter

97	**Atelier B**
	 Auf dem *Bal du 14 Juillet*
		Lire Eine E-Mail lesen
		 Ecrire Ein Gedicht schreiben
		    Wortschatz Kleidung und Farben
		    Grammatik Das Verb *mettre*; Direktes und indirektes Objekt
		    Aussprache Offenes [ɛ] und geschlossenes [e]	

102	**Pratique: tâches** Anwendungsaufgaben	**Médiation** Du erklärst eine Durchsage / eine Zeitungsnotiz. **Ecrire** Du erzählst von einem Fest.	🇫🇷 **Vis-à-vis** Feste in Frankreich, Deutschland, Österreich und der Schweiz **Portfolio** Du lädst zu einem Fest ein.
104	**Bilan**	Übungen zur Selbstkontrolle	

sept **7**

PAGE		Kompetenzen	
		Kommunikativ	Interkulturell / methodisch

Unité 7
Le Paris des touristes
Moi et ma ville

Dans Paris à quatre pattes …

En plus → S. 131

105	**Découvertes** Léo und sein Vater planen eine Reportage.	**Lire** Wörter erschließen	🇫🇷 **Vis-à-vis** Sehenswürdigkeiten in Paris
107	**Atelier A** Verkehrsmittel in Paris	**Aussprache** Die Aussprache erschließen **Parler** Über das Wetter sprechen **Lire / Ecrire** Postkarten **Wortschatz** Wetter **Grammatik** Die Verben *lire* und *écrire*	🇫🇷 **Vis-à-vis** Leihfahrräder in Paris
108	**Atelier B** Touristen am Eiffelturm	**Parler** Über Verkehrsmittel sprechen **Ecouter** Ein Chanson verstehen (selektives Verstehen) **Wortschatz** Verkehrsmittel	
110	**Atelier C** Verkehrsmittel in Paris	**Parler** Ein Einkaufsgespräch führen **Wortschatz** Mengenangaben	**Portfolio** Ein Bildgedicht verfassen
112	**Atelier D** Auf einem Flohmarkt	**Lire** Einem Gebrauchstext einzelne Informationen entnehmen **Parler** Freizeitbeschäftigungen **Grammatik** Die Verneinung *ne … rien*	🇫🇷 **Vis-à-vis** Verkehrsmittel in Paris **Portfolio** Wortbilder erfinden
114	**Atelier E** Im Park Asterix	**Parler** Vorlieben und Abneigungen **Lire** Einem Gebrauchstext einzelne Informationen entnehmen	**Portfolio** Internetsuche; Freizeitpark

Plateau 3

117	**Plaisir de lire**	Paul Eluard: *Dans Paris* (Gedicht)
118	**Révisions**	Wiederholungsübungen
119	**On prépare le DELF**	Test

120	**En plus** (Übungen zur Differenzierung zu Unité 1 – Unité 7)
133	**Grammaire**
143	**Stratégies**
	Vocabulaire
147	Lautzeichen; Tipps zum Vokabellernen
149	Vocabulaire (lektionsbegleitend)
189	Liste des mots (Französisch – Deutsch)
196	Wortliste (Deutsch – Französisch)
202	Solutions (Lösungen zu den Bilan- und Révisions-Seiten)
206	En classe
208	**Textes supplémentaires**
212	Bildquellen

🟩 fakultative Inhalte

Französisch in der Welt

L'OCEAN PACIFIQUE

Wallis-et-Futuna
Vanuatu
La Nouvelle-Calédonie

Les Terres Australes et Antarctiques Françaises (TAAF)

L'AUSTRALIE

Le Viêt-Nam
Le Laos
Le Cambodge

L'ASIE

L'OCEAN INDIEN

L'ANTARCTIQUE

Djibouti
Le Tchad
La République Centrafricaine
La République démocratique du Congo
Le Rwanda
Le Burundi
Les Seychelles
L'île Rodrigues
L'île Maurice
Mayotte
La Réunion
Les Comores
Madagaskar
Les îles Kerguelen

La Belgique
Le Luxembourg
La Suisse
La France
La Tunisie
Le Liban
Le Maroc
L'Algérie
Le Mali
Le Niger
La Mauritanie
Le Sénégal
La Guinée
La Côte d'Ivoire
Le Burkina-Faso
Le Togo
Le Bénin
Le Cameroun
Le Gabon
Le Congo

L'EUROPE
L'AFRIQUE
ATLANTIQUE

St-Pierre-et-Miquelon
La Guadeloupe
La Guyane française
Haïti
La Martinique
La Louisiane
Le Québec
Le Canada
Les États-Unis
L'île Clipperton

L'OCÉAN
L'AMÉRIQUE DU NORD
L'AMÉRIQUE DU SUD

Les îles Marquises
La Polynésie française
Tahiti

L'OCEAN PACIFIQUE

Les pays francophones

- Pays ou régions où le français est langue maternelle et officielle
- Pays ou régions où le français est langue officielle
- Pays ou régions où le français est langue d'enseignement
- Pays où on comprend le français
- Départements et territoires d'outre-mer (DOM-TOM)

neuf 9

Au début

Mehr dazu
r94i5q

Bienvenue!

1 En français, s'il vous plaît!

1–2

A

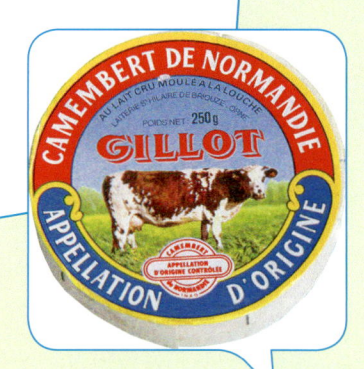

B

C

D

10   dix

Au début

Vis-à-vis

Was seht ihr auf diesen Bildern? Kennt ihr die französischen Bezeichnungen dafür? Vielleicht fallen euch auch noch andere französische Wörter ein. Erstellt eine Liste. Wie werden diese Wörter ausgesprochen?

onze 11

Au début

2 Bonjour! Salut!

- Salut, Julien!
- Salut, Laura!
- Bonjour, [madame / mademoiselle / monsieur]!
- Bonjour!
- Au revoir!
- Je m'appelle … Et toi? / Et vous?
- Moi, c'est … / Moi, je suis … / Je m'appelle …

*Geht durch die Klasse und begrüßt euch gegenseitig auf Französisch.
Sagt, wie ihr heißt und fragt eure Mitschüler nach ihren Namen.
Verabschiedet euch.*

3 Qui est-ce?

Marie Curie **Gustave Eiffel** **Carla Bruni** **Napoléon**

C'est / Voilà … / Il s'appelle … / Elle s'appelle …

Welche französischen Vornamen / Namen kennt ihr noch?

4 Chanson

Mehr dazu
r94i5q

Salut, ça va?

Salut, ça va?	Ça va, et toi?
Salut, ça va?	Oui, ça va, et toi?
Salut, ça va?	Ça va bien, merci. Et toi?
Bonjour, maman.	Bonjour, papa.
Bonjour, Christian.	Bonjour, Emma.
Bonjour, ça va?	Ça va bien et toi?
Ça va, ça va!	Ça va bien, ça va bien?
Ça va aussi bien.	Merci, merci, merci bien!
Ça va super bien!	Merci bien!

La carte des bises

12 douze

Au début

5 L'alphabet

Es kann sein, dass du deinen Namen auf Französisch buchstabieren musst.

A B C D E F
G H I J K L
M N O P Q R
S T U V W X Y Z

Hört die Buchstaben und buchstabiert euren Namen und Vornamen.

6 Le français en France et dans le monde

Habt ihr gewusst, dass auf allen fünf Kontinenten der Welt Französisch als Mutter- bzw. Amts- oder Verkehrssprache gesprochen wird? Nenne einige davon. Schau auf Seite 9.

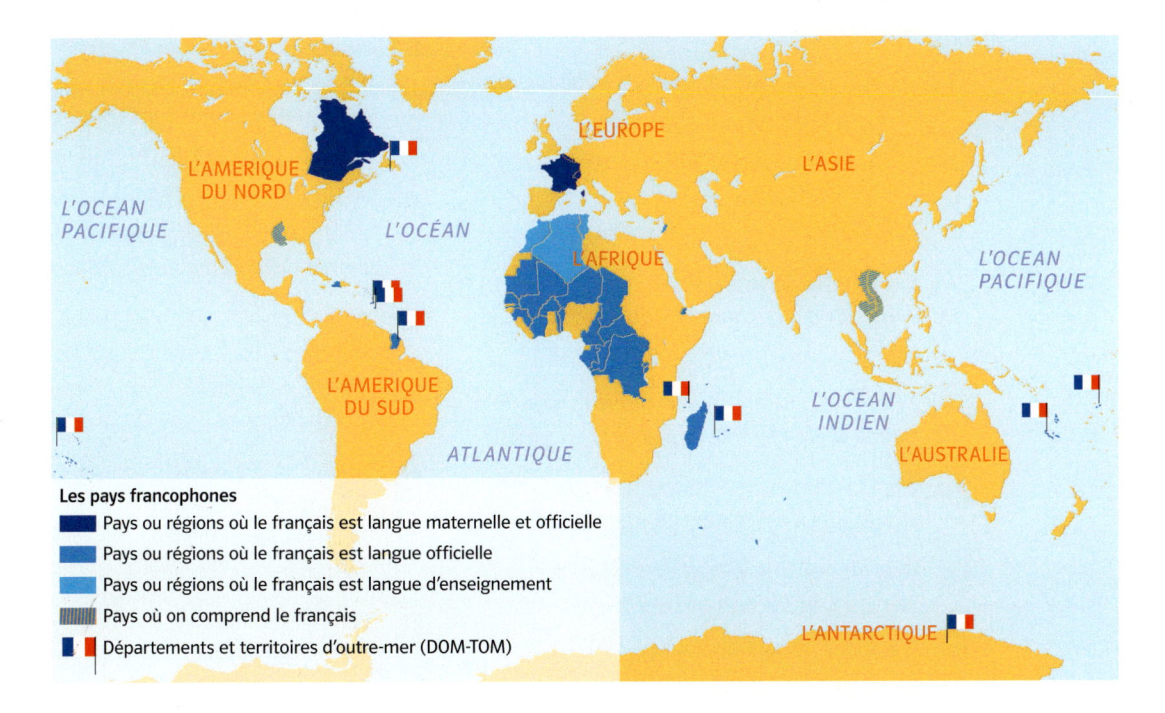

L'EUROPE
L'ASIE
L'AMERIQUE DU NORD
L'OCEAN PACIFIQUE
L'OCÉAN
L'AFRIQUE
L'OCEAN PACIFIQUE
L'AMERIQUE DU SUD
ATLANTIQUE
L'OCEAN INDIEN
L'AUSTRALIE
L'ANTARCTIQUE

Les pays francophones
- Pays ou régions où le français est langue maternelle et officielle
- Pays ou régions où le français est langue officielle
- Pays ou régions où le français est langue d'enseignement
- Pays où on comprend le français
- Départements et territoires d'outre-mer (DOM-TOM)

treize 13

Au début

1 Was ich schon kann …

Welche französischen Wörter kannst du aus folgenden Buchstaben bilden?
Spielt in der Klasse. Wer die meisten Wörter findet, hat gewonnen.
Jeder Buchstabe darf auch öfter in einem Wort vorkommen.

R E T J M B N L
C I A P O U S D

Stratégie

2 Mit dem Französischbuch arbeiten

Spielt zu dritt gegeneinander. Der erste Spieler schlägt in seinem Buch den Spielplan (Seite 15) und der zweite die Lösungsseite (Seite 202) auf. Das dritte Buch könnt ihr zum Beantworten der Fragen zu den roten Feldern verwenden. Die Antworten zu den anderen Fragen habt ihr bereits gelernt (ihr dürft aber bei Bedarf jeweils ganz schnell in der Lektion „Au début" nachschauen). Würfelt abwechselnd. Pro Feld gibt es zwei Fragen, da mehrere Spieler auf dasselbe Feld kommen könnten. Der erste Spieler, der das Feld erreicht, darf sich eine der beiden Fragen aussuchen. Sollte dasselbe Feld vom dritten Spieler erreicht werden, wählen die Mitspieler eine zuvor noch unbeantwortete Frage aus.

(1.) Wo schlägst du nach, wenn du vergessen hast, was das Wort „devant" bedeutet?
Wo schlägst du nach, wenn du eine französische Übungsanweisung nicht verstehst?

(3.) Verabschiede dich von deinen Mitspielern.
Sag, wie du heißt.

(6.) Worauf verweist das Zeichen (G) in den Überschriften der Übungen?
Was bedeutet das Zeichen (CdA)?

(7.) Nenne zwei Sehenswürdigkeiten von Paris.
Wie heißt die bekannte Radrundfahrt, die jedes Jahr in Frankreich stattfindet?

(9.) Nenne drei bekannte französische Männer.
Nenne drei bekannte französische Frauen.

(12.) Worum geht es in den Übungen „Parler"?
Worum geht es in den Übungen „Lire"?

(13.) Frag deine Mitspieler, wie es ihnen geht.
Sag, dass es dir sehr gut geht.

(14.) Wie heißt ein bekanntes französisches Weißbrot?
Nenne eine französische Käsemarke.

(16.) Wie heißen die Übungen, in denen Fragen zum Lektionstext gestellt werden?
Was bedeutet „Vis-à-vis"?

(17.) Wie heißt das Pariser Museum, in dem die Mona Lisa („La Joconde") hängt?
Nenne mindestens fünf Länder, in denen Französisch gesprochen wird.

(18.) Wo schlägst du nach, wie das Wort „maintenant" ausgesprochen wird?
Wobei hilft dir die Rubrik „Bilan"?

(19.) Wo schlägst du nach, wenn du wissen möchtest, was „Geburtstag" auf Französisch heißt?
Worum geht es in den Übungen „Portfolio"?

(20.) Buchstabiere deinen Namen auf Französisch.
Buchstabiere ein Wort, das dir deine Mitspieler aufschreiben, auf Französisch.

(21.) Wie heißen die beiden Hunde, die du in der ersten Lektion kennen lernen wirst?
Wie heißen die Kinder, die sich in der ersten Lektion kennen lernen?

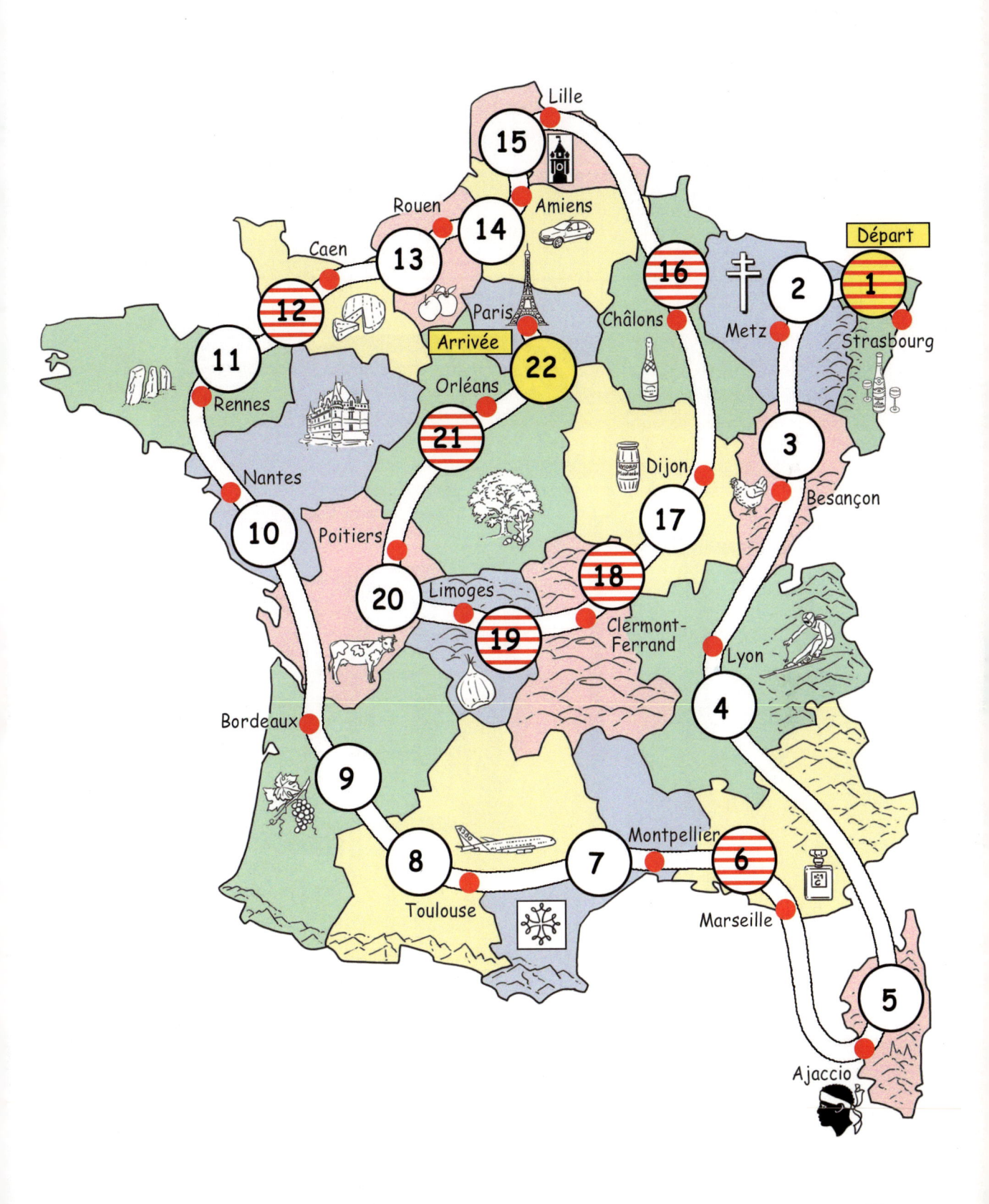

Au début

quinze 15

1 Découvertes

Unité 1
Bonjour, Paris!

Mehr dazu
d73u8f

> 🇫🇷 **Vis-à-vis**
>
> **Das Bild zeigt eine Straße in Paris.**
> Was geschieht hier?
> Was fällt euch auf?
> Was ist anders als bei euch?
> Achtet z. B. darauf, wie die Häuser
> und die Geschäfte aussehen …

16 seize

Découvertes 1

A Seht genau hin. Welche Wörter versteht ihr bereits?

7 B Hört zu und findet die Personen auf dem Bild.

Beispiel: Szene 1 – Das ist der Mann auf dem Motorroller.

Mehr dazu
tw44tq

C Schaut euch das Video an.

PORTFOLIO

Am Ende dieser Unité kannst du schon einiges über dich sagen, z. B. wie du heißt und woher du kommst.
Du kannst auch deine Freunde und dein Lieblingstier vorstellen.

dix-sept 17

Atelier A

1 Moustique et Malabar

1

- Bonjour, monsieur!
- Bonjour, et bienvenue!
- Viens, papa! Vite!
- Oui! Oui!

2

- Bonjour, Moustique! Ça va? Je m'appelle Marie.
- Ouah! Ouah!
- Qui est-ce?

3

Attention, Moustique! Non!
Oh, ... pardon!

4

Salut! Tu t'appelles comment?
C'est Moustique! Et moi, c'est Marie. Et toi?

5

Je m'appelle Léo. Et voilà Malabar!
S.P.A.
REFUGE GRAMMONT

1 Atelier A–B

Parler

2 A propos du texte

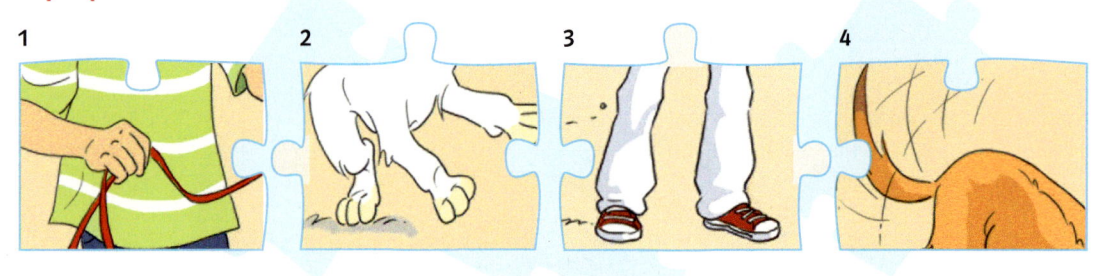

1 2 3 4

1. Qui est-ce?   – C'est …

Ecouter et lire

3 Ouah! Ouah!

Qui dit quoi? (Wer sagt was?)   Exemple: **1.** «Attention!» → C'est Marie.

1. Attention!
2. Salut! Tu t'appelles comment?
3. Qui est-ce?
4. Et voilà Malabar!
5. Viens, papa! Vite!
6. Ouah! ouah!

Parler

4 Tu t'appelles comment?

Faites un dialogue avec votre voisin.
(Sprecht im Dialog mit eurem Tischnachbarn.)

Salut! Je m'appelle …   Moi, c'est …   Et toi, tu t'appelles comment?

Parler

5 – Viens! – Non!

Seht euch die Szenen auf den Bildern genau an und ordnet ihnen jeweils 2 gelb unterlegte Ausdrücke zu. 2 Ausdrücke bleiben übrig, erfindet zu jedem der beiden ein eigenes Bild und stellt es der Klasse vor.

C'est …   Oh, pardon!   Vite!
Non!   Viens!   Qui est-ce?   Attention!
Oui, oui!

scène 1    scène 2    scène 3

20   vingt

Atelier B

1 C'est bizarre, Malabar!

1 Attention, Malabar! Un chat! Et un chien …, mais … c'est Moustique?

2 Léo! Malabar! Salut! Oui, ça va bien, merci.
Salut, Marie! Ça va?

3 Oui, je suis de Paris. Mais toi aussi, non?
Toi, ici? C'est bizarre, tu es de Paris?

4 C'est super!

5 Léo et Marie,
Un garçon et une fille de Paris!

Il est de Paris! Elle est de Paris!
Oh oui! Elle est d'ici!

C'est bizarre, Malabar!
C'est fantastique, Moustique!

vingt-et-un 21

1 Atelier A–B

Jeu de sons

2 Chanson

→ En plus 120, 1

11 *Ecoutez le rap, puis chantez ensemble.*
(Hört den Rap an und singt dann gemeinsam.)

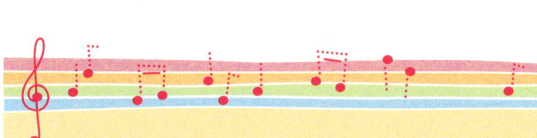

Moustique et Malabar

Voilà un chien de Paris!
Voilà un chien de Paris!
Un garçon de Paris,
et une fille, une fille aussi.

Refrain:
C'est fantastique, Moustique,
C'est bizarre, Malabar.

C'est une copine
C'est un copain:
Ça va, toi? – Oui, ça va bien.
Tu es de Paris?
Oui, je suis d'ici.
Toi aussi? – Mais oui!

Refrain

C'est une liaison.

Jeu de mots

3 C'est bizarre!

Trouvez les mots. Ajoutez un ou une quand c'est un nom.
(Findet die Wörter. Fügt un oder une hinzu, wenn es ein Nomen ist.)

Exemple: **1.** cheni → un chien

1. cheni
2. felli
3. Piras
4. pineco
5. chta
6. garnoç
7. painco
8. issau
9. zarrebi
10. tanfastique

En forme

4 Qui est-ce? (G 1)

Auch in Frankreich spielt man gern Personenraten. Einer hält eine Karte mit einem Namen/Foto, die anderen müssen erraten, um wen es geht.

Exemple:
– C'est une dame?
– Non, c'est un monsieur.
– C'est Monsieur …?
– Oui! C'est Monsieur …

1. – C'est un monsieur?
   – Non./oui, c'est …
2. – C'est …?
   – Non./oui, c'est …
3. – C'est …?
   – Non./oui, …
4. – …?
   – …

22 vingt-deux

Atelier — A–B — Pratique — Bilan — **1**

5 Attention!

Jeu de sons

Hört gut zu. Wenn ihr ein Wort hört, das wie **bien** klingt, hebt euer Französischlehrbuch hoch. Wenn ihr ein Wort hört, das wie **non** klingt, hebt eure Federtasche hoch.

[ɛ̃] bien   [ɔ̃] non

6 Il est de Paris. (G 2)

En forme → En plus 120, 2 △

A *Ecoutez, puis lisez.* (Hört zu und lest dann.)

1. Je suis de Toulouse.
2. Je suis de Strasbourg.
3. Je suis de Brest.
4. Je suis de Nice.

B *Findet die Städte auf der Karte hinten im Buch.*

C *Faites des phrases.* (Bildet Sätze.)

Léo: il …
Marie: elle …

Exemple: Voilà Léo. (Paris) → Voilà Léo. Il est de Paris.

1. Voilà Clément. (Toulouse)
2. Voilà Léa. (Strasbourg)
3. Voilà Zoé. (Paris)
4. Voilà Pierre. (Brest)
5. Voilà Gabriel. (Nice)
6. Voilà Joséphine. (Paris)

7 Bonjour! Ça va?

Parler

Travaillez à deux. Jouez les scènes. (Arbeitet zu zweit. Spielt die Szenen.)

1. Du triffst deinen / deine Lehrer(in).
2. Du trifftst deine(n) beste(n) Freund(in). Er / sie ist erkältet.
3. Du triffst deine(n) Lieblingssänger(in).
4. Du bist beim Arzt. Er fragt dich, wie es dir geht.

ON DIT

So begrüßt man sich:
– Bonjour, monsieur! / madame! / Marie!
– Bonjour (Léa)!
– Salut (Léa)!

So fragt / sagt man, wie es geht:
– Ça va (bien)?
– Oui, ça va (bien), merci!
– Non, ça va mal!
– Bof!

So verabschiedet man sich:
– Au revoir, monsieur! / madame! / Angela!
– Au revoir (François)!
– Salut (François)!

8 Un, deux, trois … (GBH, S. 55)

Jeu de mots

A *Ecoutez et répétez.* (Hört zu und sprecht nach.)

B *Notez le rap.* (Schreibt den Rap auf.)

1, 2, 3, salut, c'est moi …

je suis de Nice.
et voilà Béatrice.
salut, c'est moi!
elle est de Toulouse.
Sept, huit, neuf et dix,
Un, deux, trois,
Onze et douze,
Quatre, cinq, six,

vingt-trois 23

1 Pratique

Pratique: tâches

Ecouter

1 A Paris

A Du bist in Frankreich. Auf der Straße hörst du drei Gespräche. Worum geht es? Mache Notizen.

scène 1: …   scène 2: …   scène 3: …

> Auf den folgenden zwei Seiten könnt ihr anwenden, was ihr bisher gelernt habt.

STRATEGIE

Wenn du zum ersten Mal in Frankreich bist, ist es ganz normal, dass du nicht alles verstehst.
Dennoch kannst du vieles herausfinden:
– **Wer** spricht? Kennen sich die Leute?
– **Wie** sprechen sie? Achte auf den Tonfall.
– **Was** geschieht? Versuche die Situation zu verstehen.

Wer?	Wie?	Was?
1.		
2.		
3.		

B Was könntest du am Ende der Gespräche sagen? Höre noch einmal zu.

Moi aussi.   Oh, pardon!   Ça va.   Attention!   Qui est-ce?   …

Parler

2 Toi et moi

Du bist mit deinen Eltern in Frankreich.
Ihr kommt mit Jugendlichen ins Gespräch.
(Name, Wohnort, …)
Arbeitet zu dritt. Bereitet einen Dialog vor.
Ihr könnt Notizen machen.
Spielt die Szene in der Klasse vor.

> Was ihr für diese Aufgabe wissen müsst, findet ihr im Atelier-Teil:
> → Seite 20, Übung 4
> → Seite 23, Übungen 6 und 7.

24   vingt-quatre

Atelier – A - B Pratique Bilan **1**

Mediation

3 **Attention, «Chiens interdits»!**

15, 15

Du bist in Frankreich und liest diese Hinweisschilder.

1. Was bedeutet der Hinweis *«Chiens interdits»*?
2. Was bedeutet der Hinweis *«Téléphones mobiles interdits»*?
3. Was bedeutet der Hinweis *«Bicyclettes interdites»*?
4. Was bedeutet der Hinweis *«Interdiction de fumer»*?
5. Was bedeutet der Hinweis *«Interdiction de manger et boire»*?
6. Was bedeutet der Hinweis *«Stationnement interdit»*?

PORTFOLIO

4 **Moi, je suis …**

*Stelle dich, deine Freunde und dein Lieblingstier auf einem DIN A4-Blatt auf Französisch vor. Verwende Fotos.
Du kannst das Blatt in deinem Portfolio-Ordner aufbewahren.*

Mehr dazu
8488hz

Mon dico personnel
*Lerne, wie dein Lieblingstier auf Französisch heißt.
Weitere Tiere findest du im Vokabular auf Seite 153.*

Salut! Je m'appelle …
Je suis de …
Voilà … / C'est un … / une …
Il / Elle est de …
Il / Elle est … (super / …)
Voilà … . C'est un … / une …

une souris  — un cochon d'Inde  — un poisson rouge  — un cheval

un lapin  — une tortue  — une perruche  — un gecko

vingt-cinq 25

1 Bilan

> Überprüfe, was du kannst!
> 🔴 → klappt noch nicht
> geht so 🟡
> 🟢 → prima
> Vergleiche deine Lösungen mit den Lösungen auf Seite 202.

Bilan

1 Parler

Du kannst jetzt schon …   *Und so kannst du den Satz anfangen:*

1. sagen, wie du heißt	Je …
2. sagen, woher du kommst / jemand kommt.	Je … / Il/elle …
3. fragen, woher jemand kommt.	Tu … … Paris? / Il/elle … … Paris?
4. fragen, wer das ist.	Qui …?
5. fragen, wie es jemandem geht.	Ça …?
6. einen Herrn / eine Dame begrüßen.	Bon …, … / …!
7. einen Freund / eine Freundin begrüßen.	S…!
8. dich verabschieden.	…
9. jemanden vorstellen.	C'… / V…
10. dich entschuldigen.	(Oh) P…!
11. jemanden (vor etwas) warnen.	Att…!
12. dich bedanken.	M…!

Mehr dazu d4jz98   Weitere Übungen zum Bilan-Teil findest du im Internet.

2 Ecouter et lire

Lis, puis écoute. Qui parle? (Lies und höre dann zu. Wer spricht?)

Magali
VILLE: Marseille
COPINE: Joséphine
ANIMAL: chat

Emma
VILLE: Paris
COPINE: Léa
ANIMAL: –

Zoé
VILLE: Brest
COPINE: Lucie
ANIMAL: 2 chiens

Flora
VILLE: Colmar
COPINE: Sarah
ANIMAL: chien

Erkan
VILLE: Strasbourg
COPAIN: Jamel
ANIMAL: gecko

Exemple: **1.** C'est Magali.

3 En forme (G 2)

A *Schreibe die Sätze in dein Heft. Setze* **suis**, **es** *oder* **est** *ein.*

1. Bonjour! Moi, c' **?** Marie. Je **?** de Paris.
2. Et toi? Tu **?** aussi de Paris?
3. Oui! Et voilà Malabar. C' **?** un chien fantastique!
4. Moustique aussi. Il **?** super!
5. Mais toi aussi, tu **?** super!
6. Oui, moi, je **?** super et fantastique!

26 vingt-six

Atelier – A - B — Pratique — Bilan — 1

B *Bilde zu den Bildern Sätze wie im Beispiel und schreibe sie in dein Heft.*

Exemple: **1.** C'est **un** chien. **Il** est bizarre!

1. bizarre   2. super   3. super   4. fantastique   5. bizarre

4 Jouer avec les chiffres

Jeder würfelt mit 2 Würfeln, bewegt seine Spielfigur und spielt das entsprechende Tier.

Exemple: 2 plus 5 égal 7 ⟶ Figur bewegt sich um 7 Felder:
⟶ Je suis un chien super / génial / fantastique / cool / génial / …

vingt-sept 27

2 Découvertes

Unité 2
Copain, copine

Mehr dazu
yq72ae

Vis-à-vis

Was ist das für ein Geschäft?
Was gibt es hier zu kaufen?
In welchen Geschäften kann man diese Dinge bei euch kaufen?

23

Qu'est-ce que c'est?
C'est un magasin à Paris.
C'est une librairie-papeterie.

Que fait Léo?
Léo regarde une BD.
Un monsieur parle avec Malabar.
Une fille arrive. C'est Marie.
Elle cherche Léo.

PORTFOLIO

Am Ende dieser Unité kannst du sagen, wo du wohnst und was du gerne oder nicht so gerne magst.

28 vingt-huit

Découvertes 2

Un journal ou un magazine?

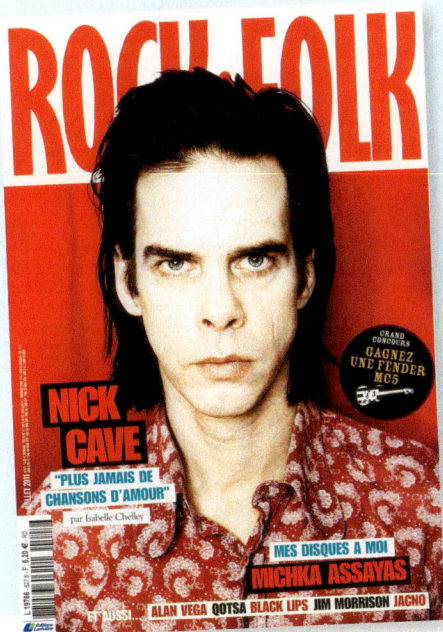

*Du interessierst dich für den französischen Sport.
Welche Zeitung / Zeitschrift kaufst du?
Schaut euch das Video an.*

Mehr dazu
v5k6ki

vingt-neuf 29

Atelier A

Jeu de mots

1 Qu'est-ce que c'est en français?

- un ordinateur
- un cahier
- un livre
- une gomme
- un crayon

Regardez l'exemple sur la photo et continuez. (Schaut euch das Beispiel auf dem Foto an und macht weiter.)

Qu'est-ce que c'est, en français?
C'est un truc bizarre.
Oui, c'est une gomme.
Non, c'est un stylo!

Jeu de mots

2 En rythme.

A *Ecoutez et mimez les verbes que vous entendez.*
(Hört zu und macht Pantomimen zu den Verben, die ihr hört.)

je regarde une BD
tu regardes une BD
il / elle regarde une BD

je parle
tu …
il / elle …

je … du pétrole[1]
tu …
il / elle …

je travaille
tu …
il / elle …

je trouve un camembert
tu …
il / elle …

j'arrive
tu arrives
il / elle …

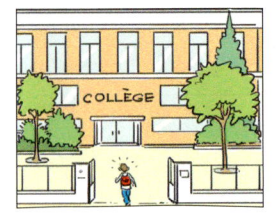

j'entre dans …
tu …
il / elle …

je porte un livre
tu …
il / elle …

B *Spielt eine Aktivität und fragt euren Nachbarn:* Je travaille? – Oui, tu travailles.
– Non, tu …

1 du pétrole [dypetrɔl] Erdöl

30 trente

3 Voilà Alex.

1. Léo est dans la rue avec Marie et Malabar. Un chat arrive et entre dans la Maison de la Presse.

2. Que fait Malabar? Il entre aussi. Il cherche le chat!

- Malabar, non! Viens ici!
- Bonjour, … euh, pardon … je cherche Malabar.
- Malabar? Qu'est-ce que c'est? Une BD?
- Non, c'est un chien. Malabar! Malabar!

3. Dans le magasin, Léo trouve Malabar.

4. Mme Latière, la grand-mère d'Alex dit bonjour. Elle porte un carton et une affiche.

- Malabar? Ah, tu es là!
- Chut! Je travaille.
- Tu travailles ici?
- Oui, pour l'école. Tiens, voilà mamie!
- Attention, l'affiche! Merci, Alex. Mais … qu'est-ce que c'est?
- C'est Malabar, le chien de … euh …

5.

- Malabar est le chien de Léo. Et c'est l'ami de Malou.
- Bonjour, madame, je m'appelle Léo.
- Un chien ici? Et un chat, en plus! Zut! C'est la catastrophe!

2 Atelier A B

4 A propos du texte
Lire

Complétez les phrases. (Vervollständigt die Sätze.)

Exemple: **1.** Léo [est] dans la rue avec Marie et Malabar.

1. Léo ? dans la rue avec Marie et Malabar.
2. Un chat ? et ? dans le magasin.
3. Malabar ? le chat.
4. Léo ? Malabar dans le magasin.
5. *Léo:* «Tu ? ici?»
6. *Alex:* «Oui. Je ? pour l'école.»
7. *Mme Latière dit:* Un chien? ? la catastrophe.

travaille · trouve · est · C'est · arrive · travailles · cherche · entre

5 Qui dit quoi?
Parler

Qui dit quoi? Dans quelle situation?
(Wer sagt was? In welcher Situation?)

1. Du kommst in eine Bibliothek und störst …
2. Du siehst, dass jemand ein Plakat hat fallen lassen …
3. Du siehst gerade deine Oma kommen …
4. Du entdeckst etwas, was du nicht verstehst.
5. Du schimpfst, weil du eine Katastrophe kommen siehst.

Bonjour! · Pardon! · Attention! · Tiens! · Zut! · Qu'est-ce que c'est?

6 Le cahier de Marie (G 3)
En forme

→ En plus 120, 1

A Exemple: **1.** – Qu'est-ce que c'est? – C'est **un** cahier.

B Exemple: **1.** – C'est le cahier de Léo? – Non, c'est **le** cahier de Marie.

1. cahier – Léo?
2. BD – Malabar? 
3. magasin – Alex? 
4. affiche – Marie? 
5. chat – Léo? 
6. gomme – Mme Latière? 

32 trente-deux

Atelier A B — Pratique — Bilan **2**

En forme **7 Que fait Marie?** (G 4, G 5)

Faites huit phrases différentes. Attention à la forme correcte des verbes.
(Bildet acht unterschiedliche Sätze. Achtet auf die richtige Form der Verben.)

Exemple: Marie | entre dans | un magasin .

Je / J' Tu
Elle Marie
Une fille Alex
Un monsieur
…

parler avec
arriver chercher
regarder
porter entrer dans
être …

une affiche. un magasin.
dans la rue. un carton.
la grand-mère d'Alex.
le monsieur. une BD.
…

Ecouter et parler **8 Zut, le carton!**

Ecoutez, puis corrigez les phrases. (Hört zu und korrigiert die Sätze.)

1. Dans un magasin, Léo cherche un livre.
2. Une copine de Léo arrive. Elle cherche un stylo.
3. Un monsieur entre dans le magasin avec une affiche.
4. Dans le carton, Léo trouve un cahier super.

Ecrire **9 Une catastrophe** → **En plus 121, 2 △**

Racontez l'histoire. Les mots donnés peuvent vous aider.
(Erzählt die Geschichte. Die angegebenen Wörter können euch helfen.)

1. papa de Marie – dans – rue – avec – Moustique – porter – carton

2. dit – Attention! – carton! – Non!

3. chercher – chien – Que fait …? – catastrophe!

4. Léo – arriver – Moustique – papa de Marie – merci! – garçon super, Léo!

trente-trois 33

2 Atelier A–B

Atelier B

1 Toi et moi

Approche

28 *Ecoutez et répétez. Puis, notez les formes du verbe **être** dans vos cahiers.*
*(Hört zu und sprecht nach. Notiert dann die Formen des Verbs **être** in euren Heften.)*

Voilà **Pierre et Paul**.
Ils sont à l'école.
Voilà **Fleur et Lucie**.
Elles sont à l'école aussi.
Toi et moi, nous sommes ici.
Anne et Ali, vous êtes à Paris.

2 Salut, Jérôme!

29–32

1. Léo et Marie sont devant le magasin de Mme Latière. Ils parlent avec Alex.

Marie: Tu habites ici?
Alex: Dans le magasin? Non, moi, j'habite rue Nollet. Et vous, vous habitez où?
Marie: Moi, j'habite rue Truffaut.
Léo: Moi aussi.

2. Marie: Tiens, il est super, le t-shirt! Alors, tu aimes le rugby, Alex?
Alex: Oui, et j'aime aussi le judo.
Marie: Et toi Léo, qu'est-ce que tu aimes?
Léo: Moi, j'aime le sport et euh … la musique.

3. Alex: Tiens, voilà Jérôme!
Jérôme: Salut!
Marie: Salut, tu es un copain d'Alex?
Jérôme: Non. Nous sommes frère et sœur.
Léo: Vous êtes frère et …?
Jérôme: Oui, on est frère et sœur. Elle est sympa, Alexandra, non?

4. Alex: «Alexandra», je déteste ça. Je m'appelle Alex! D'accord?
Jérôme: D'accord, d'accord, Alexandra.
Alex: Alors, au revoir, Jérôme!
Jérôme: Salut, Alexan… Alex!
Alex: Merci, Jéjé! Hi, hi, hi!

34 trente-quatre

Atelier — A–B — Pratique — Bilan — **2**

Lire

3 A propos du texte

Vrai ou faux? Corrigez. (Richtig oder falsch? Verbessert.)

Exemple: Léo et Marie parlent avec Alex. → C'est vrai.
Alex habite dans le magasin. → C'est faux. Alex habite rue Nollet.

1. Léo et Marie sont dans le magasin.
2. Léo habite rue Truffaut.
3. Jérôme est le frère d'Alex.
4. Alex est un garçon.
5. Alex est la grand-mère de Jérôme.
6. Marie déteste le t-shirt d'Alex.
7. Alex aime le rugby.
8. Léo déteste la musique.

4 Jeu de sons

[s] **S**alut!

[z] la mu**s**ique

33 **A** *Hört die Sätze an.*

Legt in euren Heften eine Tabelle mit 2 Spalten an. Tragt in die jeweilige Spalte ein, ob ihr ein [s] oder ein [z] hört.

34 **B** *Ecoutez et répétez.*

1. Vous êtes de Paris?
2. Vous habitez où?
3. Nous habitons rue Truffaut.
4. Vous aimez le sport?
5. Oui, mais nous détestons le rugby.
6. Mais c'est un sport fantastique!
7. Alors, qu'est-ce que vous aimez?
8. Nous aimons la musique.
9. C'est Alexandra?
10. Non, c'est un garçon!

En forme

5 C'est la cata(strophe)! (G 4)

A *Complétez les phrases avec les bonnes formes du verbe **être**. (Vervollständigt die Sätze mit den richtigen Formen des Verbs **être**.)*

1. *Le garçon:* Bonjour, madame! Je cherche un stylo.
2. *Mme Latière:* Bonjour! Un stylo? Mais oui.
3. *La fille:* Euh, pardon, mais … vous **?** la grand-mère d'Alex?
4. *Mme Latière:* Oui. Et vous, vous **?** frère et sœur?
5. *Le garçon:* Oui. Et nous **?** à l'école avec Alex.
6. *La fille:* Jérôme et Alex **?** là?
7. *Mme Latière:* Non, ils **?** à l'école.
8. *Le garçon:* A l'école? Oh, non! Et nous, nous **?** ici!
9. *La fille:* Mais c'**?** la cata! Vite, à l'école!»

B *Jouez la scène.*

trente-cinq 35

2 Atelier A–B

6 Que fait Léo? (G 5)

→ En plus 121, 4 △

A Trouvez le pronom. (Findet das Pronomen.)

Exemple: 1. **?** cherche une BD. (Léo)
→ Il cherche une BD.

1. **?** cherche une BD. (Léo)
2. **?** parlent. (Marie et Mme Latière)
3. **?** sont à l'école. (Alex et Jérôme)
4. Marie et Léo, **?** aim**ez** le rugby?
5. Oui, **?** aim**ons** le rugby.

B Trouvez la bonne forme du verbe. (Findet die richtige Verbform.)

1. Tu (parler) avec un monsieur:
2. – Monsieur, vous (travailler)?
3. – Non, je (regarder) le journal.
4. Et toi, tu (chercher) Léo et Marie?
5. – Oui. Ah, voilà, ils (arriver).
6. – Salut, nous (chercher) la rue Nollet.

7 Le sport et la musique

Ecoutez, puis faites deux filets à mots.
(Hört zu und erstellt zwei Wortnetze.)

Mehr dazu iv25rb

le rugby — **le sport** — la musique — le rap

le judo   le rock   le vélo   le rap   la gym(nastique)   le rugby
    la chanson   le foot   la techno   la musique classique

8 Qu'est-ce que tu aimes, Léo?

→ En plus 121, 3 △

Ecoutez, puis dites ce que Léo aime et ce qu'il déteste.
(Hört zu. Sagt dann, was Léo mag und was er nicht mag.)

Exemple:

Léo aime 😊	Il déteste ☹
la musique	…

> Du musst hier nicht jedes Wort verstehen. Achte vor allem darauf, was auf **J'aime …** und **Je déteste …** folgt.

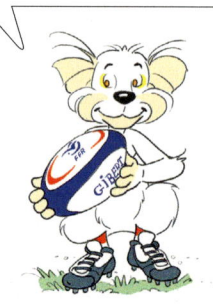

9 Tu habites où?

Faites des dialogues.
Utilisez des mots de l'exercice 7.
(Sprecht im Dialog.
Verwendet Wörter aus der Übung 7.)

ON DIT

– Moi, j'habite rue Truffaut. Et toi, tu habites où?
– J'habite à Neunkirchen, Jägerstraße.

– J'aime le rugby. Et toi, qu'est-ce que tu aimes?
– Moi, j'aime le vélo et le rock. Et toi? Tu aimes aussi le rock?
– Oui, j'aime aussi le rock. / Non, moi, je déteste le rock.

– Et Max, qu'est-ce qu'il aime?
– Il aime la musique classique.
– Et Sonia, qu'est-ce qu'elle aime?
– Elle aime le foot.

36   trente-six

Atelier – A - B Pratique Bilan **2**

Pratique: tâches

Parler

1 Voilà Jonathan.

A *Travaillez à deux. Chacun présente deux élèves à son partenaire.*
(Arbeitet zu zweit. Jeder präsentiert seinem Partner zwei Schüler.)

Exemple: Voilà Jonathan. Il habite à Linz.
Il aime … Il déteste … Il est le frère de … et
le copain de …

Jonathan
Stadt: Linz
☺ judo, rap
☹ chanson, foot
Geschwister: Lukas
Freunde: Robin, Orhan

Melissa
Stadt: Dresde
☺ sport, rock
☹ école
Geschwister:
Freunde: Kim, Viviane, Julia

Saskia
Stadt: Zurich
☺ sport, musique classique, chanson
☹ rock, techno
Geschwister: Katja, Kevin
Freunde: Teresa

Pascal
Stadt: Berlin
☺ BD, vélo, reggae
☹ gymnastique
Geschwister: Cora
Freunde: Philipp, Ali

B Stelle deiner Klasse deinen Partner auf Französisch vor.

Médiation

2 Voilà un copain, voilà une copine.

*Trouvez pour chaque élève allemand de l'exercice 1
un correspondant français. Justifiez votre choix en allemand.*
(Findet für jeden deutschen Schüler der Aufgabe 1 einen
französischen Briefpartner. Begründet eure Wahl auf Deutsch.)

> Du musst hier nicht jedes Wort verstehen. Achte vor allem darauf, was auf **J'aime …** und **Je déteste …** folgt.

Amélie ★
Ort: Paris
Amis d'Amelie
Salut! Je m'appelle **Amélie** et j'habite à Paris. J'aime le basket et le volley. J'aime aussi le violon et je suis dans un orchestre.
Je déteste la musique moderne.

Léa ★★
Ort: Toulouse
Amis de Léa
Moi, c'est **Léa**. J'habite à Toulouse. J'aime la musique rock et surtout la guitare électrique. J'aime être avec mes copines.
Attention: je déteste la danse!

Noah ★★
Ort: Brest
Amis de Noah
Bonjour! Je m'appelle **Noah** et j'habite à Brest. J'aime la moto et la musique: le rap et le rock. Je suis fan de Titeuf et j'aime aussi Astérix.

Romain ★
Ort: Clichy
Amis de Romain
Salut, c'est moi, **Romain**. J'habite à Clichy. Je fais du karaté, j'aime Eminem et 50 Cent. Je cherche un corres qui aime ça aussi. Tu aimes les Sims? Moi aussi!

trente-sept 37

2 Pratique

PORTFOLIO

3 J'aime … Je déteste …

A Gestalte eine Seite für dein Portfolio. Stelle dich vor und schreibe auf, was du gerne magst und was du gar nicht magst.

Je suis … / Je m'appelle …

J'aime … / Je déteste …

B Du kannst auch eine Collage aus Zeitschriften zusammenstellen oder ein Memo-Spiel basteln. Denke an die Wörter auf S. 36, Übung 7. Einige weitere Aktivitäten findest du hier und auf S. 158.

le cinéma

le théâtre

la natation

la musique

les jeux vidéo

le foot

la lecture

le ski

l'Internet

le vélo / le VTT

Parler

4 A vous de jouer

Lisez la situation proposée, faites un dialogue et jouez-le devant la classe. (Lest die vorgeschlagene Situation, erarbeitet einen Dialog und spielt ihn der Klasse vor.)

Paul und Sabine treffen sich auf dem Schulhof. Manon und Thomas kommen dazu. Paul stellt Sabine seinen Freunden vor. Manon und Thomas stellen sich selbst vor. Sie fragen Sabine, wo sie wohnt. Sabine antwortet. Thomas fragt Sabine, was sie gerne macht …

Atelier – A - B   Pratique   Bilan   2

Bilan

1 Parler

Du kannst jetzt schon …

Überprüfe, was du kannst! Vergleiche deine Lösungen mit den Lösungen auf Seite 202.

Und so kannst du den Satz anfangen:

1. sagen, wessen Freund(in) du bist. — Je suis … Joséphine.
2. fragen, wo jemand wohnt. — Tu …?
3. sagen, wo du wohnst. — J'…, …
4. fragen, was etwas auf Französisch heißt. — Qu'…, en …?
5. fragen, was jemand macht. — Que … Léo?
6. fragen, was jemand mag. — Qu'… tu …?
7. sagen, dass du etwas gerne hast / magst. — J' ….
8. sagen, dass du etwas gar nicht magst. — Je ….
9. sagen, dass du einverstanden bist. — D'…!

2 Lire et écrire

Mets les phrases dans le bon ordre et écris l'histoire dans ton cahier.
(Bringe die Sätze in die richtige Reihenfolge und schreibe die Geschichte in dein Heft.)

Commence comme ça: (Beginne so:) Marie entre dans un magasin. …

Elle regarde une BD.

Mais que fait Jérôme?

Jérôme, attention, la BD!

Oh! C'est la catastrophe!

Elle cherche une BD pour une amie.

Marie entre dans un magasin.

Ah! Voilà une BD super!

Tiens, voilà Jérôme.

Hier kannst du üben: → S. 33, Übung 7 und 9

Mehr dazu m4a8ug

trente-neuf 39

2 Bilan

3 Ecouter et comprendre

Ecoutez les dialogues deux fois et choisissez les bonnes réponses.
(Hört euch die Dialoge zweimal an und sucht die richtigen Antworten.)

Dialogue 1:
1. Thomas trifft gerade   a) Léo   b) Alexandra   c) Manon
2. Thomas befindet sich   a) in einem Laden   b) auf der Straße   c) in der Schule
3. Malabar aime   a) Léo   b) Alexandra   c) Malou

Dialogue 2:
1. Alexandra regarde   a) un DVD   b) une BD   c) un CD
2. Alexandra écoute   a) un CD   b) sa grand-mère   c) Léo

4 Lire et comprendre

Lisez le texte. (Lest den Text.)

Paul et sa cousine Marie entrent dans la maison de la presse. Paul aime le sport et Marie aime la musique. Ils cherchent un journal de sport pour l'école. Dans la maison de la presse, Léo est avec son chien Filou. Léo cherche une BD. Marie parle avec Léo. Il est très sympa. Tout à coup, un chat entre dans le magasin. C'est la catastrophe. Filou déteste les chats.

Vrai ou faux. Corrigez les phrases si nécessaire et écrivez-les dans votre cahier.
(Richtig oder falsch? Verbessert die falschen Sätze und schreibt sie in euer Heft.)

1. Paul et Marie sont frère et sœur.
2. Ils cherchent une BD.
3. Ils entrent dans une librairie.
4. Ils trouvent Léo avec son chat Filou.
5. Marie cherche un cahier de musique.
6. Léo cherche un CD.
7. Filou déteste les chiens.
8. Paul aime la musique.

5 En forme (G 4, 5)

Mettez les verbes à la bonne forme.
(Setzt die Verben in die richtige Form.)

1. Alex et Mme Latière (être) dans un magasin.
2. *Mme Latière:* Bonjour, madame, nous (chercher) un t-shirt.
3. *La dame (chercher) et dit:* Voilà un t-shirt pour vous, avec un chat.
4. Mme Latière et Alex (regarder) le t-shirt.
5. *La dame:* Vous (aimer)?
6. *Mme Latière:* Oh, oui! Il (être) super. Alex, tu (être) d'accord, non?
7. *Alex:* Tu (trouver)? Je (détester) ça, moi.
8. *Mme Latière:* Alors, on (chercher) un t-shirt avec un chien.

40   quarante

Plateau 1

Plaisir de lire

Les chiens célèbres

L'animal préféré des Français est le chien. Il y en a neuf millions en France. Ils s'appellent souvent Médor, Toutou, Rex, Poupette mais il y a aussi des chiens célèbres. En 1957 on envoie *Laika* une chienne dans la fusée *Spoutnik*. Il y a beaucoup de films avec des histoires de chiens:
Les 101 dalmatiens, Beethoven, La Belle et le clochard ou *Les aventures de Lassie* à la télé.

Voici quelques noms de chiens célèbres avec leurs amis célèbres:
Dingo, l'ami de Mickey Mouse; *Idéfix*, l'ami d'Astérix et Obélix; *Milou*, l'ami de Tintin; *Pluto*, l'ami de Mickey Mouse ou *Petit Papa Noël*, l'ami des Simpson.
Il y a également des chansons célèbres avec des chiens célèbres …

Lisez le texte et écoutez la chanson.

Mirza

Z'avez pas vu Mirza? Oh la la la la la la
Z'avez pas vu Mirza? Oh la la la la la la
Z'avez pas vu Mirza? Oh la la la la la la
Où est donc passé ce chien
Je le cherche partout
Où est donc passé ce chien
Il va me rendre fou
Où est donc passé ce chien
Oh! Ça y est, je le vois!
Veux tu venir ici,
Je n'le répéterai pas
Veux-tu venir ici,
Mmmmm, sale bête va!
Veux-tu venir ici
Oh! Il est reparti

Où est donc passé ce chien
Je le cherche partout
Où est donc passé ce chien
Il va me rendre fou
Où est donc passé ce chien
Oh! Ça y est je le vois!
C'est bien la dernière fois
Que je te cherche comme ça
Veux tu venir ici
Je n'le répèterai pas
Veux tu venir ici
Oh, ah oui te voilà
Veux tu venir ici
Oh et ne bouge pas
Veux tu venir ici
Oh yeah! satané *Mirza*.

Musik und Originaltext: Ferrer Nino
Editions Paul Beuscher
Edition Marbot GmbH bei Peer Musikverlag GmbH Hamburg.

quarante-et-un 41

Plateau 1

Die Lösungen zu diesen Révisions-Übungen findest du auf Seite 202.

Révisions

Ecouter et parler

1 Qui est-ce?

Ecoutez, puis répondez. Exemple: « Qui est Moustique? » → C'est le chien de Marie.

En forme

2 Marie et Alex.

Complétez les phrases avec les mots à droite.
(Vervollständigt die Sätze mit den Wörtern rechts.)

Mots: ici, aussi, devant, dans, avec, comment, pour

Marie:
1. Bonjour. Tu t'appelles **?** .
2. Tu es de Paris? Moi **?** !
3. J'habite **?** une maison super, rue Truffaut.
4. Tu travailles **?** ?
5. Le chien **?** le magasin, c'est Moustique.
6. Je cherche une BD **?** un copain.
7. Au revoir, Alex. … Viens, Moustique, viens **?** moi.

Parler

3 Réponse et question

Lisez les réponses et trouvez les questions. (Lest die Antworten und findet die Fragen.)

1. C'est Alex.
2. Alex travaille.
3. C'est un t-shirt.
4. « Je m'appelle Alex. »
5. « J'habite à Paris. »
6. « J'aime le rugby et le judo. »

Médiation

4 Au camping

Du bist mit deinem besten Freund Jan auf einem Campingplatz in Frankreich. Ein Junge spricht euch an. Jan kann kein Französisch. Also musst du für den französischen Jungen und Jan (1–8) dolmetschen.

Le garçon:
1. Salut, ça va?
   Vous êtes Français?
3. Ah, vous êtes Allemands.
   Vous êtes frères?
5. Tu t'appelles comment?
   Et ton ami?
7. Moi je m'appelle Romain!
   Bienvenue en France! Salut.

Jan:
2. Nein, wir sind Deutsche.
4. Sag ihm, dass wir Freunde sind.
6. Ich heiße Jan und mein Freund heißt Paul.
8. Wie? Was sagt er? …

42 quarante-deux

Plateau 1

On prépare le DELF

1 Compréhension de l'oral

Ecoute les trois dialogues. Trouve les bonnes réponses.
(Höre die drei Dialoge. Finde die richtigen Antworten.)

Scène 1:
1. Qui parle?
a Noémie.
b Julie.
c Pauline.

2. Elle aime
a le rock.
b le hip-hop.
c le jazz.

Scène 2:
1. Où est la fille? Dans
a la rue.
b un carton.
c une librairie.

2. Le journal coûte:
a deux Euros.
b un Euro.
c trois Euros.

Scène 3:
1. Nicolas dit «bonjour» à
a Victor et Pépite.
b Victor et Samuel.
c Victor et Gabriel.

2. Que fait Nicolas? Il cherche
a Victor.
b un chien.
c grand-mère.

2 Compréhension des écrits

Lis le message, puis les 5 phrases. Vrai ou faux?
(Lies die Nachricht, dann die fünf Sätze. Richtig oder falsch?)

> Julien ★★
> Ort: ??
> Freunde von Julien
>
> J'habite à Strasbourg et j'apprends l'allemand à l'école.
> Je déteste mon livre d'allemand, mais j'aime bien les BD.
> Je suis fan de Captain Biceps!
> Alors, je cherche la BD «L'invincible» en allemand.
> julien_12@wanadoo.fr

1. Julien habite en France.
2. Il déteste les BD.
3. Il aime bien les «Captain Biceps».
4. «L'invincible» est une chanson.
5. Il cherche une BD en français.

3 Production écrite

Tu t'inscris à un forum Internet français. Présente-toi avec ton prénom et ta ville.
Dis ce que tu aimes et ce que tu n'aimes pas.
(Du meldest dich in einem französischen Internetforum an. Stelle dich kurz mit deinem Vornamen und deinem Wohnort vor. Sage, was du magst und was du nicht magst.)

4 Production orale

Tu passes les vacances en Espagne avec tes parents. A la plage, une jeune fille belge te pose des questions. (Du bist mit deinen Eltern in Spanien im Urlaub und triffst am Strand eine junge Belgierin, die Französisch spricht. Beantworte ihre Fragen.)

1. Ça va bien?
2. Tu t'appelles comment?
3. Tu es d'ici?
4. Tu habites où?
5. Tu aimes le sport?
6. Tu aimes la musique? Et le sport?

quarante-trois 43

3 Découvertes

Unité 3
Bon anniversaire, Léo!

Vis-à-vis

Wie feiert ihr Geburtstag?
Welche Lieder singt ihr?
Kennt ihr den Ausdruck für
„Herzlichen Glückwunsch" in
anderen Sprachen?

Joyeux anniversaire …

Mehr dazu
sw8qa8

PORTFOLIO

Am Ende dieser Unité kannst du über deine Familie sprechen, du kannst sagen, wie alt du bist, jemandem zum Geburtstag gratulieren und dazu ein passendes Lied singen.

44 quarante-quatre

Atelier — A - B — Pratique — Bilan **3**

Atelier A

Approche **1** **Des idées pour un cadeau** (G 7, 8)

53 Alex et Marie cherchent un cadeau pour Léo à la FNAC.

> C'est bientôt l'anniversaire de Léo! Tu as une idée de cadeau?

> On cherche un cadeau ensemble?

> Une BD pour Léo, c'est une super idée. On regarde d'abord à la Maison de la presse ou à la FNAC?

> A la FNAC, bien sûr!

> Alors, **un** livre? **Une** histoire fantastique? Ou **une** affiche?

> Mhm, bof! … **Un** ordinateur?

> Pfft!

> Alors… **un** CD, ou un DVD?

Vis-à-vis

Die FNAC ist eine in Frankreich weit verbreitete Ladenkette. Man kann dort Bücher, DVDs, CDs, Computer, Handys und vieles andere kaufen.

Qu'est-ce qu'il y a à la FNAC? A la FNAC, il y a …

– des livre**s** – des affiche**s** – des ordinateur**s** – des CD – des cadeau**x**

Wie bildet man den Plural von **un** und **une**?
Wie bildet man den Plural der Nomen?

Übersetzt „un livre – des livres" ins Deutsche.

quarante-cinq 45

3 Atelier A B

Approche **2** **Les étagères de madame Latière** (G 9)

Jérôme et Mehdi cherchent un cadeau dans le magasin de Mme Latière.

Faites plusieurs dialogues.

Exemple: – Pardon, madame, où sont **les** livres?
– **Les** livres? Ils sont sur **les** étagères.

3 On prépare l'anniversaire.

Le papa de Léo est au téléphone.
Il est en France ou en Allemagne?

1. Léo: Allô?
M. Pirou: Léo, c'est papa.
Léo: Oh, papa! Bonjour! Ça va? Tu es dans le train?
M. Pirou: Je suis à Cologne …
Léo: Comment? Tu es à Cologne? Alors, tu es là demain?
M. Pirou: Léo, c'est ton anniversaire, mais voilà:
je travaille demain. C'est dommage!
Léo: Demain? Oh, non, papa! Zut!
M. Pirou: Léo, je regrette …! Alors, tu invites tes
copains?
Léo: Oui, j'invite mon copain Mehdi, ma copine Alex,
Jérôme, le frère d'Alex, et aussi mon amie Marie!
M. Pirou: C'est bien. A propos, en allemand, on dit
«Herzlichen Glückwunsch zum Geburtstag!»
Alors à demain au téléphone?
Léo: A bientôt, papa. Tiens, maman est là.
Mme Pirou: Allô, Marc? …

2. Mme Pirou: Voilà les bougies. Bon, alors demain,
il y a Marie, Mehdi, …
Léo: … Alex et Jérôme. Avec toi et moi, on est six.
Mme Pirou: Bon, alors je prépare un gâteau pour 6 …
ou pour 12. Et toi, aujourd'hui, tu ranges d'abord
ta chambre et ton bureau, s'il te plaît. Tu invites
des copains ici, demain et …
Léo: «Je range ma chambre et je range mon bureau!»
D'accord, mais demain …
Mme Pirou: Non, maintenant! Ta chambre, c'est
la catastrophe!
Léo: Oui, mais c'est ma chambre et ce sont mes
affaires!
Mme Pirou: Ce sont tes affaires et ce sont aussi
tes amis, Léo!
Léo: Zut, zut et zut! Des histoires! Toujours des
histoires. D'abord, papa travaille demain, et
maintenant, ça!
Mme Pirou: Chut! Léo! Papa arrive bientôt!
Léo: D'accord. Et mon cadeau, qu'est-ce que c'est?
Mme Pirou: Les cadeaux, c'est pour demain, Léo!

quarante-sept 47

3 Atelier A–B

4 A propos du texte

A *Ecrivez les phrases correctes dans votre cahier. (Schreibt die korrekten Sätze in euer Heft.)*

Exemple: **1.** M. Pirou travaille en Allemagne .

1. M. Pirou travaille
   à Paris. | en Allemagne. | à la FNAC.

2. L'anniversaire de Léo, c'est
   aujourd'hui. | bientôt. | demain.

3. M. Pirou arrive
   demain. | bientôt. | maintenant.

4. Léo invite
   des amis. | des bougies. | des cadeaux.

5. Mme Pirou prépare
   les trains. | un gâteau. | la chambre.

6. Léo déteste
   le gâteau. | ranger. | les cadeaux.

B *Traduisez les phrases correctes en allemand. (Übersetzt die Sätze ins Deutsche.)*

Jeu de sons

5 Les amis et le cadeau

A *Hört gut zu. Legt euch zwei Spalten an. Tragt ein, welchen Laut ihr hört. Schreibt dafür die Nummer des Wortes in die passende Spalte.*

[lə]	[le]
le	les

B *Jeder schreibt nun für sich 10 eigene Wörter mit **le** oder **les** auf. Lest sie euch gegenseitig vor. Der Partner/die Partnerin trägt für jedes Wort in sein/ihr Heft ein, ob er/sie **le** oder **les** hört. Vergleicht anschließend.*

C *Des ou les? Ecoutez et répétez. (Hört zu und wiederholt.)*

1. ? copains de Léo cherchent ? idées.
2. Léo aime ? BD.
3. Il aime aussi ? CD de rock.
4. Dans le magasin, ils regardent ? BD.
5. Ils écoutent aussi ? CD de Superbus[1].
6. ? cadeaux, c'est pour demain.

Ecouter et parler

6 C'est une super idée! (G 9) + Révisioins „aimer/détester"   → En plus 122, 1 △

A Qu'est-ce qu'ils aiment?
Qu'est-ce qu'ils détestent?

Léo: BD, rock, trains, CD
Marie: chansons, sport, livres; techno, jeux vidéo
Alex: judo, rugby; vélo
Toi?

B *Ecoutez et répondez.*

Exemples:

Un CD de techno, c'est un super cadeau pour Léo.
→ Mais non! **Il déteste la** musique techno!

Un t-shirt avec un train, c'est un super cadeau pour Léo!
→ Oh oui! **Il aime bien les** trains.

[1] **Superbus** [sypɛʀbys] un groupe de rock français

48 quarante-huit

Atelier — A — B — Pratique — Bilan — 3

En forme

7 Mon anniversaire et mes copains (G 10)

C'est	mon / ma	Ce sont	mes
	ton / ta		tes

A *Complétez.*

– Alors Léo, tu invites **?** amis à **?** anniversaire?

– Oui, j'invite **?** copains et **?** copines:
Alex, Jérôme, Mehdi et bien sûr **?** amie Marie.

B *Posez des questions à votre voisin / voisine.*
(Stellt eurem Nachbarn / eurer Nachbarin Fragen.)

Exemple: – Julia, c'est **ta** copine ? / C'est ton idée?
– Oui, c'est **ma** copine. / C'est mon idée.
– Non, c'est **la** copine de … / C'est l'idée de …

le copain   la gomme   la copine   la maison   les cadeaux   le vélo
l'idée   les copines   l'ordinateur   les crayons   la chambre   les affaires
le chat   l'amie   la sœur   l'ami   le cahier   les livres   …

Jeu de mots

8 La famille de Léo

Mehr dazu
5n89xz

les grands-parents
le grand-père /
la grand-mère

Claude — Alain   Madeleine — Georges

les parents:
le père / la mère
l'oncle / la tante

Marc — Anne   Julie — Pedro

les enfants:
le fils / la fille
le frère / la sœur
le cousin / la cousine

Léo   Sarah, Pierre, Jean

A *Faites des devinettes.* (Macht Rätsel.)

Exemple: C'est le cousin de Léo et le frère de Jean. Qui est-ce? → C'est Pierre.

B *Faites l'arbre généalogique de votre famille et présentez-le.*
(Zeichnet den Stammbaum eurer Familie und stellt ihn vor.)
Utilisez aussi les mots suivants:

le mari / la femme   les beaux-parents   le petit-fils / la petite fille
le beau-frère / la belle-sœur   le neveu / la nièce   les petits-enfants
le beau-père / la belle-mère   le gendre / la belle-fille

quarante-neuf 49

3 Atelier A B

9 Lire et parler

Stratégie

STRATEGIE

So kannst du das flüssige Vorlesen üben: Nimm dein Buch und setze dich deinem Partner gegenüber. **Lies** nun einen Satz leise, bis du ihn auswendig kannst. **Blicke** dann deinem Partner in die Augen. **Sprich** den Satz laut, aber ohne dabei ins Buch zu sehen. Wechselt euch ab, bis der ganze Text gelesen ist.

Probiert die Stratégie mit dem folgenden Text aus.

Le père de Léo
Marc Pirou, le père de Léo, travaille en Allemagne, à Cologne. Il travaille pour le WDR, une radio de Cologne. Il parle allemand et français. Marc Pirou aime bien l'Allemagne. Il aime aussi être en famille, avec Anne et Léo. Mais la famille de Monsieur Pirou habite à Paris. Léo dit toujours: «Viens vite, papa!»

10 La chanson d'anniversaire

Joyeux anniversaire
Joyeux anniversaire
Joyeux anniversaire Léo
Joyeux anniversaire

Joyeux anniversaire
Joyeux anniversaire
Nos vœux les plus sincères
Joyeux anniversaire

La carte d'anniversaire

11 Recette: Le gâteau d'anniversaire

— 200 g de chocolat[1]
— 120 g de beurre[2]
— 120 g de farine[3]
— 80 g de sucre[4]
— 4 œufs[5]
— 1/2 sachet de levure[6]

Préchauffez le four[7] à 180° C. Faites fondre le chocolat avec le beurre. Dans un saladier[8], mélangez les œufs, le sucre, la farine et la levure. Ajoutez le beurre et le chocolat (fondus). Mélangez bien. Beurrez le moule[9]. Mettez la pâte[10] dans le moule et mettez au four 20 minutes. Décorez avec des bougies.

1 200g de chocolat 200 g Schokolade – **2 le beurre** die Butter – **3 la farine** das Mehl – **4 le sucre** der Zucker – **5 un œuf** ein Ei – **6 la levure** das Backpulver – **7 le four** der Backofen – **8 un saladier** eine Schüssel – **9 le moule** die Form – **10 la pâte** der Teig

Atelier B

1 L'anniversaire de Léo

1. Le 19 décembre, c'est l'anniversaire de Léo. Ses copains et ses copines arrivent.

Voilà un CD. Tu aimes la musique techno, c'est ça?

La techno … euh, oui, bien sûr! Merci!

Oh! Un CD … de rock! Ouf! Je déteste la techno. Merci, Alex, merci Marie!

2. Nous aussi, nous avons un cadeau pour toi, Léo.

Une BD! «Malabar»! Super!

Léo, tu as encore un cadeau, ici.

3. Qu'est-ce que c'est, un DVD? Oh! Un jeu vidéo! Merci, maman!

Vous avez faim? Voilà, le gâteau arrive.

4. Léo souffle les bougies de son gâteau, puis ses amis chantent et mangent le gâteau.

Super! J'ai treize ans, maintenant!

Joyeux anniversaire!

5. Maman, on a envie de regarder le jeu vidéo sur mon ordi. D'accord? S'il te plaît!

Bien sûr! C'est ton anniversaire, aujourd'hui!

6. Léo est dans sa chambre avec ses copains.

Oh, tu es là! Mais c'est une surprise, ça!

Maman?! Qu'est-ce qu'il y a? Qui est-ce?

Après la lecture   *Devinez: Qui arrive?*

3 Atelier A–B

2 A propos du texte

Mettez les phrases dans le bon ordre et notez les lettres. Après, vous savez qui arrive chez Léo. (Bringt die Sätze in die richtige Reihenfolge und notiert die Buchstaben. Danach wisst ihr, wer bei Léo eintrifft.)

1. Il souffle les bougies de son gâteau et ses amis chantent «Joyeux anniversaire». **R**
2. Le 19 décembre, c'est l'anniversaire de Léo. **M.**
3. Léo est dans sa chambre avec ses copains et alors, il y a une surprise. **U**
4. Léo regarde ses cadeaux: il y a d'abord une BD, puis un CD de rock. **P**
5. Maintenant, les amis ont envie de regarder le jeu vidéo. **O**
6. Il regarde aussi le cadeau de ses parents: c'est un jeu vidéo. **I**

Jeu de mots
3 Compter à rebours!

*Faites trois groupes. Comptez de 0 à 39. Remplacez 7, 14, 21, … par **feu!***
*(Bildet drei Gruppen. Zählt von 0 bis 39. Ersetzt 7, 14, 21, … durch **feu!**)*
Après, comptez à rebours.
(Zählt dann rückwärts.)

10, 9, 8, 7, 6, 5, 4, 3, 2, 1, feu!

Ecouter
4 Marie et Mehdi

Ecoutez le texte et notez les nombres dans votre cahier. (Hört den Text und schreibt die Zahlen in euer Heft.)

1. Marie a une sœur de **?** ans et un frère de **?** ans.
2. Elle habite avec sa famille **?** rue Truffaut.
3. Mehdi a **?** ans. Il a **?** frères et **?** sœurs.
4. La famille de Mehdi habite **?** rue Nollet.

Jeu de sons
5 3 gâteaux, 6 cadeaux …

Ecoutez et répétez, puis lisez.
(Hört und sprecht nach, lest dann vor.)

1. j'ai   1 ami et 2 amies
2. tu as   2 crayons, 2 idées
3. il a   3 gâteaux et 3 affiches
4. elle a   5 amis et 5 copains
5. nous avons   6 cadeaux et 6 amis
6. vous avez   8 copains, 8 affaires
7. ils ont   10 trains, 10 ordinateurs
8. elles ont   19 bougies et 19 ans

… nous avons, vous avez, ils / elles ont: Achtet auf die **Liaison**!

Atelier — A — B — Pratique — Bilan — **3**

En forme

6 Les «dominos» (G 11)

👥 *Jouez à deux 5 minutes. Vous pouvez utiliser les dominos plusieurs fois.*
(Spielt 5 Minuten lang zu zweit. Ihr könnt die Dominosteine mehrmals benutzen.)

Exemple: **J'ai 13 ans.** Tu …

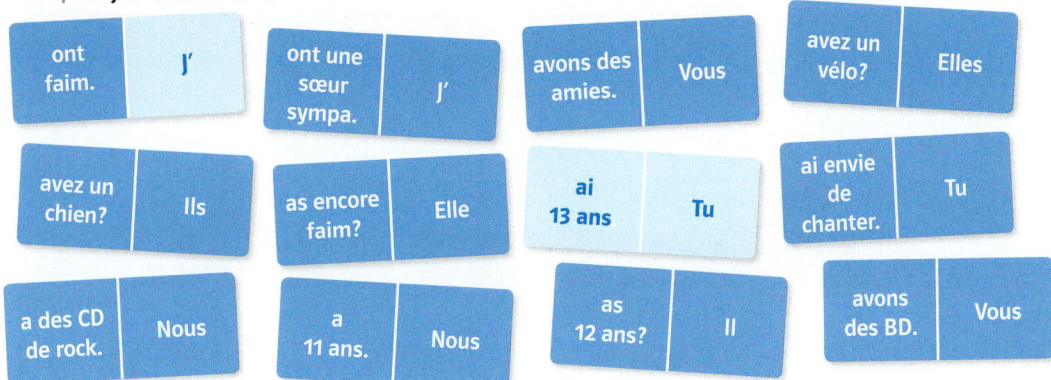

ont faim.	J'
ont une sœur sympa.	J'
avons des amies.	Vous
avez un vélo?	Elles
avez un chien?	Ils
as encore faim?	Elle
ai 13 ans	Tu
ai envie de chanter.	Tu
a des CD de rock.	Nous
a 11 ans.	Nous
as 12 ans?	Il
avons des BD.	Vous

Jeu de mots

7 Les mois de l'année

👥

janvier – février – mars – avril – mai – juin
juillet – août – septembre – octobre – novembre – décembre

1. – Marie
4. – Mehdi
10. – Alex
6. – Jérôme
19. – Léo

A *Faites des dialogues. Utilisez le calendrier page 59.* (Macht Dialoge. Benutzt den Kalender auf Seite 59.)

Exemple: – L'anniversaire de Marie, c'est quand?   – L'anniversaire de Marie, c'est le premier mars.

B *Parlez avec votre voisin / votre voisine.* (Sprecht mit eurem Tischnachbarn / eurer Tischnachbarin.)

Exemple: – Ton anniversaire, c'est quand?   – Mon anniversaire, c'est le …

Mehr dazu
n5ng9e

C *Schaut euch das Video an.*

cinquante-trois   **53**

3 Atelier A–B

8 Léo range …, Marie cherche … (G 10)

→ En plus 122, 2

A *Complétez les phrases.*

Léo est dans **sa** chambre.
1. Il range **?** affaires.   2. Il met **?** gomme et **?** stylo sur **?** bureau.   3. Il range aussi **?** livres et **?** CD.   4. Mais où sont **?** affiches?   5. Ah, les voilà. Elles sont sous **?** lit.

Marie cherche **ses** cahiers et … livres.
1. Elle regarde sous **?** lit et sur **?** armoire.   2. Après, elle cherche sous **?** bureau.   3. Ah, voilà **?** BD. Elle regarde aussi derrière **?** ordinateur.   4. Enfin, elle trouve les livres et les cahiers sous **?** lit.

B Was stellt ihr fest? Wie lautet die Übersetzung von sein / ihr bzw. seine / ihre?

9 Tu as quel âge?

→ En plus 123, 3

A *Faites des dialogues avec votre voisin / votre voisine. (Macht Dialoge mit eurem Tischnachbarn / eurer Tischnachbarin.)*

B *Présentez votre voisin / votre voisine. (Stellt euren Tischnachbarn vor. / Stellt eure Tischnachbarin vor.)*

Exemple:
Mona a 13 ans. Son anniversaire, c'est le 2 octobre. Elle a un frère, il s'appelle Victor. Il a 8 ans …

ON DIT

– Tu as quel âge?   – J'ai 13 ans.

– Ton anniversaire, c'est quand?
– Mon anniversaire, c'est le 23 février.

– Tu as des frères et sœurs?
– Non. / Oui, j'ai un frère. Il s'appelle …
  J'ai aussi une sœur. Elle s'appelle …

– Ils ont quel âge?
– Mon frère a 14 ans et ma sœur a 9 ans.

– Vous avez des cousins et des cousines?
– Non. / Oui, nous avons deux cousines.
  Elles ont 18 et 20 ans.

10 Voilà Mehdi.

→ En plus 123, 4

Voilà quelques informations sur Mehdi. Faites son portrait.
(Hier sind einige Informationen zu Mehdi. Beschreibt ihn.)

Commencez comme ça:

C'est Mehdi. Il a …

Mehdi, 13 ans
Anniversaire: 04 / 05
Frère: Abdel (10)
Sœur: Karima (14)
Adresse: 25 rue Nollet
Aime: les mangas, les histoires, le karaté
Déteste: le foot, la gymnastique
Copains, copines: Léo, Jérôme, Marie, Alex

54   cinquante-quatre

Atelier – A - B   Pratique   Bilan   **3**

Pratique: tâches

Médiation

1 Un cadeau

Du wünschst dir, dass deine Eltern mit dir zu dieser tollen Veranstaltung in Paris gehen:

Erkläre ihnen:
- *um was für eine Veranstaltung es sich handelt,*
- *wann und wo die Veranstaltung stattfindet,*
- *wie viel der Eintritt kostet.*

les 3 Mousquetaires
vendredi 30 avril à 20 h 00

Catégorie	Tarif	Montant	Nombre
CATEGORIE 1	WEB PLEIN TARIF	95,00 €	Choisissez
CATEGORIE 1	WEB ENFANT	47,50 €	Choisissez
CATEGORIE 2	WEB PLEIN TARIF	74,00 €	Choisissez
CATEGORIE 2	WEB ENFANT	37,00 €	Choisissez / 1 place / 2 places / 3 places / 4 places / 5 places / 6 places / 7 places / 8 places / 9 places / 10 places
CATEGORIE 3	WEB PLEIN TARIF	49,00 €	
CATEGORIE 3	WEB ENFANT	25,00 €	

Lire

2 Le super cadeau pour mon copain

C'est l'anniversaire de ton copain français le 25 mars.
Pour son cadeau, tu as 12 euros. Ton copain aime le hip-hop,
le vélo et le rugby. Il déteste le chocolat et les chats.
Voilà quatre idées. Cherche le super cadeau.
C'est le cadeau numéro …

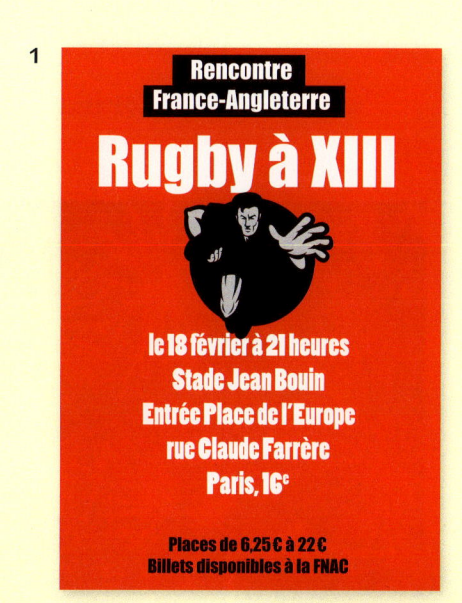

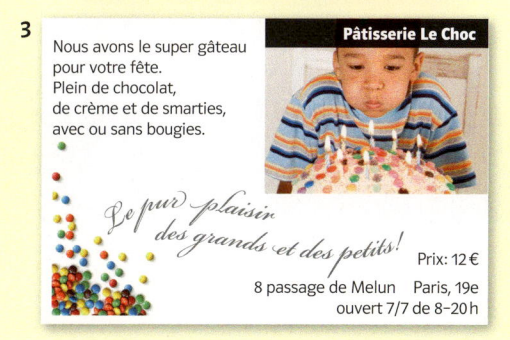

1
Rencontre France-Angleterre
Rugby à XIII
le 18 février à 21 heures
Stade Jean Bouin
Entrée Place de l'Europe
rue Claude Farrère
Paris, 16e
Places de 6,25 € à 22 €
Billets disponibles à la FNAC

2
Super compilation de musique hip-hop.
Toute la musique que tu aimes sur un CD!!
Bonne affaire: 11 €
MUSICOMANIA,
rue du 11 novembre
Paris, 10e
ouvert de 10–18 h
du lundi au samedi

3
Pâtisserie Le Choc
Nous avons le super gâteau pour votre fête.
Plein de chocolat, de crème et de smarties, avec ou sans bougies.
Le pur plaisir des grands et des petits!
Prix: 12 €
8 passage de Melun   Paris, 19e
ouvert 7/7 de 8–20 h

4
A vendre :
Vélo VTT
24 vitesses
bon état, équipement complet,
100 €
velovite@wanadoo.fr

cinquante-cinq   55

3 Pratique

Ecrire

3 Voilà, c'est moi!

Tu cherches un correspondant français.
Ecris un petit texte pour te présenter.
Prends d'abord des notes.
(Du suchst einen französischen Austauschpartner.
Schreibe einen kleinen Text, um dich vorzustellen.
Schreibe zuerst ein paar Stichworte auf.)

Commence comme ça:

Je m'appelle …

> Wenn du nicht weißt, wie du den Text schreiben kannst, schau dir noch einmal die Übungen 9 und 10 auf S. 54 an.

```
Nom
Age
Adresse
Anniversaire
Famille
J'aime
Je déteste
```

Parler

4 Ma famille et mes copains

Ton/ta corres français/e arrive dans ta famille, tu présentes ta famille, tes copains et tes copines. Utilise les mots suivants. (Dein französischer Brieffreund/deine französische Brieffreundin kommt dich besuchen. Du stellst ihm/ihr deine Familie, deine Freunde und Freundinnen vor. Verwende folgende Wörter.)

famille — cousin/cousine — père — ami/amie — mère — copain/copine — frère — sœur

mon — ma — mes

avoir un/une — habiter à — avoir … ans — aimer bien — être sympa — détester — travailler à

PORTFOLIO

5 Mon roman photo

Erstelle eine Collage zu Festen, bei denen du warst. Du kannst Fotos benutzen oder Bilder zeichnen. Schreibe unter jedes Bild mindestens zwei Sätze. Hängt die Collagen in eurem Klassenzimmer auf.

Exemple:
C'est l'anniversaire de ma tante Gerda.
Elle adore les gâteaux au chocolat.

l'anniversaire de ma tante Gerda

le mariage de mon oncle Klaus

Noël (m.) 2010

le nouvel an 2011

56 cinquante-six

Atelier – A - B — Pratique — Bilan — **3**

Bilan

Überprüfe, was du kannst! Vergleiche deine Lösungen mit den Lösungen auf Seite 203.

1 Parler

Mehr dazu ya3d43

Du kannst schon … | *Und so kannst du den Satz anfangen:*

1. jemandem zum Geburtstag gratulieren. | Bon …! / Joyeux …!
2. fragen, was es irgendwo gibt. (Was gibt es in dem Geschäft?) | Qu'est-ce qu'…?
3. jemanden um etwas bitten. | Tu ranges ta chambre, …?
4. sagen, dass du bestimmte Dinge magst. (Ich mag Comics.) | … BD.
5. jemanden fragen, ob er Hunger hat. | Tu …?
6. sagen, wie alt du bist. (Ich bin 13.) | … 13 ans.
7. sagen, wann du Geburtstag hast. | …, … premier mars.
8. sagen, dass du auf etwas Lust hast. (Ich habe Lust, eine CD zu hören.) | J'ai … écouter un CD.

2 Regarder et écrire (G 10)

A *Décris les images en utilisant les mots donnés.*
(Beschreibe die Bilder und verwende die vorgegebenen Wörter.)

Exemple:
1. Aujourd'hui, c'est l'anniversaire de Léo. **Sa** mère est dans la cuisine …

1. Aujourd'hui / anniversaire / Léo. / mère / préparer / gâteau.

2. Léo / dans / chambre / amie / Marie / Malabar Et voilà / cadeaux : / jeu vidéo. / BD

3. Maintenant / père / là aussi.

B *Maintenant, Léo parle des images.*
(Jetzt spricht Léo über die Bilder.)

Exemple:
C'est **mon** anniversaire …

cinquante-sept **57**

3 Bilan

3 En forme (G 11)

Fais des phrases. (Bilde Sätze.)

1. J'
2. Tu
3. Il
4. Nous
5. Vous
6. Elles

avoir

une idée.
faim?
11 ans.
envie d'écouter un CD?
une surprise.
un cadeau pour Léo.

4 Jeu de mots

Complète le texte. (Vervollständige den Text.)

1. Léo est le ? de Marc Pirou.
2. La mère de Marc Pirou est la ? de Léo.
3. La fille de l'oncle de Léo est la ? de Léo.
4. La sœur de la mère de Léo est la ? de Léo.

5 Ecouter et comprendre

Ecoutez les dialogues deux fois et répondez ensuite aux questions.
(Hört euch die Dialoge zweimal an und beantwortet anschließend die Fragen.)

1. Thomas téléphone à Malika?
2. Malika prépare un gâteau pour sa fête?
3. Malika invite Luc aussi?
4. Laure est à Paris?
5. Thomas apporte un gâteau d'anniversaire pour Malika?

6 Lire et comprendre

Lisez le texte. Attention aux mots inconnus! (Beachtet die unbekannten Wörter!)

Léo est dans sa chambre. Il ouvre son ordinateur. Ah, il y a un message de sa correspondante Clara. Clara a 14 ans et elle habite en Allemagne, près de Francfort. Léo répond au message:

> Chère Clara,
> Merci pour tes photos. Elles sont super. Est-ce que tu as aussi une photo de ta famille? Voilà une photo de notre maison et de ma famille. Aujourd'hui, je travaille beaucoup pour l'école, parce que demain nous avons une interro de maths et je déteste les maths! Et toi, comment ça va? Tu travailles aussi beaucoup pour l'école? On mange dans cinq minutes. Alors, j'arrête. A+! Léo

Vrai ou faux. Corrigez les phrases si nécessaire et écrivez-les dans votre cahier.
(Richtig oder falsch? Stellt die falschen Sätze richtig und schreibt sie in euer Heft.)

1. Dans l'ordinateur, il y a un message de Léo.
2. Léo envoie (schickt) une photo de sa famille et de sa maison.
3. Léo travaille beaucoup pour son interro de français.
4. Léo aime les maths.
5. Après (nach) l'ordinateur, Léo fait ses exercices de maths.

Atelier – A - B — Pratique — Bilan — 3

Janvier
1	S	JOUR DE L'AN
2	D	Basile
3	L	Geneviève
4	M	Odilon
5	M	Edouard
6	J	Mélanie / Epiphanie
7	V	Raymond
8	S	Lucien
9	D	Alix
10	L	Guillaume
11	M	Pauline
12	M	Tatiana
13	J	Yvette
14	V	Nina
15	S	Rémi
16	D	Marcel
17	L	Roseline
18	M	Prisca
19	M	Marius
20	J	Sébastien
21	V	Agnès
22	S	Vincent
23	D	Bernard
24	L	François de Sales
25	M	Conversion de Paul
26	M	Paule
27	J	Angèle
28	V	Thomas d'Aquin
29	S	Gildas
30	D	Martine
31	L	Marcelle

Février
1	M	Ella
2	M	Chandeleur
3	J	Blaise
4	V	Véronique
5	S	Agathe
6	D	Gaston
7	L	Eugénie
8	M	Jacqueline
9	M	Apoline
10	J	Arnaud
11	V	N-D de Lourdes
12	S	Félix
13	D	Béatrice
14	L	Valentin
15	M	Claude
16	M	Julienne
17	J	Alexis
18	V	Bernadette
19	S	Gabin
20	D	Aimée
21	L	Damien
22	M	Isabelle
23	M	Lazare
24	J	Modeste
25	V	Roméo
26	S	Nestor
27	D	Honorine
28	L	Romain

Mars
1	M	Aubin
2	M	Charles le Bon
3	J	Guénolé
4	V	Casimir
5	S	Olive
6	D	Colette
7	L	Félicité
8	M	Mardi Gras
9	M	Françoise
10	J	Vivien
11	V	Rosine
12	S	Justine
13	D	Rodrigue
14	L	Mathilde
15	M	Louise
16	M	Bénédicte
17	J	Patrice
18	V	Cyrille
19	S	Joseph
20	D	Printemps
21	L	Clémence
22	M	Léa
23	M	Victorien
24	J	Catherine de Suède
25	V	Annonciation
26	S	Larissa
27	D	Habib
28	L	Gontran
29	M	Gwladys
30	M	Amédée
31	J	Benjamin

Avril
1	V	Hugues
2	S	Sandrine
3	D	Richard
4	L	Isidore
5	M	Irène
6	M	Marcellin
7	J	J.-B. de la Salle
8	V	Julie
9	S	Gauthier
10	D	Fulbert
11	L	Stanislas
12	M	Jules
13	M	Ida
14	J	Maxime
15	V	Paterne
16	S	Benoît-Joseph
17	D	Anicet / Rameaux
18	L	Parfait
19	M	Emma
20	M	Odette
21	J	Anselme
22	V	Alexandre / vendredi Saint
23	S	Georges
24	D	Pâques
25	L	Lundi de Pâques
26	M	Alida
27	M	Zita
28	J	Valérie
29	V	Catherine de Sienne
30	S	Robert

Mai
1	D	Fête du travail
2	L	Boris
3	M	Philippe / Jacques
4	M	Sylvain
5	J	Judith
6	V	Prudence
7	S	Gisèle
8	D	Victoire 1945
9	L	Pacôme
10	M	Solange
11	M	Estelle
12	J	Achille
13	V	Rolande
14	S	Matthias
15	D	Denise
16	L	Honoré
17	M	Pascal
18	M	Eric
19	J	Yves
20	V	Bernardin
21	S	Constantin
22	D	Emilie
23	L	Didier
24	M	Donatien
25	M	Sophie
26	J	Bérenger
27	V	Augustin de C.
28	S	Germain
29	D	Fête des mères
30	L	Ferdinand
31	M	Visitation

Juin
1	M	Justin
2	J	Ascension
3	V	Kevin
4	S	Clothilde
5	D	Igor
6	L	Norbert
7	M	Gilbert
8	M	Médard
9	J	Diane
10	V	Landry
11	S	Barnabé
12	D	Pentecôte
13	L	Lundi de pentecôte
14	M	Elisée
15	M	Germaine
16	J	J.-F. Régis
17	V	Hervé
18	S	Léonce
19	D	Romuald / Fête des pères
20	L	Silvère
21	M	Eté
22	M	Alban
23	J	Audrey
24	V	Jean-Baptiste
25	S	Prosper / Eléonore
26	D	Anthelme
27	L	Fernand
28	M	Irénée
29	M	Pierre / Paul
30	J	Martial

Juillet
1	V	Thierry
2	S	Martinien
3	D	Thomas
4	L	Florent
5	M	Antoine
6	M	Mariette
7	J	Raoul
8	V	Thibault
9	S	Amandine
10	D	Ulrich
11	L	Benoît
12	M	Olivier
13	M	Henri / Joël
14	J	FÊTE NATIONALE
15	V	Donald
16	S	N.-D. Mt-Carmel
17	D	Charlotte
18	L	Frédéric
19	M	Arsène
20	M	Marina
21	J	Victor
22	V	Marie-Madeleine
23	S	Brigitte
24	D	Christine
25	L	Jacques
26	M	Anne / Joachim
27	M	Nathalie
28	J	Samson
29	V	Marthe
30	S	Juliette
31	D	Ignace de Loyola

Août
1	L	Alphonse
2	M	Julien-Eymard
3	M	Lydie
4	J	J.-M. Vianney
5	V	Abel
6	S	Transfiguration
7	D	Gaëtan
8	L	Dominique
9	M	Amour
10	M	Laurent
11	J	Claire
12	V	Clarisse
13	S	Hippolyte
14	D	Evrard
15	L	ASSOMPTION
16	M	Armel
17	M	Hyacinthe
18	J	Hélène
19	V	Jean Eudes
20	S	Bernard
21	D	Christophe
22	L	Fabrice
23	M	Rose de Lima
24	M	Barthélémy
25	J	Louis
26	V	Natacha
27	S	Monique
28	D	Augustin
29	L	Sabine
30	M	Fiacre
31	M	Aristide

Septembre
1	J	Gilles
2	V	Ingrid
3	S	Grégoire
4	D	Rosalie
5	L	Raïssa
6	M	Bertrand
7	M	Reine
8	J	N.-D. de la Nativité
9	V	Alain
10	S	Inès
11	D	Adelphe
12	L	Apollinaire
13	M	Aimé
14	M	La Sainte Croix
15	J	Roland
16	V	Edith
17	S	Renaud
18	D	Nadège
19	L	Emilie
20	M	Davy
21	M	Matthieu
22	J	Maurice
23	V	Automne
24	S	Thècle
25	D	Hermann
26	L	Côme / Damien
27	M	Vincent de Paul
28	M	Venceslas
29	J	Michel / Gabriel
30	V	Jérôme

Octobre
1	S	Thérèse de l'enfant Jésus
2	D	Léger
3	L	Gérard
4	M	François d'Assise
5	M	Fleur
6	J	Bruno
7	V	Serge
8	S	Pélagie
9	D	Denis
10	L	Ghislain
11	M	Firmin
12	M	Wilfried
13	J	Géraud
14	V	Juste
15	S	Thérèse d'Avila
16	D	Edwige
17	L	Baudoin
18	M	Luc
19	M	René
20	J	Adeline
21	V	Céline
22	S	Elodie
23	D	Jean de C.
24	L	Florentin
25	M	Crépin
26	M	Dimitri
27	J	Emeline
28	V	Simon / Jude
29	S	Narcisse
30	D	Bienvenue
31	L	Quentin

Novembre
1	M	Toussaint
2	M	Défunts
3	J	Hubert
4	V	Charles
5	S	Sylvie
6	D	Bertille / Léonard
7	L	Carine
8	M	Geoffroy
9	M	Théodore
10	J	Léon
11	V	Armistice 1918
12	S	Christian
13	D	Brice
14	L	Sidoine
15	M	Albert
16	M	Marguerite
17	J	Elisabeth
18	V	Aude
19	S	Tanguy
20	D	Edmond
21	L	Prés. V. Marie
22	M	Cécile / Christ. Roi
23	M	Clément
24	J	Flora
25	V	Catherine L.
26	S	Delphine
27	D	Séverin
28	L	Jacques de la M.
29	M	Saturnin
30	M	André

Décembre
1	J	Florence
2	V	Viviane
3	S	François-Xavier
4	D	Barbara
5	L	Gérald
6	M	Nicolas
7	M	Ambroise
8	J	Immaculée Conception
9	V	Pierre Fourier
10	S	Romaric
11	D	Daniel
12	L	Jean-François de C.
13	M	Lucie
14	M	Odile
15	J	Ninon
16	V	Alice
17	S	Gaël
18	D	Gatien
19	L	Urbain
20	M	Abraham / Théophile
21	M	Hiver
22	J	Françoise-Xavière
23	V	Armand
24	S	Adèle
25	D	Noël
26	L	Etienne
27	M	Jean l'Apôtre
28	M	Innocents
29	J	David
30	V	Roger
31	S	Sylvestre

cinquante-neuf 59

4 Découvertes

Mehr dazu
2bm88b

Unité 4
Au collège Balzac

Voilà mon collège.

PORTFOLIO

Am Ende dieser Unité kannst du über die Schule sprechen und deine Schule vorstellen.

Découvertes **4**

Vis-à-vis

Seht euch die Fotos genau an.
Was ist in eurer Schule anders?

1. Les élèves jouent dans la cour.

2. Le cours d'allemand de la 5eA: tiens, qui est en retard?

3. Au CDI: Chut! On travaille!

4. On a faim! Qu'est-ce qu'il y a aujourd'hui à la cantine?

5. Et voilà Max, toujours à l'infirmerie!

Aïe, mon pied!

Ecoutez les scènes et dites où elles se passent. (Hört die Szenen und sagt, wo sie spielen.)

Schaut euch das Video an.

soixante-et-un 61

4 Atelier A–B

Atelier A

Approche **1** **Une journée de Marie**

→ En plus 124, 1 △

Sept heures et demie: Moustique est «aux toilettes».

Huit heures et quart: J'ai français avec M. Racine.

Il est sept heures: Je suis encore au lit!

Midi: C'est l'heure de la cantine!

Huit heures moins vingt-cinq: Je regarde «Star Academy» à la télé.

Deux heures cinq: Le cours de musique commence.

Six heures moins le quart: Je suis chez Alex avec Moustique.

Quatre heures vingt: Après le collège, je rentre à la maison.

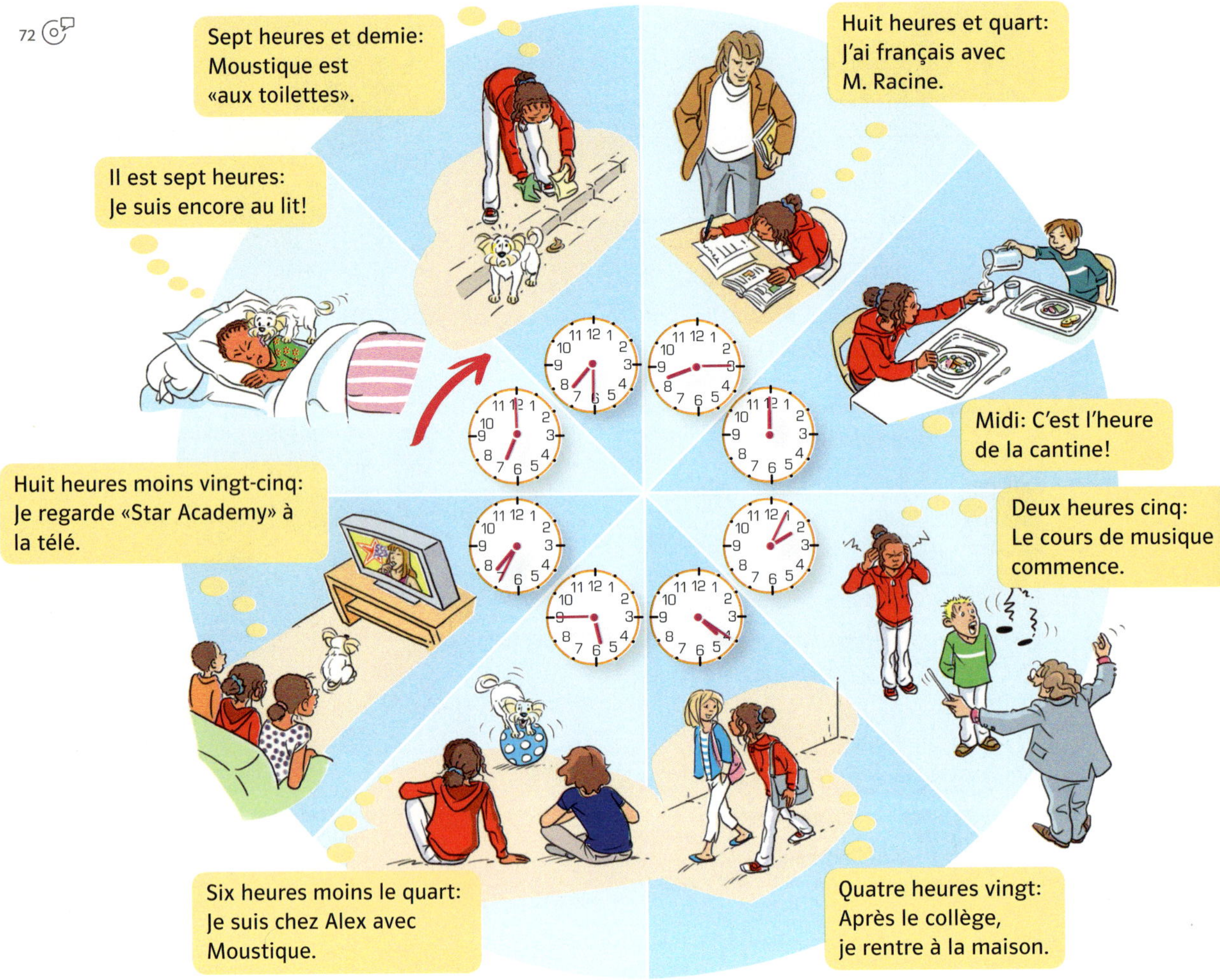

Quelle heure est-il? (Wie spät ist es?) Il est …

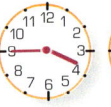

Parler **2** **Quelle heure est-il?**

Fragt euren Tischnachbarn, wie spät es ist, wann er heute nach Hause geht und wann er heute fern sieht.

Exemple:
– Quelle heure est-il, s'il te plaît?
– Il est …

ON DIT

– Marie, **quelle heure est-il**, s'il te plaît?
– **Il est** sept heures et demie.

– Tu rentres **à quelle heure**, aujourd'hui?
– Je rentre **à** deux heures.

– Tu regardes la télé quand, aujourd'hui?
– **A** six heures.
– **De** six heures **à** sept heures.

62 soixante-deux

Atelier A B — Pratique — Bilan — 4

3 La clé USB

1.
Lundi, 8 heures moins le quart, Mehdi cherche son copain Léo dans la cour, au CDI, aux toilettes, puis à l'infirmerie, mais Léo n'est pas là non plus.

Le cours d'allemand commence dans deux minutes. Mais où est Léo? Mme Mangin, la professeure d'allemand, arrive.

2.
Huit heures! Aujourd'hui, Léo est en retard. Il arrive au collège. Il entre vite dans la cour. Mais qu'est-ce que c'est, là, sous son pied? Une clé USB! Les élèves entrent dans la salle de cours.

Mme Mangin: Léo, mon cours ne commence pas à huit heures quatre!
Léo: Excusez-moi, madame.
Léo va à sa place.
Mehdi: Qu'est-ce que tu as dans la main?
Léo: Chut!
Mme Mangin: S'il vous plaît! On ne discute pas en cours!

3.
A la récréation de 10 heures, les garçons retrouvent Marie et Alex:

Marie: Où est-ce que vous allez?
Mehdi: Au CDI. Léo a trouvé une clé USB.
Alex: Alors, raconte. Elle est à qui?
Léo: Je ne sais pas! On regarde sur l'ordi, d'accord?
Marie: Bof, je ne trouve pas ça bien! Ce ne sont pas nos affaires!

Les quatre amis vont au CDI: Voilà! la clé est dans l'ordinateur …

Après la lecture
Devinez: Qu'est-ce qu'il y a sur la clé USB? Elle est à qui?

soixante-trois 63

4 Atelier A–B

Parler

4 A propos du texte

Corrigez les phrases. (Korrigiert die Sätze.)

1. Mehdi cherche Mme Mangin.
2. Le cours d'allemand commence à 9 heures.
3. La récréation est à 11 heures.
4. Léo trouve la clé USB à la cantine.
5. Léo et Mehdi sont en 5^{e}B.
6. Léo va à la maison pour regarder la clé.

Jeu de sons

5 Chanson

76
77

Ecoutez la chanson, puis chantez sur le playback.

C'est ça, le collège!

Je ne joue pas au ballon.
Ah non, ah non!
Je n'écoute pas les garçons.
Ah non, ah non!

Je ne mange pas à la cantine.
Ah non, ah non!
je ne lis pas les magazines.
Ah non, ah non!

Refrain: Les filles aiment danser
A la gym, au lycée
C'est ça le collège!

En forme

6 Léo ne chante pas. (G 12)

L'élève **A** regarde les dessins de l'exercice, l'élève **B** regarde les dessins du «supplément», page 210.
Vous devez trouver ce que font les personnages.
(Schüler **A** nimmt die Bilder dieser Übung, Schüler **B** die Bilder im Anhang auf der Seite 210.
Nun fragt ihr euch gegenseitig, was die Personen auf den Bildern machen.)

1. Marie
2. discuter
3. Jérôme
4. arriver dans la cour
5. Alex
6. entrer dans le collège
7. Mme Latière
8. être à la cantine
9. Malabar
10. avoir faim

*élève **A**:* Marie chante?
*élève **B**:* Oui, Marie chante. Et Léo et ses copains, ils chantent?
*élève **A**:* Non, ils ne chantent pas, ils … Et Jérôme, il …?
*élève **B**:* Non, …

64 soixante-quatre

Atelier A B — Pratique — Bilan — 4

7 Je vais où, Madame?

Jouez les scènes.

Exemple: – Je cherche un livre en allemand. → – Alors, tu vas au CDI.

– Il est midi. J'ai faim!
– J'ai envie de rentrer.
– Je cherche un cadeau pour un copain.
– Je cherche un livre en allemand.
– Aïe! Aïe! Mon pied!
– C'est la récréation!
– J'ai envie de faire pipi!

– Alors, tu vas

dans la cour. · à l'infirmerie. · à la cantine. · au CDI. · chez Mme Latière. · à la maison. · aux toilettes.

8 Nous allons au collège. (G 13, 14)

→ En plus 124, 2 △

à + le	→ au
à + les	→ aux

Faites des phrases. Exemple: **1.** Nous allons au collège.

1. nous
2. tu  
3. Léo 
4. nous 
5. vous 
6. elles 
7. je 
8. on 

9 Une journée d'élève

A *Regardez d'abord le tableau, puis écoutez le texte. Qui parle? Il va au collège à quelle heure?*

B *Ecoutez une deuxième fois. Qu'est-ce qu'il fait à quatre heures et demie? Et à neuf heures?*

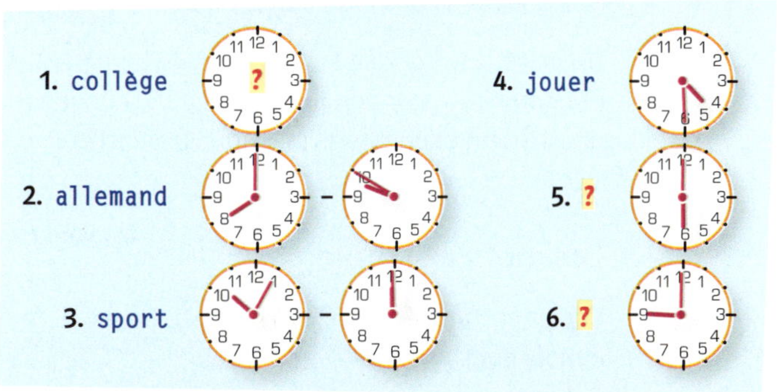

1. collège
2. allemand
3. sport
4. jouer
5. ?
6. ?

10 Ma journée

Raconte ta journée. (Erzähle deinen Tagesablauf.)

jouer (avec) · travailler pour · aller à / chez · rentrer · manger · être à · …

soixante-cinq 65

4 Atelier A–B

Atelier B

Lire

1 L'emploi du temps de Léo

→ En plus 125, 3

Heures	Lundi	Mardi	Mercredi	Jeudi	Vendredi
8h00 – 8h55	allemand	histoire-géo	francais	histoire-géo	mathématiques
9h00 – 9h50	allemand	mathématiques	francais	histoire-géo	mathématiques
			récréation		
10h05 – 11h00	E.P.S.	français	E.P.S.	français	technologie
11h05 – 12h00	E.P.S.	/	/	français	E.P.S.
			pause / cantine		
13h30 – 14h25	mathématiques	arts plastiques	/	S.V.T.	allemand
14h30 – 15h25	technologie	allemand	/	S.V.T.	/
			récréation		
15h40 – 16h30	Projet 5e	éducation musicale	/	/	vie de classe
16h40 – 17h30		/	/	/	/

Samedi – Dimanche

– Wie heißen die Wochentage auf Französisch?
– Ihr kennt noch nicht alle Fächer, aber einige könnt ihr sicher erraten. Welche?

Vis-à-vis

2 L'école en France et en Allemagne

A *Médiation:* Explique à tes parents l'emploi du temps de Léo.
(Erkläre deinen Eltern Leos Stundenplan.)

B Erstellt am Computer euren eigenen Wunsch-Stundenplan auf Französisch.

Du musst 4,5 Stunden Französisch, 4 Stunden Mathe, 4 Stunden Deutsch, 3 Stunden Geschichte oder Geographie, 4 Stunden Sport (EPS), 1,5 Stunden Biologie (SVT), 1,5 Stunden Technologie, 1 Stunde Musik und 1 Stunde Kunst (arts plastiques) verteilen.

Jeu de mots

3 Les mots de l'école

Copiez et complétez le filet à mots dans votre cahier.
(Übertragt das Wortnetz in euer Heft und ergänzt es.)

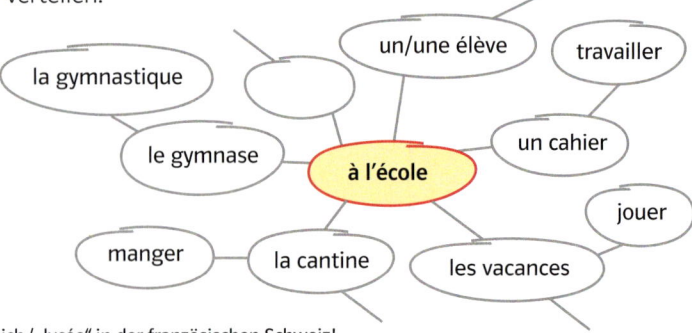

- la gymnastique
- un/une élève
- travailler
- le gymnase
- **à l'école**
- un cahier
- manger
- la cantine
- les vacances
- jouer

*Vorsicht: „gymnase" = „Sporthalle" in Frankreich / „lycée" in der französischen Schweiz!

4 Une surprise

1. Au CDI, les copains sont devant l'ordinateur.

Non!? Mais … Je rêve! … Non! … C'est cool …

5ᵉA, je clique! Tiens, voilà nos interros! Jeudi, on a une interro surprise!

Chut! … Alors, c'est la clé USB de madame Mangin! Tu cliques sur 5ᵉB?

Tiens Marie, Alex, voilà, votre classe. Il y a aussi vos interros!

Et oui! Sur la clé USB, il y a … leurs interrogations d'allemand …

2. Léo cherche quelque chose dans son sac, les autres discutent.

Non! Moi, je ne fais pas ça!

Mehdi a raison! C'est non!

Voilà ma clé USB à moi. On fait une copie des exercices, d'accord?

Mais si! Comme ça, on prépare bien l'interro! C'est comme un cadeau!

3.

Bonjour! Ça va? Vous faites vos devoirs? C'est bien!

Oui, euh, nous faisons … euh …

Attention! Madame Mangin arrive!

Après la lecture
Que dit Léo? Que font ses copains? Devinez.

4 Atelier A–B

Lire
5 A propos du texte

A *Quelle phrase va avec quelle partie du texte? (Welcher Satz passt zu welchem Textteil?)*

Mehdi ne fait pas de copie des interros. → Partie n°?
C'est la clé USB de Mme Mangin. → …
Madame Mangin entre dans le CDI. → …
Léo a une clé USB dans son sac. → …

80 **B** *Ecoutez la fin de l'histoire, puis répondez. (Hört das Ende der Geschichte und antwortet dann.)*

1. Que cherche Mme Mangin?
2. Qu'est-ce qu'il y a sur la clé USB?
3. Qui est M. Castor?
4. Que font les élèves jeudi?

En forme
6 Devant l'ordinateur, on discute. (G 15)

→ En plus 125, 4

A *Décrivez la photo. Les amis sont …*
La clé USB est … Marie est …

B *Complétez avec les formes du verbe faire.*

1. *Marie:* Nos interros! Qu'est-ce qu'on **?** ?
2. *Alex:* Toi et moi, nous* **?** les exercices de la 5ᵉB.
   Et les garçons **?** les exercices de la 5ᵉA!
3. *Mehdi:* Non, moi, je ne **?** pas ça!
4. *Léo:* Comment, tu ne **?** pas ça?
   Mais si, Mehdi, c'est comme un cadeau!
5. *Marie:* Mehdi a raison.
   Léo: Oh, vous **?** toujours des histoires.

Parler
7 Qu'est-ce qu'on fait?

A *Faites des dialogues.*

Exemple:
– On parle avec la prof ?
– D'accord.

Questions
aller ensemble au gymnase
commencer les devoirs
préparer l'interro
parler avec la prof
aller à la cantine à midi
ranger la salle de cours
faire les exercices
rentrer ensemble …

Réponses
Oui!
Oh, oui, c'est cool!
Ah, non!
D'accord.
Non, moi, je ne fais pas ça!
Bien sûr.
Je ne sais pas …

B *Puis jouez-les avec votre voisin.*

Parler
8 Non? Si? (G 12)

Utilisez le verbe aimer.

Exemple:
– Tu aimes la cantine ?
– Bien sûr, j'aime la cantine!
– **Non**, je **n'**aime **pas** la cantine.
– Tu **n'**aimes **pas** la cantine ?
– **Non**, je **n'**aime **pas** la cantine.
– **Si**, j'aime bien la cantine.

les livres
l'ordinateur
le français
le sport (E.P.S.)
le collège
la cantine
l'allemand
les interros
les surprises
…

Atelier — A B — Pratique — Bilan — **4**

9 Au collège, aujourd'hui …

Ecoutez et dites combien de fois vous entendez:
[ʒ] x ? [ʃ] x ? [s] x ? [z] x ?

> Au collège, aujourd'hui, je chante une chanson avec mes amis.
> Moi, j'aime pas la gym'.
>
> Marie cherche ses crayons et fait une affiche pour la fête de la musique.

10 Où est le cahier? (Révision)

→ En plus 125, 5

*Spielt in kleinen Gruppen: Einer legt einen Gegenstand **vor**, **hinter**, **auf**, **unter** oder **in** seine Schultasche. Die anderen drehen sich um und raten, wo er sich befindet.*

Exemple:
– Où est le cahier?
– Il est derrière ton sac.
– Non!
– Il est sur ton sac.
– Oui!

sur / derrière / devant / dans / sous

11 Les copains et leur collège (G 16)

→ En plus 126, 6

A *Complétez avec **son**, **sa** ou **ses**.*

1. Léo aime bien ? collège.
2. Mais il n'aime pas faire ? devoirs.
3. Dans ? classe, il y a ? copain Mehdi.
4. ? copines Marie et Alex ne sont pas en 5ᵉA. Elles sont en 5ᵉB.

B *Complétez avec **leur** ou **leurs**.*

1. Les copains regardent ? emploi du temps.
2. Au CDI, ils font ? devoirs d'allemand.
3. Ils préparent ? interrogation.
4. A la maison, ils discutent avec ? parents.

12 En classe (G 16)

Posez des questions et trouvez des réponses.

Exemple: – Mais où est ton prof d'allemand?
– Mon prof d'allemand? Je ne sais pas … dans la salle de classe .

mon / ma / mes
ton / ta / tes
son / sa / ses
notre / votre / leur
nos / vos / leurs

Mais où est
où sont …

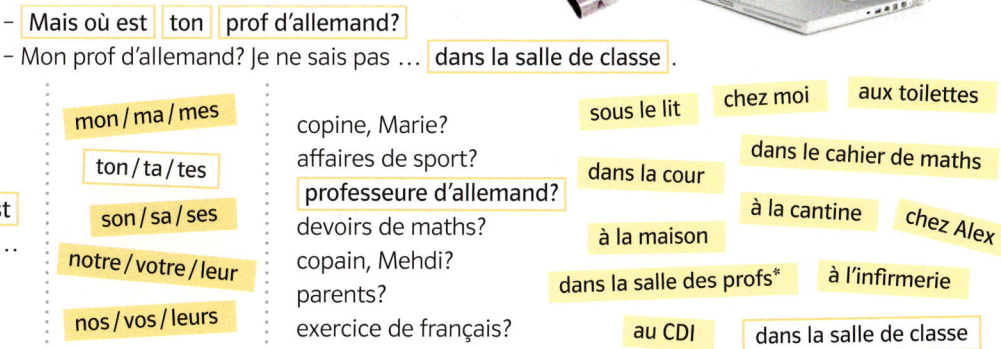

copine, Marie?
affaires de sport?
professeure d'allemand?
devoirs de maths?
copain, Mehdi?
parents?
exercice de français?

sous le lit / chez moi / aux toilettes / dans la cour / dans le cahier de maths / à la maison / à la cantine / chez Alex / dans la salle des profs* / à l'infirmerie / au CDI / dans la salle de classe

soixante-neuf

4 Pratique

Pratique: tâches

Um einen Text insgesamt zu verstehen, musst du nicht jedes Wort kennen.

Lire

1 Einen Text verstehen

A *Lest den Text.*

> **STRATEGIE**
>
> 1. Sieh dir zunächst die Überschrift und die Bilder an:
>   **Worum geht es** in dem Text?
>
> 2. Lies den Text dann **einmal ganz** durch. Wenn du ein Wort nicht verstehst, lies einfach weiter.
>
> 3. Lies den Text noch einmal durch. Welche Wörter erinnern dich an deine **Muttersprache**, an das **Englische** oder an eine **andere Sprache**? Manche Wörter kannst du auch verstehen, wenn du auf den **Zusammenhang** des Textes achtest.

Le collège
Les élèves français vont au collège à l'âge de 11 ans. Le collège commence avec la classe de 6e. Après la 6e, les élèves vont en 5e, puis en 4e et enfin en 3e. Il y a donc 4 ans de collège.

Le lycée
Après la classe de 3e, les élèves vont au lycée (Oberstufe) où ils passent *le bac* (Abitur / Matura) ou *la maturité* en Suisse.

Dans la cité scolaire **Honoré de Balzac**, il y a un collège et un lycée. C'est le plus grand collège-lycée de Paris avec 2000 élèves, 200 professeurs, 2 CDI, une bibliothèque internationale, une médiathèque, 4 gymnases*, une salle de spectacles et même une piscine! A «Balzac», on trouve des classes internationales avec des cours en allemand, en anglais, en arabe, en espagnol, en italien et en portugais. Il y a aussi des cours de cirque, de cinéma et de journalisme. Dans un gymnase transformé en studio, les élèves font des interviews pour la télé.

B *Deine Schwester, die noch nicht Französisch lernt, möchte wissen, wie das französische Schulsystem funktioniert. Erkläre es ihr auf Deutsch.*

70 soixante-dix

Atelier – A - B   Pratique   Bilan   **4**

Médiation

2 Des affiches

A *Am Collège Balzac hast du dieses Plakat entdeckt. Erkläre deinen Eltern auf Deutsch, worum es geht.*

B *Dein französischer Austauschpartner möchte wissen, worum es bei dem Angebot unten geht. Erkläre es ihm auf Französisch.*

COLLÈGE HONORE DE BALZAC

Club vidéo allemand

Tu aimes l'allemand?
Tu aimes les films?
Tu rêves d'être une star?

On cherche des élèves pour tourner des mini-films en allemand.
Les garçons et filles de tous les âges et tous les niveaux d'allemand sont les bienvenus.

1er rendez-vous:
Mercredi 19 septembre à 14h00, devant le CDI

MikhaDEAU singt französische **Chansons**

von **A**znavour bis **Z**azie

Für die Schüler, Lehrer und Freunde des Alfred-Wegener-Gymnasiums

Wann: Mittwoch, 3. Februar 15:15 – 16:45 Uhr
Wo: AWG, Raum 012

PORTFOLIO

3 Mon collège

Gestalte eine Seite, auf der du deine Schule vorstellst. Du kannst mit Fotos oder mit Zeichnungen arbeiten.

- *Bilde verschiedene Räume ab und beschrifte sie auf Französisch.*
- *Stelle deine Lehrer / Lehrerinnen und deine besten Schulfreunde / Schulfreundinnen vor.*
- *Nenne deine Lieblingsfächer und die Fächer, die du nicht so gerne magst.*

soixante-et-onze 71

4 Bilan

Bilan

1 Parler

Arbeite mit deinem Klassenkameraden.
Du stellst die Fragen, sie/er antwortet.

Überprüfe, was du kannst! Vergleiche deine Lösungen mit den Lösungen auf Seite 203.

Mehr dazu 4rf4sn

Und so kannst du den Satz anfangen:

Du hast gerade deinen Stundenplan gelesen und fragst …

1. um wie viel Uhr die Schüler Deutsch haben.	A quelle heure …?
2. wie spät es ist.	Il est quelle heure …?
3. von wann bis wann die Schüler Pause haben.	De quelle heure à quelle heure?
4. welcher Wochentag heute ist.	Aujourd'hui, c'est … / on est …
5. ob ihr die Hausaufgaben gemeinsam macht.	On fait …?
6. wohin ihr in der Mittagspause geht.	Où … pause de midi?
7. ob er/sie gern in einer Kantine isst.	Est-ce …? J'aime …

Im Französischunterricht kannst du …
1. dich entschuldigen. …-moi!
2. sagen, dass du etwas nicht weißt. Je … pas.

2 Ecouter

Ecoute les heures. Note les lettres correspondantes dans l'ordre chronologique et trouve le mot-clé.
(Höre die Uhrzeiten. Schreibe die entsprechenden Buchstaben chronologisch auf und finde das Lösungswort.)

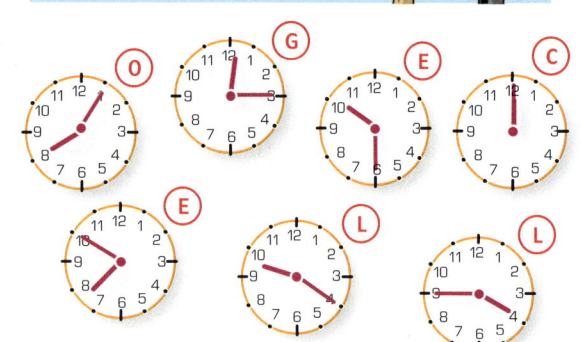

82

O G E C
E L L

3 En forme (G 12)

*Réponds et utilise **ne … pas**.*
*(Antworte und benutze **ne … pas**.)*

Exemple: – Tu travailles?
– Non, je ne travaille pas.

1. Tu travailles? – Non, …
2. Alors tu joues? – Non, …
3. Tu ranges ta chambre? – Non, …
4. Tu es au lit? – Non, …

Je prépare un cadeau pour toi.

4 Vis-à-vis

Vrai ou faux?
Si c'est faux, donnez la bonne réponse.
(Wenn der Satz falsch ist, korrigiert die Antwort.)

1. Un collège en France a six classes.
2. On entre au collège à l'âge de 11 ans.
3. Les élèves français vont à l'école le dimanche.
4. Un «gymnase» en France, c'est un «Gymnasium» en allemand.
5. Les élèves français n'apprennent pas l'allemand.
6. A 11 ans, les élèves français sont en 3ème.
7. Les élèves français passent le bac au collège.

72 soixante-douze

5 En forme (G 13–15)

Complète les phrases avec les bonnes formes des verbes et la bonne préposition.
(Ergänze die Sätze mit den passenden Verbformen.)

| une fille | faire | | sa copine | aller à / chez |

1. – Qu'est-ce que tu **?** maintenant? – Là, je **?** à la maison.
2. – Est-ce que nous **?** nos exercices pour M. Racine à cinq heures? – Oui, mais d'abord, nous **?** Léo, d'accord?
3. – Marie et Alex **?** leurs devoirs? – Non, elles **?** CDI.
4. – Et Mehdi, qu'est-ce qu'il **?**? – Il **?** FNAC.
5. – Léo et toi, vous **?** un gâteau pour Alex? – Oui, mais Marie et toi, vous **?** Mme Latière.
6. – Et moi, qu'est-ce que je **?**, alors? – Tu **?** … (Denke dir eine Antwort aus.)

6 En forme (G 16)

Complète les phrases avec les adjectifs possessifs qui conviennent.
(Vervollständige die Sätze mit den passenden Possessivbegleitern.)

1. Léo et Medhi n'ont pas envie de faire **?** devoirs.
2. Marie et moi, nous allons chez **?** copine aujourd'hui.
3. Alex et Jérôme ne trouvent pas **?** copain Léo.
4. «Vous ne rangez pas **?** salle de classe, les enfants?»
5. Les professeurs préparent **?** cours.
6. «Monsieur, nous n'avons pas **?** affaires de sport.»

7 En forme (G 12)

A *Schreibt die Dialoge und spielt sie in kleinen Gruppen.*

1. Léo, va au lit! – Non, …
2. Est-ce que vous allez à la gym à 4 heures? – Non, …
3. Est-ce que tu vas au CDI? – Non, …
4. Allez à l'école! – Non, …
5. Marie, tu as faim? – Non, …
6. Et vous, vous avez faim? – Non, …
7. Est-ce que les garçons rangent la classe? – Non, …
8. Faites l'interro! – Non, …
9. Regardez la télé! – Non, …
10. Vous êtes en retard? – Non, …

B *Versuche die Wörter mit einem Land zu verbinden.*
Exemple: „no" = Großbritannien / USA

soixante-treize 73

Plateau 2

Plaisir d'écouter

Chanson

A *Ecoutez la chanson. Die Wörter des Refrains sind unten erklärt. Was könnt ihr außerdem noch verstehen?*

Bye bye collège

Dans la cour du collège
On nous a libérés
C'est l'heure de la récré
On va se retrouver
Mes copines et moi, on se raconte la télé
Ce qu'on a regardé hier soir
Quand on s'est couché tard

Refrain
En sixième, on apprend[1] ses leçons[2]
En cinquième, on monte un peu le son[3]
En quatrième, on regarde les garçons
Et en troisième, bye bye collège …

Le proviseur nous guette
Un moment on se tait
Mais quand il tourne la tête
On se remet à tchatcher
Mes copines et moi, on adore le ciné
C'est qui le meilleur acteur?
Johnny Depp, Harry Potter …

Refrain

La journée, terminée
On reste à bavarder
Passée l'heure du goûter
Pas très envie de rentrer
Mes copines et moi, on se refile des infos
Des petits trucs, tout nouveaux,
Sur les derniers logos.

Refrain

Musik + Text: Jeanne, Laurent Guy Michel / Mitrecey, Dan / Pelet, Philippe Yves / Perrot, Olivier Louis
© Ed. Mus. Atollo / Money Penny
Scorpio Music / Roba Music Verlag GmbH, Hamburg
Universal Music Italia / Universal Music Publ. GmbH, Berlin

1 apprendre lernen – **2 une leçon** eine Lektion – **3 monter le son** *(hier)* lauter werden

B *Ecrivez un nouveau refrain. Utilisez des mots qui riment.*
(Schreibt einen neuen Refrain. Verwendet Wörter, die sich reimen.)

Exemple:
A … heures, on a une interrogation
A … heures, c'est la récréation
A … heures, …
A … heures, …

copain   cantine   aimer bien   copine
professeur   au revoir   maison   fin   exercice
chanson   ordinateur   interrogation   récréation
crayon   devoir   Maurice   magasin   demain

soixante-quatorze

Plateau 2

Lösungen zu diesen Révisions-Übungen findest du auf Seite 204.

Révisions

1 Où est Moustique?

Dites où est Moustique. Utilisez les prépositions.
(Sagt, wo Moustique ist. Benutzt die Präpositionen).   Exemple: **1.** Il est sur le sac.

1 2 3 4 5

2 Allez! (G 14)

*Complétez le texte avec le verbe **aller** et les prépositions et articles qui conviennent.*
*(Ergänzt den Text mit dem Verb **aller** und den passenden Präpositionen und Artikeln.)*

Mehdi: Vous **?** CDI aussi, maintenant?
Marie: On **?** cantine, mais après, on **?** CDI avec toi.
Léo: Oui, mais moi, je **?** infirmerie, c'est pour mon pied.
Alex: Tu n'as pas envie de travailler, alors tu **?** infirmerie, c'est ça?
Léo: Mais non, je ne vais pas bien. Après, je **?** maison.
Alex: Léo a raison. Et nous, après le collège, nous **?** Marie pour regarder «Spiderman».
Léo: Zut, ils **?** Marie pour regarder «Spiderman», et moi, je **?** lit …

aller à
aller chez

3 Bonjour, c'est Joséphine …

Lukas ist allein zu Hause. Joséphine, die französische Freundin seiner Schwester Isabel ruft an. Lukas macht sich Notizen, um Isabel später auf Deutsch Bescheid zu geben. Was kann Lukas ausrichten?

Qui? …
Où? …
Quand? …

4 Cherchez et trouvez.

faire   avoir   commencer   être

A *Reliez les verbes aux expressions. (Verbindet die Verben mit den Ausdrücken.)*

1. **?** à 10 heures / dans une minute
2. **?** 13 ans / raison
3. **?** en retard / frère et sœur
4. **?** un gâteau / ses devoirs

B *Choisissez trois verbes et écrivez un petit texte.*
(Wählt drei Verben und schreibt einen kleinen Text.)

Exemple: Je suis dans la cuisine.
Je fais un gâteau pour mon copain.
Il a 12 ans demain.

soixante-quinze 75

Plateau 2

On prépare le Delf

1 Compréhension de l'oral

Lisez d'abord les questions.
Ecoutez, puis trouvez les bonnes réponses.

1. Demain, c'est
   a vendredi. **b** mercredi. **c** mardi.

2. Max et Eric retrouvent les copains à
   a   **b**   **c**

3. Ils retrouvent les copains devant
   a le magasin. **b** la cantine. **c** le gymnase.

4. Ils vont
   a à l'infirmerie. **b** au CDI. **c** chez Mehdi.

2 Compréhension des écrits

Lisez le message, puis les phrases.
Vrai où faux ?

1. C'est un message de Clément pour sa mère.
2. Elle ne rentre pas à midi.
3. Elle va au cours de piano.
4. Il y a des spaghettis et des fruits pour Clément.
5. Sa mère rentre à 16 heures.

> Clément,
> RV Docteur 11 h 15. 14 h Gym.
> Spaghettis, banane et orange
> pour toi. Rentre 6 h.
> Bises.
> Mam

3 Production écrite

Ce matin, ton correspondant français reste chez toi. Tu lui laisses un message en français et tu lui dis où tu vas, (collège jusqu'à 11h / le prof de français malade), ce que tu fais après (jouer au tennis + Tina), quand tu rentres (12h 30), ce que vous faites ensemble (repas à la maison / foot à 13h 30).

Heute morgen bleibt dein Austauschpartner bei dir zu Hause. Du hinterlässt ihm eine Nachricht. Du sagst, wo du hingehst (Collège bis 11:00 / Lehrer krank), was du danach machst (Tennis + Tina), wann du zurückkommst (12:30) und was ihr zusammen macht (Essen, Fußball spielen um 13:30).

4 Production orale

Timo est nouveau au collège Balzac. Léo est curieux. Il lui pose des questions. Jouez la scène.
(Timo ist neu im Collège Balzac. Léo ist neugierig. Er stellt ihm Fragen. Spielt die Szene.)

1. Tu as quel âge ?
2. Ton anniversaire, c'est quand ?
3. Tu rentres à quelle heure, aujourd'hui ?
4. Qu'est-ce que tu fais ce soir ?
5. Qu'est-ce que tu as envie de faire, samedi ?

soixante-seize

Découvertes 5

Unité 5
Un samedi dans le quartier

Vis-à-vis

Was machst du in deiner Freizeit?
Welche Möglichkeiten gibt es in deiner Nähe?

Voilà des photos de notre quartier: les Batignolles.

Voilà le parc Martin Luther King. Le roller, c'est super, hein?

PORTFOLIO

Am Ende dieser Unité kannst du von deiner Umgebung und von deinen Freizeitbeschäftigungen berichten.

Mehr dazu
5t562j

soixante-dix-sept 77

5 Atelier A – B – C

Atelier A

Là, c'est l'avenue de Clichy.

Et là, c'est Interclub 17.
Il y a des activités pour tout le monde!

Et après le roller, tout le monde va au stand de crêpes.

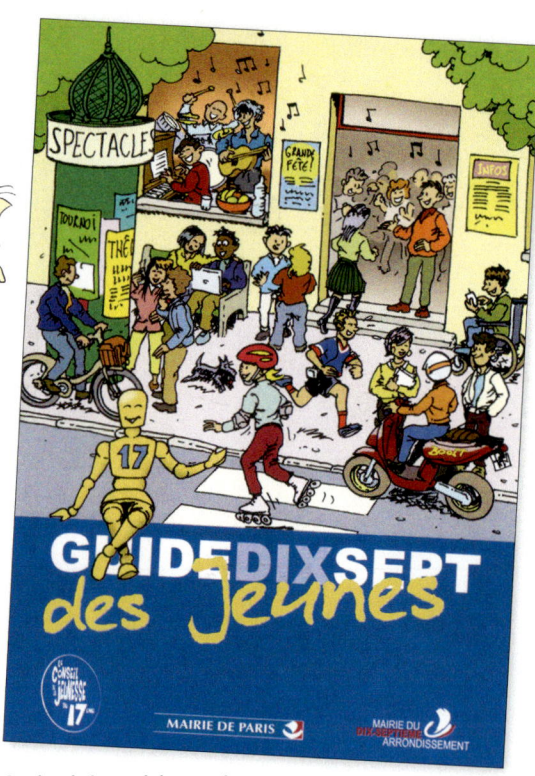

Ça c'est le journal du quartier.

Qu'est-ce qu'il y a dans le quartier?

Atelier — A – B – C — Pratique — Bilan — 5

1 Taxi!

Alex va passer la nuit de vendredi à samedi chez Marie. Elle pose son sac dans l'entrée.

Alex: Papa, je vais chez Marie, ce soir.
Son père: Mais qu'est-ce qu'il y a dans ton sac?
5 Vous allez passer une semaine ensemble ou quoi?
Alex: Mais non! Je vais rentrer demain soir, après le sport. J'ai aussi mes affaires de judo.
Son père: Ah bon? Alors à plus, ma puce!
10 *Alex:* Euh … papa, on va aller chez Marie en voiture, non?
Son père: Comment?! Mais Marie n'habite pas loin! Tu vas aller chez elle à pied! Je ne suis pas ton chauffeur de taxi!
15 *Alex:* Oui, mais mon sac …
Son père: Bon, je vais aller avec toi et je vais porter ton sac. On y va?
Alex: Merci, papa!

Que va faire Alex? Quand? Que va faire son père?

Vis-à-vis

In Paris ist es schwer, einen Parkplatz zu finden. Es gibt auch viele Staus. Deshalb fahren viele Pariser ungern mit dem Auto.

2 C'est samedi! (G 17)

A *Travaillez à deux. Faites des dialogues.*

Marie / Alex / Léo et Malabar …

aller

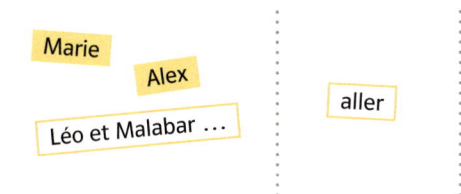

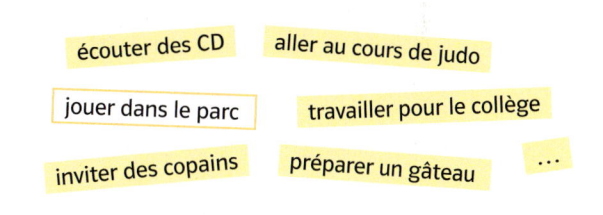

écouter des CD / aller au cours de judo / jouer dans le parc / travailler pour le collège / inviter des copains / préparer un gâteau / …

Exemple: – Qu'est-ce que Léo et Malabar vont faire?
– Ils vont jouer dans le parc.

B *Qu'est-ce que tu vas faire?* Exemple: Samedi, je vais aller à Cologne.

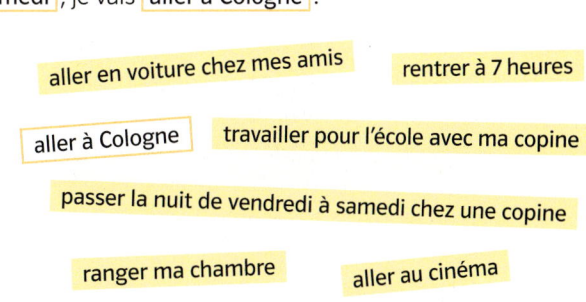

ce soir / demain / le week-end / pendant les vacances / dimanche / samedi / la semaine prochaine

aller en voiture chez mes amis / rentrer à 7 heures / aller à Cologne / travailler pour l'école avec ma copine / passer la nuit de vendredi à samedi chez une copine / ranger ma chambre / aller au cinéma

soixante-dix-neuf 79

3 Une nuit chez Marie

1. La famille Chabane habite un appartement de quatre pièces (F4). Alex arrive chez les Chabane juste pour le repas du soir. A 8 heures, tout le monde est à table. Après le repas, Alex va dans la salle de bains pour faire sa toilette. Puis, Alex et Marie vont dans la chambre des filles.

Marie: Tiens, voilà ton lit.
Alex: Mais c'est le lit de ta sœur!
Marie: Clara va coucher dans le salon.
Alex: Ah bon? Elle est sympa!
Marie: Alors, on regarde tes photos?
Alex: D'accord. Et après, on joue au monopoly?

2. Deux heures et demie après …

Alex: Alors, qu'est-ce qu'on fait demain?
Marie: Demain matin, nous allons d'abord faire un tour avec Moustique. Et puis, j'ai envie de faire un gâteau.
Alex: Oh, oui, d'accord! Mais le samedi, à trois heures et demie, je vais au judo.
Marie: Et moi, à deux heures, je vais faire de l'athlétisme. Après, je vais regarder ton cours de judo, d'accord?
Alex: Oui d'accord. C'est à Interclub 17.
Marie: Oh, mais il est déjà tard! J'ai encore faim. On va dans la cuisine?
Alex: Euh, je ne sais pas, tes parents …
Marie: Mais si! Viens, mais chut!

3. Les filles quittent la chambre. Mais … Tiens, dans le salon, Clara regarde la télé!

Marie: Papa et maman ne vont pas être d'accord, Clara! Il est déjà minuit!
Clara: Il est minuit pour vous aussi. Et puis papa est d'accord!
M. Chabane: Clara et moi, on va regarder un film avec Kad Merad. Clara a 15 ans. Mais pour vous deux, il est tard. Allez, hop! Au lit, maintenant!
Marie: Oh non, papa! Ce n'est pas cool!

Atelier — A – B – C — Pratique — Bilan — 5

Lire

4 A propos du texte

A *Trouvez le bon ordre. Pour chaque image, trouvez une ou deux phrases dans le texte.*

1 2  3 
4  5  6

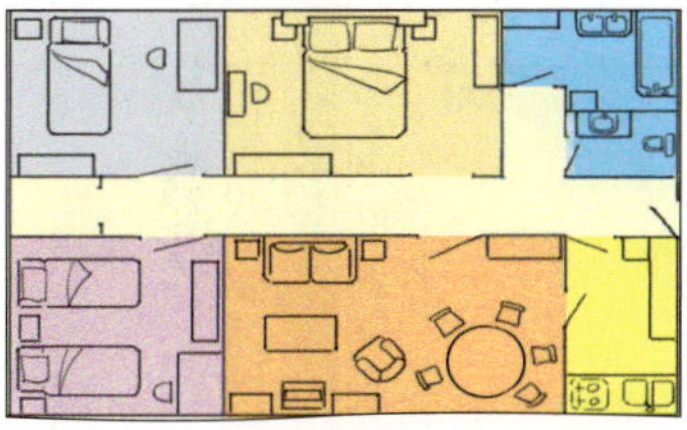

Jeu de mots

5 Les activités de Clara

98 *Ecoutez. Puis notez les activités dans votre cahier.*

la natation
la guitare
le vélo
le théâtre
la danse
le roller

la musique — les activités — le sport — …

Vous trouvez d'autres activités à la page 176.

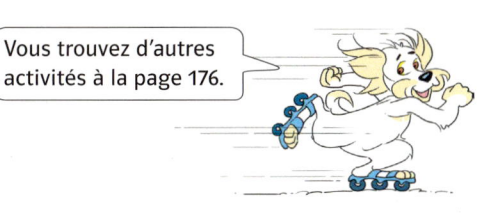

Parler

6 Qu'est-ce que tu fais comme activité? (G 18)

→ En plus 126, 1

A *Faites des dialogues.*

Exemple:
– Qu'est-ce que tu fais comme activité le samedi?
– Le samedi ? Je fais de la natation . Et toi?
– Valentin fait aussi du / de la / de l' …

B *Cherche dans ta classe trois élèves qui font la même activité que toi.*

Quoi?
du foot, du tennis, du judo, de la danse, de la gymnastique, …, de la natation, de l'athlétisme, de l'équitation / du cheval

Quand?
le lundi, le vendredi, le mardi, le samedi, le mercredi, le dimanche, le jeudi
matin, après-midi, soir

quatre-vingt-un 81

5 Atelier A–B–C

Atelier B

Approche

1 Marie cherche l'Interclub.

A trois heures et quart, Marie téléphone à Alex.

Marie: Allô? Alex, c'est Marie! Je suis devant le collège. Tu es où?
Alex: Je suis déjà à l'Interclub avec mes copains de judo.
Marie: Mais c'est où, l'Interclub?
Alex: Ce n'est pas loin. Va à droite, puis tourne à gauche après la boulangerie. Va tout droit et au café, tourne à droite. Traverse le carrefour: L'entrée est dans la rue à gauche.
Marie: Ok, j'arrive! A plus!

Ecouter et parler

2 Pardon, monsieur … (G 19)

→ **En plus 127, 2 + 3**

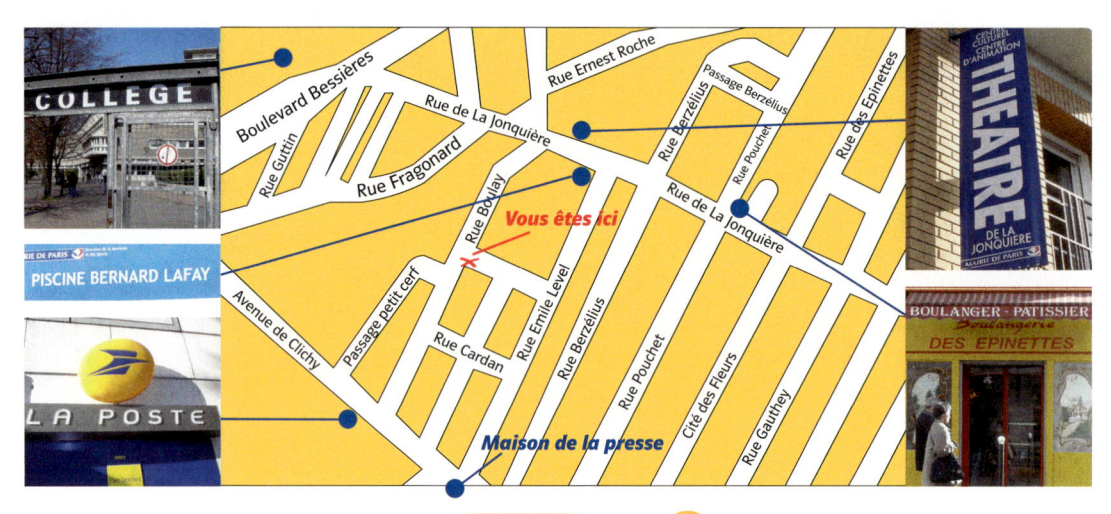

A *Ecoutez. Vous arrivez où?*

B *Travaillez à deux. Faites des dialogues.*

Exemple:
– Pardon, monsieur, pour aller à la poste, s'il vous plaît?
– Allez à gauche, puis …

ON DIT

– Pardon, madame / monsieur …, où est …? / pour aller à …, s'il vous plaît? / je cherche …

– Va / Allez tout droit. ⬆ Allez jusqu'au feu.
A la rue Nollet, tourne / tournez à gauche. ⬅
Derrière / devant le parc, tourne / tournez à droite. ➡
Traverse / Traversez le carrefour / la rue. ↗

– Comment? / Pardon? / Vous pouvez répéter, s'il vous plaît?

– Continue / continuez tout droit …
… et tu arrives / vous arrivez à la place Clichy.
… et tu es / vous êtes dans la rue Nollet.

– Ah, bon, d'accord! Merci beaucoup, madame / monsieur.

82 quatre-vingt-deux

3 Le champion numéro 1

1.
Marie retrouve Alex à l'entrée d'Interclub 17. A trois heures et demie, tout le monde est là. Le prof arrive et le cours commence.

Les élèves saluent le professeur et font des exercices. Ensuite, les combats commencent. Alex gagne toujours. Elle est super! Elle fait «ippon[1]» même avec les garçons!

Marie fait de l'athlétisme, mais le judo, elle trouve ça vraiment cool. Après les combats, Marie pose des questions.

2.
Marie: Comment est-ce que tu tombes? Est-ce que ça fait mal quand tu tombes?
Alex: Pourquoi? Non, non, ça ne fait pas mal. Parce qu'on fait des exercices pour ça. Regarde, on tombe comme ça! … Aïe!
Marie: Ça va? Tu as mal?
Alex: Oh zut! C'est trop nul! Aïe! Aïe!
Le prof: Mais Alex, qu'est-ce que tu fais? Fais attention, s'il te plaît!

3.
Après le cours de judo:
Marie: Est-ce que tu as encore mal?
Alex: Non, non. Je tombe toujours bien, mais là, zut!
Marie: Ecoute, j'ai une idée. Je vais t'interviewer sur le judo. C'est pour le journal du quartier, d'accord?
Alex: Pourquoi pas? Mais je ne vais pas raconter comment on tombe!

[1] «**Ippon!**» (japonais): Gagné! (Gewonnen!)

5 Atelier A–B–C

Lire

4 A propos du texte

Trouvez les réponses dans le texte.

1. Où **est-ce qu'**Alex fait du judo?
2. Quand **est-ce que** le cours commence?
3. Qu'**est-ce que** les élèves font en cours?
4. Comment **est-ce que** Marie trouve le judo?
5. Pourquoi **est-ce que** tomber ne fait pas mal, en judo?
6. **Est-ce qu'**Alex est d'accord pour l'interview?

Parler

5 „Pourquoi? Parce que!" → En plus 128, 4 △

Trouvez les questions aux réponses.

Exemple:
1. – Pourquoi est-ce que | tu ne joues pas avec moi | ?
   – Parce que | tu gagnes toujours | .

Pourquoi?
1. Tu ne joues pas avec moi.
2. Tu n'aimes pas le foot.
3. Tu ne vas pas au cinéma avec nous.
4. Tu rentres à pied.
5. Tu n'es pas là demain.
6. Tu ne travailles pas à l'école.

Parce que / qu'
… il est trop tard!
… c'est nul!
… tu gagnes toujours!
… c'est trop loin!
… je n'ai pas envie!
(…)
… j'ai mal à la tête!
… je vais chez mon oncle!

Ecouter

6 L'interview d'Alex

Ecoutez l'interview. Vrai ou faux? Corrigez les phrases si nécessaire et écrivez-les dans votre cahier.

1. Le cours de judo d'Alex est un cadeau de ses tantes.
2. Interclub n'est pas loin de la maison d'Alex.
3. Ce sont des cours de 40 minutes.
4. Alex fait des exercices avec son père.

Ecrire et parler

7 On prépare une interview. (G 20)

Vous avez un copain / une copine qui fait du sport / de la musique / du théâtre / du cinéma …
Faites une interview avec lui / elle pour le journal du collège. Préparez d'abord des questions et quelques réponses.

Exemple: Qu'**est-ce que** tu fais comme activité?

Continuez:
Où …   → faire du / de la / de l'
Est-ce que …   → loin / aimer bien …
Quand …   → commencer …
Pourquoi …   → aimer le / la / l' …
Comment …   → aller à …

84   quatre-vingt-quatre

Atelier C

1 Au stand de crêpes

1.
Léo, Mehdi et Jérôme font du roller dans le parc des Batignolles. Le portable de Léo sonne. Ah, c'est un SMS de Marie.

```
Tu fais quoi     →   :-( Bof. Non,    →   OK, Alex et      →   super idée
ce soir?             merci!               moi, on va           :-))
On regarde           Suis dans le         au stand de          On arrive
1 film?              parc des Bat.        crêpes.              aussi!
                     avec Mehdi                                A +
```

2.
Marie: Salut tout le monde! Il fait drôlement chaud. Moi, j'ai soif. On prend quelque chose au stand de crêpes?
Léo: D'accord, moi, j'ai faim. Ça coûte combien, une gaufre? Ah oui, 3 euros.
Alex: Moi, j'ai envie d'un jus de pomme.

3.
Le vendeur: Bonjour les jeunes. Vous voulez?
Marie: Bonjour, je voudrais un coca, s'il vous plaît.
Léo: Et pour moi, une gaufre et une eau minérale s'il vous plaît. Et toi, Mehdi, qu'est-ce que tu prends?
Mehdi: Un diabolo menthe et une crêpe.
Alex: Et pour moi, un jus de pomme.
Le vendeur: Oui, euh, alors … deux jus de pomme et …
Léo: Non, un jus de pomme.
Le vendeur: Ah oui, pardon. Euh … une minute, je prends un stylo. Alors …

4.
Mehdi: Ça fait combien?
Le vendeur: Ça fait euh …, ça fait … 11,70 €.
Léo: Ah non, ça ne va pas. Un diabolo menthe et une crêpe, ça fait 4,80 €. Et voilà 4,90 €.
Le vendeur: Excusez-moi! Je ne suis pas fort en maths et il fait trop chaud …

3,00 €
2,50 €
2,50 €
2,30 €
1,90 €
2,90 €
2,70 €

Après la lecture   → En plus 128, 5
Ça fait combien pour Alex? Et pour Marie?   Tipp: Unten auf den Buchseiten findet ihr die Zahlwörter!

quatre-vingt-cinq   85

5 Atelier A – B – C

Lire

2 A propos du texte

1. Où sont les garçons? Qu'est-ce qu'ils font?
2. Où est-ce qu'ils retrouvent les filles?
3. Et là, qu'est-ce que les enfants prennent?
4. Une crêpe coûte combien? Et un diabolo menthe?
5. Pourquoi est-ce que le vendeur dit «Excusez-moi»?

Vis-à-vis

3 Un stand de crêpes

Was kann man an diesem Imbissstand kaufen?

CREPES SUCREES

–Sucre	2€00
–Sucre/Banane	2€50
–Beurre/Sucre	2€50
–Confiture	2€50
–Miel	2€50
–Crème de marron	2€50
–Compote de pommes	2€50
–Grand-Marnier	3€00
–Nutella	3€00
–Nutella/Banane ou Chantilly ou Coco	3€50

En forme

4 Chanson (G 21)

109   Ecoutez et répétez. Puis notez les formes du verbe **prendre**.

Le rap des crêpes

Salut tout le monde, qu'est-ce que vous faites?
On chante le rap, le rap des crêpes.

On ? quelque chose? Qu'est-ce qu'il y a?
Tu ? une gaufre et un coca?

Je ? une gaufre. Et vous, les filles?
Vous ? une gaufre à la vanille?

Mais qu'est-ce qu'**ils** ?, les garçons?
? une crêpe, les crêpes, c'est bon.

Voilà les crêpes! J'ai déjà faim.
Bon appétit! Ça fait combien?

Parler

5 Qu'est-ce que vous prenez?

ON DIT

le client / la cliente	le vendeur / la vendeuse du stand
– Bonjour, madame / monsieur!	– Bonjour, madame / monsieur! Qu'est-ce que vous prenez?
– Le diabolo menthe, c'est combien s'il vous plaît?	– Le diabolo menthe, c'est 3 €.
– Et … je voudrais aussi … s'il vous plaît.	– Et voilà!
– Ça fait combien?	– Ça fait 6,80 €.
– Voilà 7 €.	– Et voilà 20 centimes, merci!
– Merci, au revoir, madame / monsieur!	– Merci, madame / monsieur! Et bonne journée!

Organisez un stand en classe et jouez des scènes.
Vous pouvez utiliser le menu de l'exercice 3.

Atelier – A-B   Au choix   Bilan   **5**

Activités au choix

Ihr habt die Wahl!
– Bearbeitet die Aufgaben auf den Seiten 87–90 **selbstständig** und in **beliebiger Reihenfolge**.
– Kontrolliert dann **zu zweit anhand der Lösungen** auf S. 204, ob ihr alles richtig gemacht habt.
– Achtet genau auf die **Aufgabenstellung**!

En forme

1 Une chambre à deux (G 19)

GEBOTE UND VERBOTE AUSSPRECHEN

Cherchez des verbes qui vont avec les panneaux et mettez-les à l'impératif.
(Sucht Verben, die zu den Schildern passen, und setzt sie in den Imperativ.)

porter   regarder   prendre   faire   ranger   écouter   jouer   …

A Exemple: **1.** Porte mon sac. / Portez mon sac.

1. ? mon sac.    2. ? vos devoirs.    3. ? avec moi.    4. ? vos affaires.

B Exemple: **1.** N'écoute pas mes CD! / N'écoutez pas mes CD!

1. ? mes CD!    2. ? mon t-shirt!    3. ? le train!    4. ? avec mon portable!

Jeu de mots

2 Qu'est-ce qu'on prend? (G 21)

DIE BEDEUTUNG VON AUSDRÜCKEN ERSCHLIESSEN

A Qu'est-ce que c'est en allemand?

prendre — une douche / le train / un médicament / des notes / une photo

B Trouvez les bonnes expressions et complétez.

1. Ça fait mal, monsieur? Alors …
2. Attention, je … de toi. Clic!
3. Après le sport, nous …
4. Pour faire une interview, elles …
5. Pour aller à Paris, tu …

quatre-vingt-sept   **87**

5 Au choix

Médiation

3 Des activités pour tout le monde!

Ihr schlagt euren französischen Austauschschülern vor, in den Jugendtreff zu gehen. Erklärt ihnen, was der Jugendtreff ist und was man dort machen kann.

DAS PROGRAMM EINES JUGENDTREFFS AUF FRANZÖSISCH ERKLÄREN

JUGENDTREFF WALDENBRONN

SAMSTAG:
Tanzen für Mädchen, Tischfußball

MONTAG:
Die Kinder des Monsieur Mathieu oder Überraschungsfilm

DIENSTAG:
Selbstverteidigung für Kinder

MITTWOCH:
Fußball, Gitarrenkonzert

DONNERSTAG:
Spieleabend (Kartenspiele, Brettspiele)
Schreibatelier

FREITAG:
Theaterwerkstatt
Kochkurs: Wir backen Crêpes.

STRATEGIE

Ihr müsst nicht jedes Wort übersetzen. Unwichtiges könnt ihr weglassen. Im Wort „Kartenspiele" ist z. B. „Spiele" wichtiger als „Karten". Die Wendungen unten können euch helfen.

Alors, il y a …
On fait du / de la / de l' …
Ce sont des …
C'est quelque chose comme …
C'est pour faire …
Vous trouvez ça bien?

Parler

4 L'agenda de Marie et d'Alex

*Regardez les agendas sur le smartphone de Marie et d'Alex.
Ils cherchent une date pour aller à la piscine ensemble.
Imaginez le dialogue entre Marie et Alex.*

Marie

Lundi	Mardi	Mercredi
11h: roller avec Alex 16h: cinéma avec Alex, Léo et Mehdi	11h: ville, chercher un cadeau (anniversaire mamie)	20h 30: Téléfoot: LOL
Jeudi	**Vendredi**	**Samedi**
9h: dentiste (aïe!), 15h: café avec Claire	matin: préparer un gâteau, après-midi: anniversaire Gabriel, 21h: fête chez Léo	anniversaire mamie
Dimanche	Lundi	Mardi
vélo avec Alex, Léo, Mehdi et Jérôme		

Alex

Lundi	Mardi	Mercredi
matin: ranger ma chambre avec maman, après-midi: rencontrer cousine Nadja	10h: piscine, 20 heures: restaurant avec mamie	9h: compétition de judo
Jeudi	**Vendredi**	**Samedi**
11h: promener le chien, 15 heures: retrouver Nadja au café	10h: coiffeur, 21 heures: fête chez Léo	matin: shopping avec maman, fête chez Jamel
Dimanche	Lundi	Mardi
chez mamie et papi		

88 quatre-vingt-huit

Atelier – A - B   Au choix   Bilan   **5**

5 Un rêve bizarre

SAGEN, WO ETWAS IN EINER WOHNUNG STEHT

1   2    3 
4    5    6

A *Faites des phrases.*

Exemple: **1.** C'est la catastrophe, l'ordinateur est dans l'entrée!
          2. …

B *Et chez vous? Dans quelles pièces sont ces objets?*
       (In welchen Zimmern sind diese Gegenstände bei euch?)

Exemple: **1.** Chez nous, l'ordinateur est dans ma chambre.

Vis-à-vis
Auf Französisch:
– la chambre = das Schlafzimmer
– la pièce = das Zimmer

6 Qui est «Scoubidou»? (G 20)

FRAGEN FÜR EINE RÄTSELAUFGABE ERFINDEN

*Schüler **A** wählt einen Mitschüler / eine Mitschülerin aus, nennt aber seinen / ihren Namen nicht. Schüler **B** stellt Fragen und versucht zu erraten, um wen es sich handelt. Danach tauscht ihr die Rollen.*

Exemple: 
– C'est un garçon ou une fille?   →   – C'est …
– Il / elle a quel âge?   →   – Il / elle a … ans.
– Qu'est-ce qu'il / elle aime faire?   →   – Il / elle aime …
– Qu'est-ce qu'il / elle déteste?   →   – Il / elle déteste …
– Est-ce qu'il / qu'elle … ?   →   – …
– Pourquoi est-ce que … ?   →   – Parce qu'il / elle …
– … ?   →   – …
– C'est … ?   →   – Oui, c'est ça!

C'est un garçon / une fille?   Il / Elle a quel âge?   travailler   faire du sport
Est-ce qu' …?   C'est le copain / la copine de … ?   aimer, ne pas aimer, détester
Qu'est-ce qu' …?   Où / Quand / Comment / Pourquoi est-ce qu'…   faire du / de la / des   habiter

quatre-vingt-neuf **89**

5 Au choix

Lire et écrire

7 Mon quartier et mes activités

EINE FRANZÖSISCHE E-MAIL VERSTEHEN UND BEANTWORTEN

A *Lisez le texte et les questions. Ecrivez vos réponses dans votre cahier.*

1. Quand est-ce que l'élève va arriver chez Valentin?
2. Un *terrain de sport*, qu'est-ce que c'est en allemand?
3. Qu'est-ce qu'on trouve dans une *bibliothèque*?
4. Pourquoi est-ce que Valentin ne joue pas dans la rue?
5. Qu'est-ce qu'on fait dans une piscine?
6. Qu'est-ce qu'on fait dans un cinéma?

Message du 06/06/10 17:14
> De : „valentin_ze_king@wanadoo.fr"
> A : „jan_bigboss@t-online.de"
> Copie à :
> Objet : Mon quartier

Bonjour, Jan!
C'est déjà fin mars et dans 15 jours, tu vas arriver chez nous. Alors, je te présente mon quartier et mes activités. Il y a mon collège avec un terrain de sport et une piscine. Il y a aussi un parc et une médiathèque. Dans la rue devant le collège, il y a des magasins et des cafés et aussi beaucoup de voitures! Alors avec mes copains, on ne joue pas dans la rue! Dommage! Le mercredi après-midi, pour faire du foot, nous allons au terrain de sport et pour faire du roller, nous allons au parc. Le samedi, je fais un tour avec des amis ou je joue du saxophone avec mon copain Antoine. Le dimanche, ma famille et moi nous faisons des jeux ou nous allons à «Aqua-Parc», faire de la natation. Ce n'est pas loin. Tu as envie de raconter comment c'est chez toi? Qu'est-ce que tu fais le week-end?
A bientôt,
Valentin

Regardez encore la **stratégie** *ci-dessous!*

PORTFOLIO

B *Répondez au courriel de Valentin.* (→ *Vocabulaire, p. 173*)

STRATEGIE

Lest Valentins E-Mail noch einmal genau durch.

– Wie beginnt er die E-Mail, wie beendet er sie?
– Was erzählt er (was, wann, wo)?
– Welche Fragen stellt er?

Bereitet eure Antwort vor.
Schreibt dann eure Antwort.
Beantwortet Valentins Fragen.
Beginnt eure E-Mail mit einer Anrede und beendet sie mit einem Gruß.

Aufgaben erledigt? Prima!
Nehmt euch jetzt ein paar Minuten Zeit, um über die Fragen rechts nachzudenken. Sprecht mit eurem Partner/eurer Partnerin darüber.

– Welche Aufgaben sind euch leicht gefallen?
– Welche fandet ihr schwierig?
– Was genau war schwierig?
– Was hat euch bei der Bearbeitung geholfen?

Atelier – A - B — Pratique — Bilan — 5

Bilan

> Überprüfe, was du kannst! Vergleiche deine Lösungen mit den Lösungen auf Seite 205.

Mehr dazu an62us

1 Parler

Du kannst schon… *Und so kannst du den Satz anfangen:*

1. jemanden nach seinem Hobby fragen. … comme activité?
2. sagen, dass du jeden Dienstag Sport machst. … je fais du sport.
3. nach dem Grund fragen. … est-ce que tu rentres déjà?
4. einen Grund angeben. … il est tard.
5. fragen, wann man etwas macht. … qu'on va à Paris?
6. fragen, ob jemand Schmerzen hat. … as mal?
7. jemanden nach dem Weg fragen. Pardon, … piscine?
8. jemanden bitten, etwas zu wiederholen. Vous pouvez …?
9. sagen, dass du hungrig und durstig bist. J'ai …
10. fragen, wie viel eine Crêpe kostet. …, une crêpe?
11. sagen, was du möchtest. Je … une eau minérale, …
12. jemandem einen schönen Tag wünschen. Bonne …!

2 Jeu de mots

Cherche les mots et complète les phrases.

1. Je vais passer la ? de vendredi à ? chez mon copain.
2. En avril, je vais passer 10 ? chez ma grand-mère.
3. Oh, il est ? ! Il est ? minuit!
4. ?, je vais au lit à 9 heures et demie.
5. ? à 2 heures, je fais de la guitare.

Mots autour de l'horloge: tard – ce soir – jours – samedi – le mercredi – nuit – déjà

Recette

3 Les crêpes

Après la piscine, Alex et Marie ont faim. Alors, elles font des crêpes.

– 250 g de farine[1]
– 4 œufs[2]
– un 1/2 litre de lait[3]
– 1 pincée[4] de sel[5]
– 50 g de beurre[6]
– 1 sachet de sucre vanillé

Dans un saladier[7], versez la farine et les œufs. Puis ajoutez le lait et mélangez avec votre fouet[8]. Ajoutez le sucre vanillé et une pincée de sel. Laissez reposer la pâte à crêpe si possible une heure.
Faites chauffer une poêle[9], une fois chaude, mettez un peu de beurre.
Versez une louche[10] de votre pâte à crêpe et faites cuire 1 à 2 minutes par face.
Voilà, vos crêpes sont prêtes. Bon appétit.

1 la farine das Mehl – **2** un œuf / des œufs ein Ei / Eier – **3** du lait Milch – **4** une pincée eine Prise – **5** du sel Salz – **6** du beurre Butter – **7** un saladier eine Schüssel – **8** un fouet ein Schneebesen – **9** une poêle eine Pfanne – **10** une louche ein Schöpflöffel

quatre-vingt-onze 91

6 Découvertes

Mehr dazu z94f29

Unité 6
On fait la fête!

Vis-à-vis

Wisst ihr, wann man in Deutschland / Österreich / der Schweiz den Nationalfeiertag feiert?
Vergleicht mit Frankreich.

117 Le 14 juillet, en France, c'est la Fête nationale. A Paris, il y a un grand feu d'artifice à la tour Eiffel. Les gens dansent dans la rue et vont aux concerts.

Findet die deutschen Wörter für **une fête, un feu d'artifice, danser**.

Mehr dazu p7k3uz

Schaut euch das Video an.

PORTFOLIO

Am Ende dieser Unité kannst du von einem Fest erzählen. Du kannst auch über Kleidung sprechen.

92 quatre-vingt-douze

| Atelier | A — B | Pratique | Bilan | 6 |

Atelier A

Ecouter

1 Dans le TGV

118

Ecoutez et répondez:

1. Qui parle?
2. Où vont les personnes?
3. Pourquoi?

Vis-à-vis

TGV steht für *Train à Grande Vitesse*. So heißt der französische Hochgeschwindigkeitszug, der bis zu 320 km/h fährt. Was entspricht dem in Deutschland?

Approche

2 Tu as rangé ta chambre, Marie?

119
74, 2

Les Chabane préparent l'arrivée de Delphine, une amie de Mme Chabane, et de sa fille Lilou.

Clara: Hier, **j'ai rangé** notre chambre.
Marie: Quoi? Tu as posé des trucs sur mon lit, ça oui!
Clara: Ecoute, je n'ai pas envie de ranger tes affaires.
Mme Chabane: Delphine et Lilou ont téléphoné. Elles arrivent à 11 h 25 et vous n'avez pas encore rangé votre chambre?
Clara: Si, j'ai rangé mes affaires et on a fait le lit de Lilou.
M. Chabane: Bon, alors moi, je prépare le repas.
Clara: Papa, on fait aussi un gâteau?
Marie: Et moi, alors? Je reste ici et je range, c'est ça?
M. Chabane: Mais non, viens avec nous dans la cuisine. On range la chambre ensemble, après.

A *J'ai rangé* ist eine französische Vergangenheitszeitform. Sie heißt **Passé composé**. Welches Hilfsverb wird zur Bildung des Passé composé benötigt? Findet weitere Beispiele für diese Zeitform aus dem Text heraus und schreibt sie in die 1. Spalte einer Tabelle in eurem Heft.

B Vervollständigt eure Tabelle, indem ihr jeweils das Präsens und den Infinitiv des jeweiligen Beispiels dahinter notiert.

Exemple	présent	infinitif
J'ai rangé	Je range	ranger
…	…	…

En forme

3 Chez les Chabane → En plus 129, 1

Quelques heures avant l'arrivée de Delphine et Lilou … Racontez au passé composé.

Toute la famille (préparer) l'arrivée de Delphine et Lilou.
Les enfants (faire) un gâteau. Ils (poser) des questions sur Delphine.

Clara: Est-ce que vous (passer) beaucoup d'années ensemble?
Mme Chabane: Nous (passer) 12 ans ensemble.
Marie: Qu'est-ce que vous (faire)?
Mme Chabane: On (faire) la fête, on (danser) et Delphine (jouer) de la guitare dans un groupe.
Gabriel: Et toi, tu (chanter) dans le groupe?

Mme Chabane: Non, moi, je (porter) sa guitare, je (faire) les affiches …
Marie: Et le groupe (donner) des concerts? Mais pourquoi seulement deux ans?
Mme Chabane: Delphine (quitter) Paris pour aller à Lausanne avec sa famille et moi, je (commencer) un cours de guitare avec votre père.

quatre-vingt-treize 93

4 Le blog de Marie

Der Besuch von Delphine und Lilou steht bevor. Was denkt Marie wohl? Welche Fragen stellt sie sich?

Le samedi 5 juillet

Les grandes vacances ont commencé samedi dernier, mais je ne suis pas contente parce qu'on va rester à Paris tout le mois de juillet! Et pourquoi est-ce qu'on reste? Parce que Maman a invité sa copine Delphine et sa fille Lilou pour fêter 20 ans d'amitié … Quelle idée! Et puis je suis triste parce que mes copines à moi ne sont pas là … 😟

Maman dit toujours: Lilou est une fille intéressante et c'est une très bonne élève et patati et patata. Peut-être. Mais moi, je n'ai pas envie de rester tout le mois de juillet à Paris pour une copine de ma mère et sa fille. Et Lilou, est-ce qu'elle va être sympa?

Le dimanche 6 juillet

Et voilà: Lilou est là! Mais d'abord, l'arrivée à la gare de Lyon. Nous avons cherché le train de Delphine et Lilou … et Gabriel! Et Gabriel? Il a fait quoi, Gabriel? Monsieur a fait un tour dans la gare, il a écouté des chanteurs et il a tout oublié! Le train, Delphine et Lilou! Et la gare est super grande! Alors, avec papa, on a cherché mon petit frère pendant 10 bonnes minutes. On a regardé à droite, à gauche et on a enfin retrouvé Gabriel. Ouf, on a eu peur! Puis on a retrouvé maman, Delphine et Lilou sur le quai. Delphine est comme la reine d'Angleterre avec son grand chapeau vert, sa longue robe rouge avec une ceinture jaune!

Encore un mot: Lilou et moi, je pense, on va être des bonnes copines! Elle et sa mère, c'est le jour et la nuit. Lilou porte un joli jeans avec des strass et un t-shirt court.

Mais salut, blog, Lilou arrive …

Le lundi 7 juillet

Hier soir, on a fait une petite fête pour l'arrivée de Lilou à la maison. Clara, Lilou et moi, on a fait des crêpes, on a dansé et on a discuté jusqu'à minuit (c'est les vacances …). Lilou aime bien Moustique. Et Moustique aime bien Lilou … et le chapeau de sa mère!

Atelier A B — Pratique — Bilan

6

Ecrire

5 A propos du texte

A *Trouvez le bon ordre.*

B *Faites une phrase pour chaque image.*

1   2    3

4    5    6

Lire

6 In einem Text das wichtigste herausfinden

→ En plus 129, 2 △

A *Lest noch einmal den 2. Abschnitt von Maries Blog (6 juillet). Welche der folgenden Wörter sind eurer Meinung nach Schlüsselwörter, welche sind weniger wichtig? Sagt auch, warum.*

gare   Gabriel   cherché

train   à gauche   à droite

trouvé   Delphine

B *Lest noch einmal den 3. Abschnitt von Maries Blog (7 juillet) und findet darin drei wichtige Wörter oder Ausdrücke.*

STRATEGIE

In jedem Text gibt es Wörter, die für den Inhalt wichtiger sind als andere.
Für den 1. Abschnitt von Maries Blog, 5 juillet, kommen zum Beispiel die folgenden Wörter als **Schlüsselwörter** *(mots-clés)* in Frage:

vacances – rester à Paris – inviter
⟶ Maries Situation

pas contente – triste
⟶ Maries Gefühle

Lilou – sympa?
⟶ eine wichtige Frage für Marie

quatre-vingt-quinze   95

6 Atelier A – B

En forme 7 Paris, au mois de juillet (G 22)

Marie téléphone à Alex. Qu'est-ce que tu fais pendant les vacances?

Alex:
1. D'abord, **je fais** des photos de Mélimélo, pour les t-shirts.
2. Au judo, **nous fêtons** la ceinture jaune de Mouloud.
3. Et après, avec les parents, **on passe** trois semaines chez mes cousins.
4. Et vous, qu'est-ce que **vous faites**?

Marie:
5. **Nous, on ne quitte pas** Paris.
6. Ma mère **invite** des amies.
7. **Elles passent** quelques jours chez nous.
8. Et avec elles, **on va faire** des tours dans Paris.

En août, Alex et Marie racontent leurs vacances au passé composé.

Parler 8 Qu'est-ce que tu as fait hier?

Vous parlez de la journée d'hier avec un ami au téléphone. Utilisez les mots donnés.

Exemple: – Hier , j'ai invité … Puis, j'ai … Après, …
Et toi, qu'est-ce que tu … ?
– D'abord, j'ai … Nous …

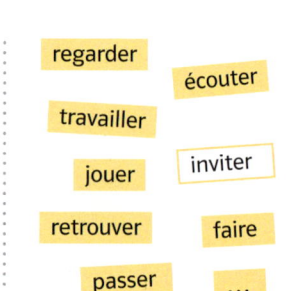

hier | mercredi dernier | puis | d'abord | alors | après | enfin

regarder | écouter | travailler | jouer | inviter | retrouver | faire | passer | …

En forme 9 Le 14 juillet (G 23)

A Accordez les adjectifs.

	maskulin	feminin
Singular	grand	grand**e**
Plural	grand**s**	grand**es**

Exemple: **1.** Le 14 juillet est **une** grand**e** fête français**e**.

1. Le 14 juillet, c'est la fête (national) de la République (français).
2. Le soir, il y a un (grand) feu d'artifice sur la tour Eiffel, des (petit) fêtes dans tous les quartiers.
3. Les gens dansent et sont (content), c'est une journée (fantastique)!
4. Il y a des (petit) stands avec des (bon) crêpes!
5. Les parents ne travaillent pas, alors pour eux, c'est une (bon) journée!

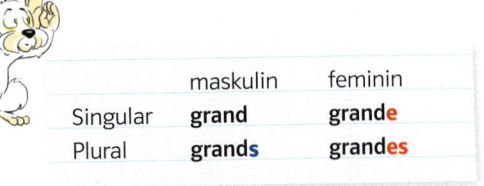

76, 6 **B** Vergleicht die Stellung der Adjektive im Deutschen und im Französischen. Was fällt euch auf?

Ecouter 10 Ce soir, on fait la fête!

122 *Ecoutez le texte deux fois. Puis corrigez les phrases.*

1. Clara est dans la cuisine.
2. Marie est contente.
3. Clara dit: Le t-shirt est petit pour toi.
4. Marie trouve le sac de Clara nul.
5. Lilou quitte l'appartement.

96 quatre-vingt-seize

Atelier B

1 Au bal du 14 juillet

1. Chez les Chabane, on prépare la fête nationale le 13 juillet. Avant le bal …

M. Chabane: Les enfants, mettez l'eau pour Moustique dans la cuisine, s'il vous plaît. Le chien va rester ici, ce soir.
Marie: Dommage, Moustique, mais papa a raison, le bal du 14 juillet, ce n'est pas pour les petits chiens! Ecoute, je mets ma robe, et après, je te donne de l'eau et tes petits jouets.

2. A 20 heures, les Chabane ont rendez-vous avec Delphine et Lilou Place de la Bastille:
Lilou: On reste ici. On a une bonne place. Et la musique n'est pas mauvaise. On danse?
Mme Chabane: Allez! Dansez, les filles. Nous, on écoute le concert.
Gabriel: Moi aussi, je veux danser!
M. Chabane: Non, Gabriel. Toi, tu restes avec nous. Je ne veux pas encore te chercher comme à la gare. Sinon, on ne va pas voir le défilé et le feu d'artifice demain.
Gabriel: Et je m'en fous du défilé!
Mme Chabane: Bon, d'accord. Mais, tu donnes la main à Clara.
Clara: Oh, zut, encore moi! Bon, viens Gabriel, donne la main à ta grande sœur!

3. *Lilou:* Allez, les filles, je vous montre comment on danse. Mettez la main droite devant, la main gauche derrière et voilà, et un, et deux et trois … Le pied droit derrière et le pied gauche devant, et …
Clara: … et un et deux et trois, pfff!!!! Regardez, le garçon avec la casquette verte, là-bas!
Marie: Le grand entre la petite fille et le petit garçon? C'est Max, il est allemand. Il est dans ma classe. Il est sympa. En allemand, il aide toute la classe. La petite fille, c'est Carlotta, sa petite sœur, et l'autre garçon, c'est son frère Ben.
Clara: On va vers eux?
Lilou: Et ma danse, ah, vous êtes nulles, les filles!
Clara: Gabriel, tu ne veux pas danser avec Carlotta?
Gabriel: Oui, oui, Clara, je te vois venir …

quatre-vingt-dix-sept 97

6 Atelier A–B

4. Une demie heure plus tard …

Mme Chabane: Allez, les filles, il est déjà tard. On rentre, maintenant.
Clara: Oh, attends encore 5 minutes, s'il te plaît! Je suis si contente. On a rencontré des Allemands très sympas.
Mme Chabane: Ecoute, demande à ton père.
Lilou: Moi, je vais demander à M. Chabane, mais Clara a surtout rencontré un Allemand très sympa.
Delphine: Ne sois pas jalouse! Lilou! Clara est assez grande pour parler à son père.
Lilou: Je ne suis pas jalouse, au contraire, c'est pour aider Clara.
Gabriel: Lilou, j'ai une autre question: tu demandes aussi à M. Chabane pour moi? Merci! Moi, je continue à danser avec Carlotta.

2 A propos du texte

Qui parle avec qui?

Exemple: **1.** Gabriel, tu restes avec Clara! → C'est Mme Chabane avec son fils Gabriel.

2. Le 14 juillet, ça n'est pas pour les petits chiens!
3. La musique n'est pas mauvaise.
4. Je m'en fous du défilé!
5. Donne la main à ta grande sœur.
6. Regardez le garçon avec la casquette verte, là-bas!
7. En allemand, il aide toute la classe.
8. Ecoute, demande à ton père.
9. Ne sois pas jalouse!

3 [ɛ] ou [e]?

A Ecoutez les mots.

Quand vous entendez [ɛ] (è) inclinez la main à gauche.
Quand vous entendez [ɛ] (ê) faites un chapeau avec la main.
Quand vous entendez [e] (é) inclinez la main à droite.

juillet — février — même — à pied — mauvais — une journée — très — déjà — hier — mettre — treize — Zoé

B Ecoutez et répétez les phrases. Puis notez-les. Attention aux accents et aux apostrophes.

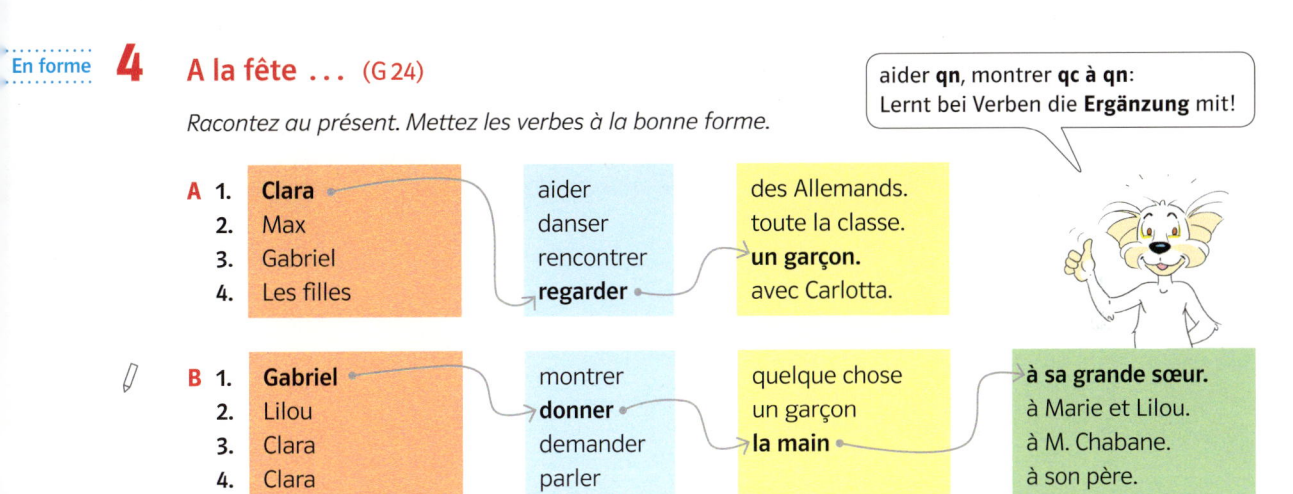

4 A la fête … (G 24)

Racontez au présent. Mettez les verbes à la bonne forme.

aider **qn**, montrer **qc à qn**:
Lernt bei Verben die **Ergänzung** mit!

A
1. Clara
2. Max
3. Gabriel
4. Les filles

aider / danser / rencontrer / **regarder**

des Allemands. / toute la classe. / **un garçon.** / avec Carlotta.

B
1. Gabriel
2. Lilou
3. Clara
4. Clara

montrer / **donner** / demander / parler

quelque chose / un garçon / **la main**

à sa grande sœur. / à Marie et Lilou. / à M. Chabane. / à son père.

C Racontez: Un an après, madame Chabane raconte le bal du 14 juillet (au passé composé).

5 Le puzzle (G 24)

Spielt in Vierergruppen. Bildet sinnvolle Sätze mit den Puzzleteilen. Jedes Gruppenmitglied ist bei jedem Satz für eine Farbe zuständig. Wechselt die Zuständigkeit bei jedem Satz. Spielt 10 Minuten lang, schreibt die Sätze auf und setzt die Verben dabei ins Präsens. Die Gruppe mit den meisten sinnvollen Sätzen hat gewonnen.

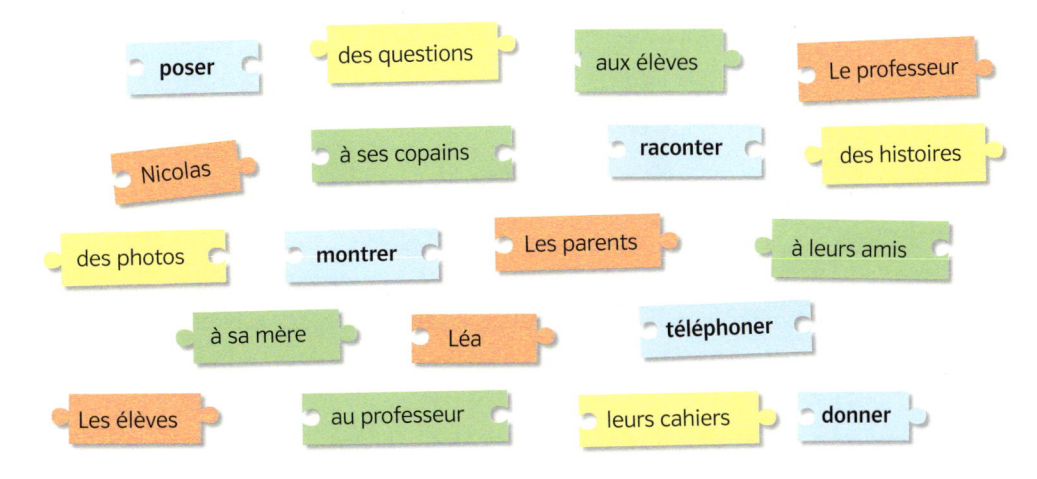

poser — des questions — aux élèves — Le professeur
Nicolas — à ses copains — raconter — des histoires
des photos — montrer — Les parents — à leurs amis
à sa mère — Léa — téléphoner
Les élèves — au professeur — leurs cahiers — donner

quatre-vingt-dix-neuf 99

6 Atelier A–B

Lire **6** ## Un courriel

de:	chabada2@hotmail.com
date:	jeudi 21 juillet 2011 14:04
à:	globulon17@net.fr
objet:	Merci!

Chère Marie,
Merci et encore merci! Paris est vraiment super! J'ai raconté la fête du 14 juillet à mes copines. J'ai aussi montré les photos du feu d'artifice à mon père. Il a bien aimé les fleurs bleues, blanches et rouges sur le ciel noir. J'ai un bon appareil photo. Les couleurs sont géniales! Merci aussi pour ton joli cadeau d'anniversaire: la casquette grise et rouge est vraiment géniale! Ça change des chapeaux de ma mère! Pardon pour ma jalousie le soir du bal.

Bisous de Lyon!
Lilou

Lire **7** ## A propos du texte

1. A qui est-ce que Lilou a raconté la fête du 14 juillet?
2. A qui est-ce qu'elle a montré les photos?
3. Qu'est-ce que le père de Lilou a bien aimé?
4. Qu'est-ce que c'est, le cadeau d'anniversaire de Marie pour Lilou?

Jeu de mots **8** ## Des vêtements et des couleurs (Vocabulaire, p. 181)

→ En plus 130, 4

- une casquette
- un sweat-shirt
- un jean
- des baskets (f.)
- un pull
- une jupe
- un pantalon de sport
- un anorak
- une veste
- une chemise
- des chaussures (f.)

bleu   blanc   rouge   noir   jaune   vert   gris

A *Quels vêtements est-ce que vous aimez? Quels vêtements est-ce que vous n'aimez pas?*

Exemple: J'aime bien la jupe grise de Lilou.

B *Dessinez vos vêtements de rêve. Vous pouvez aussi faire un collage.*

100   cent

Atelier A–B   Pratique   Bilan   6

9 Jouez à la tombola (G 23)

Jouez avec deux dés. Qu'est-ce que vous avez gagné?
Attention à la forme et à la place des adjectifs.

Exemple: 🎲 🎲   Moi, j'ai gagné un **joli** sac **gris** et **rouge**. Et toi?

petit	nul	petit	grand	joli	petit
bleu/rouge	rouge/vert	gris/rouge	jaune	noir/blanc	vert

10 Après la tombola (G 25)

→ En plus 130, 3 △   mets   mets   mettez
                       met   mettent mettons

A Complétez avec la bonne forme du verbe **mettre**.

Où est-ce que …

1. … tu ? le train?
2. … les filles ? mon t-shirt?
3. … je ? la voiture?
4. … vous ? les bougies?
5. … ta copine ? son sac?
6. … nous ? le portable?

B Regardez l'image et trouvez des réponses
aux questions de A. Utilisez le verbe mettre.

Exemple: 1. – Où est-ce que tu mets le petit train?
– Je mets le petit train sur la table.

11 Un poème

A Devinez! Le poème parle de …

B Ecrivez un poème sur un garçon ou une fille, avec ou sans rime.
Les mots suivants peuvent vous aider.
(Schreibt ein Gedicht über einen Jungen oder ein Mädchen,
mit oder ohne Reim. Die folgenden Wörter können euch helfen.)

C Qui est-ce? Laissez deviner à votre voisin(e).

mauvais	sympa	petit	noir	cadeau
juillet	bermuda	joli	soir	techno
français …	chat …	nuit …	devoir …	vélo …

Qui est-ce?

Il a 9 ans
Toujours content
Il est encore petit
Mais très joli
Il a un chien
Et beaucoup de copains
Son chien Moustique
Est sympathique

cent-un   101

6 Pratique

Pratique: tâches

Vis-à-vis
Comparez avec les fêtes dans votre pays.

Ecouter et lire 1 Des jours pas comme les autres

130–136
Mehr dazu
t8x56a

1. Le 14 Juillet c'est **la Fête nationale** en France.
C'est l'anniversaire de la Révolution française.
Mais il y a d'autres jours pas comme les autres …

Ecoutez et lisez les textes. Puis comparez avec les fêtes en Allemagne / Autriche / Suisse.

2. C'est **Noël**! Dans la nuit du 24 décembre, le père Noël passe¹. Et le matin² du 25, les enfants trouvent les cadeaux sous le sapin³. Mais le 26 décembre, en France, tout le monde travaille. Le soir de Noël, on mange des escargots⁴, de la dinde⁵ et une bûche⁶ comme dessert.

3. Le 6 janvier, c'est l'**épiphanie** ou la **Fête des Rois**⁷. On mange⁸ la galette⁹ et quand on a trouvé la fève¹⁰, on est le roi ou la reine.

4. A **Pâques**, en avril, les cloches¹¹ apportent des œufs. Les enfants cherchent les œufs¹² dans l'appartement ou dans le jardin¹³. C'est bon, les œufs en chocolat!

5. Le 21 juin, c'est la **Fête de la musique**. Tout le monde est dans la rue. On écoute et on fait de la musique.

---

1 passer vorbeikommen – **2 le matin** am Morgen – **3 un sapin** ein Tannenbaum – **4 un escargot** eine Schnecke – **5 une dinde** eine Pute – **6 une bûche** *hier:* ein Weihnachtskuchen – **7 un roi, une reine** ein König, eine Königin – **8 manger** essen – **9 une galette** ein Kuchen – **10 une fève** *hier:* ein Porzellanfigürchen – **11 une cloche** eine Glocke – **12 un œuf / des œufs** ein Ei / Eier – **13 un jardin** ein Garten

102 cent-deux

Atelier – A - B   Pratique   Bilan   **6**

Parler

2 Une fête

Vous avez fait une petite fête française à la maison. Ton correspondant / ta correspondante te pose des questions et tu réponds. Jouez la scène.

– La fête a commencé à quelle heure?
– Qu'est-ce que vous avez fait?
– Vous avez mangé des crêpes / une bûche / une galette?
– Vous avez dansé?

Médiation

3 Les grandes vacances

137

A Du verbringst die Sommerferien mit deinen Eltern in einem kleinen Dorf in Frankreich. Am Nachmittag fährt ein Auto durch die Straßen des Dorfes und macht folgende Lautsprecherdurchsage. Erkläre deinen Eltern, worum es geht.

B In eurer Zeitung steht folgende Meldung. Du schlägst deinem französischen Austauschpartner vor, zu diesem Fest zu gehen. Erkläre ihm / ihr, was das für ein Fest ist und was es dort gibt.

> **Kirchberg – 15. Juli:**
> Zum 20. Mal findet an diesem Samstag das **traditionelle Julifest** im Kiliansviertel statt. Das Fest startet um 15:00 Uhr mit der großen **Kinder-Tombola**.
> Ab 19:00 Uhr spielt das **River-Trio** zum Tanz auf.

PORTFOLIO

4 Bienvenue à notre fête française!

Gestalte mit Collagen und Zeichnungen ein Plakat, auf dem du ein französisches Fest in deiner Schule ankündigst – natürlich auf Französisch!

– Gib Anlass, Ort und Datum des Festes an und schreibe, wer eingeladen wird.
– Gib an, was ihr vorbereiten werdet und welche Aktivitäten und Darbietungen es geben wird.

des boissons (f)

des sandwichs (m)

des crêpes (f)

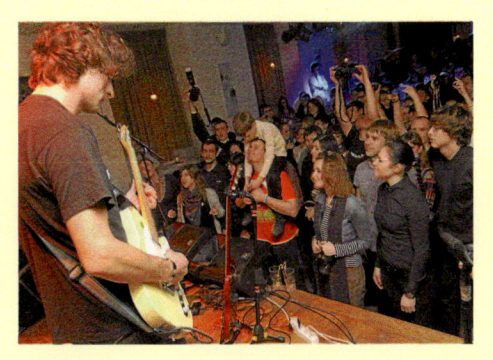

un concert

cent-trois 103

6 Bilan

Bilan

> Überprüfe, was du kannst!
> Vergleiche deine Lösungen mit den Lösungen auf Seite 205.

Mehr dazu t6yb45

1 Parler

Du kannst jetzt schon …

	Und so kannst du den Satz anfangen:
1. einen Freund / eine Freundin fragen, was er / sie am letzten Samstag gemacht hat.	Qu'est-ce que …?
2. erzählen, was du gemacht hast. (Freunde getroffen, Spiele gespielt)	D'abord, j'ai …
3. sagen, wie es dir geht. (froh / traurig)	Je suis …
4. sagen, was du anziehst. (Sweatshirt / Turnschuhe)	Je …
5. sagen, dass du jemandem geholfen hast. (Freund / Freundin)	J'ai …
6. sagen, dass du jemandem etwas gegeben hast. (Freund / Buch)	J'ai donné …
7. sagen, dass etwas eine gute Idee ist.	C'est une …

2 En forme (G 23)

Vervollständige die Sätze durch Adjektive, so dass sinnvolle Sätze entstehen. Bei manchen Sätzen sind verschiedene Varianten möglich!

1. A la fête, les gens sont ? .
2. La musique n'est pas ? .
3. Il y a des gaufres. Elles sont ? .
4. Max est un garçon ? .
5. Il est très ? .
6. Lilou trouve les filles ? .

intéressant   mauvais   content   grand   bon   nul   sympa

3 Ecrire (G 24)

*Gabriel a rencontré un groupe de musiciens à la gare. Utilisez le passé composé. Décrivez la scène. Attention à la préposition **à**!*

1. A la gare, Gabriel – parler *à qn* – un chanteur
2. Il – demander *qc à qn* – CD – le chanteur
3. Le chanteur – donner *qc à qn* – photo – le garçon
4. Gabriel – raconter *qc à qn* – histoire – sa famille
5. Il – montrer *qc à qn* – CD – ses copains

104 cent-quatre

Découvertes 7

Unité 7
Le Paris des touristes

Mehr dazu
8yu69q

Le père de Léo prépare un reportage sur Paris pour le WDR, une radio de Cologne. Il va passer une semaine dans la capitale. Pour Léo, c'est super, il va être l'assistant de son père. Ensemble ils vont visiter les endroits intéressants, interviewer des touristes et prendre des photos.

Mehr dazu
vc9y65

Schaut euch das Video an.

PORTFOLIO

Am Ende dieser Unité könnt ihr in eurem Klassenzimmer eine Parisausstellung organisieren.

cent-cinq 105

7 Découvertes

Vous préférez le Paris moderne, alors visitez …

→ En plus 131, 1 △

Le musée du Louvre avec sa pyramide …

Le Centre Pompidou et son musée d'art moderne …

La Défense: le quartier des affaires avec son arche …

Qu'est-ce que c'est en allemand?

un reportage   un assistant

exposition   un touriste

Trouvez ces monuments sur le plan de Paris à la fin de votre livre.

Diese Wörter sind nicht schwer zu verstehen. Welche weiteren Wörter kannst du verstehen?

ou l'Institut du Monde arabe avec ses expositions et ses spectacles.

106   cent-six

7

Atelier A – B – C – D – E   Bilan

Atelier A

1 A vélo dans Paris

Paris Gare du Nord: 10:59. Le Thalys entre en gare. Le père de Léo arrive de Cologne et Léo est à la gare. Quelle surprise pour son papa!

Léo: Papa, Papa je suis là!
M. Pirou: Léo, qu'est-ce que tu fais ici?
Léo: C'est une surprise pour toi. Je suis en vacances et maman est au centre-ville. Elle cherche un cadeau pour papy.
M. Pirou: Tu as pris le métro?
Léo: Mais non, je suis en vélo, bien sûr!
M. Pirou: Comment je vais rentrer, moi? Je vais prendre un taxi ou le bus.
Léo: Non papa, rentre avec moi!
M. Pirou: Oui, mais où trouver un vélo?
Léo: A la station de vélib', rue de Dunkerque, c'est ici à gauche.
M. Pirou: Nous deux à vélo dans Paris, cool!

A Regardez sur le plan de Paris à la fin du livre. Il y a combien de kilomètres entre la Gare du Nord et l'appartement des Pirou?

B Ecoutez la chanson en français et en allemand. Comparez.

Vélib': Wenn man in Paris schnell vorankommen und auch noch ein wenig fit bleiben möchte, dann kann man sich ca. alle 300 m ein Fahrrad leihen. Es gibt 1205 in der gesamten Innenstadt verteilte Stationen. 2010 waren 20 600 solcher Fahrräder verfügbar. Die erste halbe Stunde ist sogar kostenlos. Und wenn man am Ziel angekommen ist oder einfach keine Lust mehr hat, stellt man das „vélib" an jeder beliebigen „bornette …" wieder ab. Übrigens: Die Bezeichnung „vélib" ist entstanden aus den Wörtern vélo und liberté (Freiheit) …

2 Savoir prononcer

Stratégie

A Diese Wörter habt ihr **schon gelernt**. Ihr wisst, wie man sie ausspricht.

bien   ils po**sent**   com**ment**

cad**eau**   pi**ed**   Truff**aut**

Diese Wörter sind **neu**. Ihre Aussprache könnt ihr selbst herausfinden.

le v**ent**   b**eau**   fro**id**

chaud   un moyen   ils li**sent**

B Findet heraus, wie man die folgenden neuen Wörter ausspricht.

schon gelernt

une guitare   elles arrivent   trop

une question   un chanteur

neu

ils écrivent   fatigué   beaucoup

un avion   un lecteur

cent-sept   107

7 Atelier A - B - C - D - E

Atelier B
Bonjour de Paris!

• ÜBER DAS WETTER SPRECHEN
• POSTKARTEN SCHREIBEN

Lire 1 Bisous de la tour Eiffel

146

Aujourd'hui, il fait beau et chaud. Sur la tour Eiffel, il y a beaucoup de touristes.
M. Pirou commence ses interviews:

M. Pirou: Qu'est-ce que vous aimez, ici?
Un touriste: Du 2ème étage, on a une vue
5 fantastique sur Paris, surtout quand il fait beau
comme aujourd'hui avec un grand soleil.
Regardez, il n'y a pas de vent, pas un nuage!
Une touriste: La tour Eiffel est comme une petite
ville: il y a des restaurants, des cafés, des
10 boutiques de souvenirs, une poste, des DVD
sur l'histoire de la tour Eiffel …
Une dame: Moi, j'habite à Berlin et j'écris des
cartes postales à mes petits-enfants.
M. Pirou: Et qu'est-ce que vous écrivez?
15 *La dame:* J'écris, en allemand bien sûr, «Bisous
de la tour Eiffel à sa sœur, la tour de télé».

A Qu'est-ce que vous savez sur la tour Eiffel?

B Quels mots vont ensemble?
Notez les expressions dans votre cahier.

écrire	de touristes
il fait	fantastique
une vue	vent
il y a du	beau et chaud
beaucoup	une carte postale

Parler 2 Quel temps fait-il?

Bei fait-il musst du die liaison machen: das -t- hört man.

Faites des dialogues.

Exemple: – Quel temps fait-il aujourd'hui?
– Aujourd'hui, il fait beau. Il ne pleut pas.
Il fait quinze degrés.
– Alors, je mets un t-shirt.

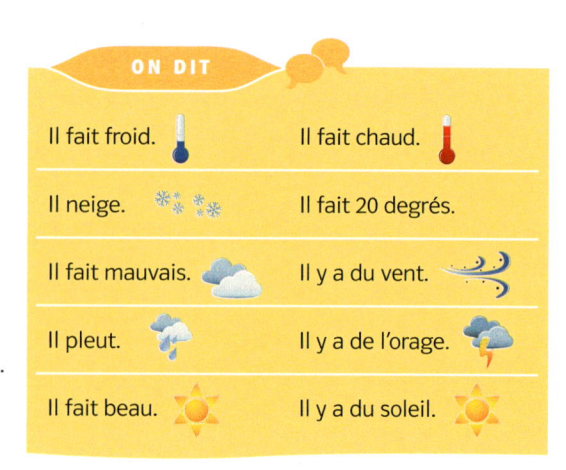

ON DIT

Il fait froid.	Il fait chaud.
Il neige.	Il fait 20 degrés.
Il fait mauvais.	Il y a du vent.
Il pleut.	Il y a de l'orage.
Il fait beau.	Il y a du soleil.

Atelier — A -(B)- C – D – E — Bilan — **7**

3 J'écris, tu lis … (G 26, 27) → En plus 131, 2

A Complétez le filet à mots dans votre cahier. Trouvez 6–9 mots.

une carte postale — un poème
écrire et lire
… — …

B Regardez les verbes **écrire** et **lire** à la page 142. Puis jouez avec un dé et faites six phrases.

Exemple:
Elle écrit une carte postale.   je   tu   elle/il/on   nous   vous   ils/elles

4 Des cartes postales

A Lisez les cartes postales des touristes. Quelle carte va avec quelle photo?

B Ecrivez une carte postale en français.

1

2

3

Chère mamie, Cher papy,
Comment allez-vous?
Regardez mon copain sur la photo! Il n'est pas beau, mais il est cool, non? 😊
Notre-Dame, c'est génial.
Bisous
Julie

Salut Léa,
Demain, il ne va pas faire beau. Alors, on va aller au musée du Louvre pour rencontrer une copine, la Joconde!
Bises
Matthieu

Coucou!
Nous écrivons de Paris. Aujourd'hui, on a visité la Défense. C'est super intéressant et vraiment très moderne.
Grosses bises
Fabien et Liane

5 A Paris, il fait beau!

Gestalte einen Wetterbericht in Form eines Bildgedichts wie im Beispiel rechts.

aujourd'hui / il ne pleut pas / il fait chaud / j'aime bien ça / il va faire beau / demain aussi / il fait chaud / aujourd'hui

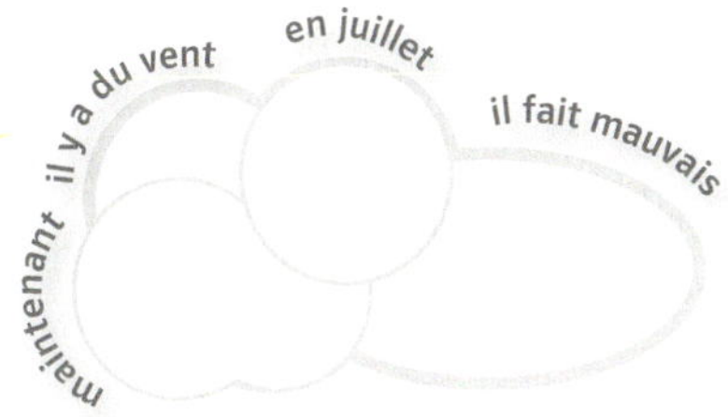

maintenant / il y a du vent / en juillet / il fait mauvais

cent-neuf   109

7 Atelier A – B – C – D – E

Atelier C

Des millions de kilomètres

ÜBER VERKEHRSMITTEL SPRECHEN

Lire

1 Trop tôt pour Léo!

A 7 heures du matin, Léo et son père font déjà des interviews dans les bus, les gares et les stations de métro. C'est les vacances, et 7 heures, c'est tôt pour Léo. Il est encore fatigué.

5 M. Pirou: Tu sais, Léo, à Paris les gens font 8 millions de kilomètres par jour avec les transports en commun, en bus, en métro …
Léo: … à cheval …
M. Pirou: ah! ah! ah!
10 Léo: Ils sont fous, les Parisiens!
M. Pirou: Et oui, Léo, il faut faire des kilomètres pour gagner son pain!

A Ihr kennt schon diese Wörter: → bientôt   enfin   à plus   attention   sport
Wie spricht man also diese Wörter aus? → tôt   matin   bus   station   transport

B Lest euch gegenseitig den 1. Abschnitt des Textes vor. → «Lire et parler» auf S. 50.

Vis-à-vis

Mehr dazu
25tc8d

2 Les moyens de transport   → En plus 132, 3

A Paris, il y a six gares. Mais le TGV de Stuttgart arrive à la gare de l'Est!

Après, le problème, c'est de trouver un taxi!

Alors, on prend le bus!

Ou le métro. Mais il faut un ticket!

Avec le RER, on traverse Paris ou on va à l'aéroport!

Mais le vélo est un moyen de transport écologique.

110   cent-dix

Atelier A - B - C - D - E — — — — — — — — — — — — **Bilan** — — — — — — **7**

A Seht euch die Logos genau an. Zu welchen Pariser Verkehrsmitteln gehören sie? Welches Logo gehört nicht hierher?

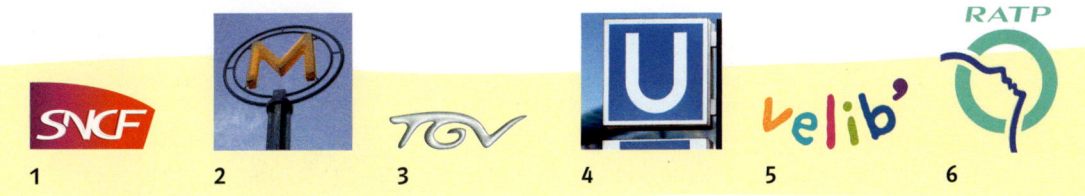

1. SNCF 2. M 3. TGV 4. U 5. Velib' 6. RATP

B Corrigez les phrases.

1. A Paris, il y a 5 gares.
2. «Velib'», ce sont des trains pour tout le monde.
3. Voilà un «M» jaune. Ici, il y a un restaurant.
4. Le RER va de Stuttgart à la Gare de l'Est.

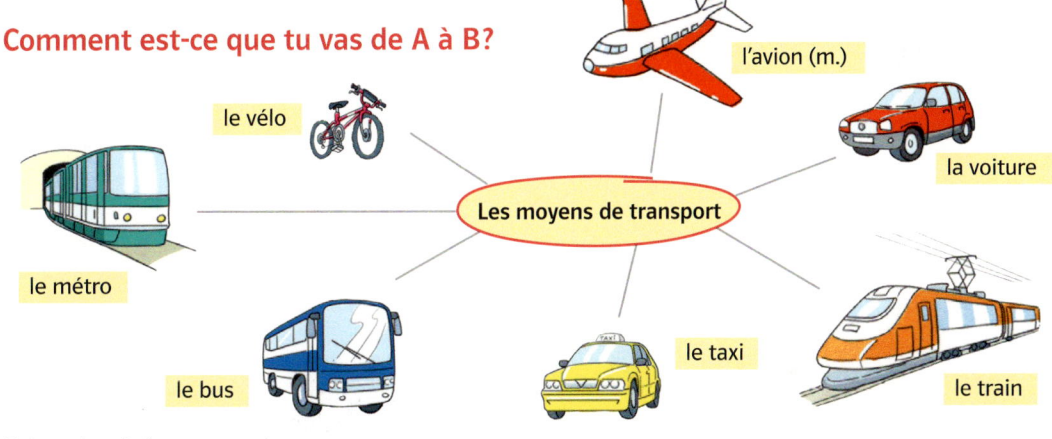

Parler

3 Comment est-ce que tu vas de A à B?

Les moyens de transport:
- le vélo
- l'avion (m.)
- la voiture
- le métro
- le bus
- le taxi
- le train

Faites des dialogues.

Exemple : – Comment est-ce que tu vas à la piscine / au cinéma / à Paris / à Los Angeles / à l'école / à la poste / au centre-ville?
– Je vais à la piscine en bus .

Continuez.

aller : en métro, en train, en voiture, en taxi, à vélo, en avion, à pied, en bus

Ecouter

4 Métro, boulot, dodo!

148 Lest zuerst die Fragen. Hört das Lied mehrmals an und beantwortet die Fragen.

1. Für welche Verkehrsmittel wirbt das Lied?
2. Welches Verkehrsmittel kommt in dem Lied nicht vor?

PORTFOLIO

5 Des mots-images

Wählt mindestens ein Verkehrsmittel. Schreibt dessen Namen so, dass man am Schriftbild erkennt, was das Wort bedeutet.

cent-onze 111

7 Atelier A - B - C - D - E

Atelier D

Au marché aux puces

EIN EINKAUFSGESPRÄCH FÜHREN

Lire 1 Pas de problème!

149

M. Pirou: Bonjour, monsieur. Je fais un reportage avec mon fils … Je voudrais …
Le vendeur: Pas de problème, monsieur. Chez moi, on trouve des choses fantastiques!
⁵ J'ai des jeux, des portables, des sacs, … Regardez! Même votre chien a déjà trouvé un copain, ici.
M. Pirou: Euh, … pour mon reportage, …
Le vendeur: Pas de problème! J'ai par exemple
¹⁰ un super stylo pour votre fils. Il est très pratique, avec quatre couleurs: rouge, bleu, vert et noir. On peut mettre ça dans sa poche. Tout le monde adore! Regarde, petit, plus de problème pour faire ses devoirs ou inventer
¹⁵ des histoires!
M. Pirou: C'est combien?
Le vendeur: Allez, dix euros pour vous …
M. Pirou: Euh … c'est cher pour un stylo! Et l'ordinateur, là, c'est combien?
²⁰ Le vendeur: Oh, il n'est pas cher! Dix euros! Ça n'a plus de valeur!

Das Wort *cher* (teuer) spricht man wie die französischen Wörter *hier* (gestern) und *super* (toll).

Pourquoi est-ce que M. Pirou ne peut pas faire son interview?

Commencez comme ça: M. Pirou ne peut pas faire son interview parce que …

🇫🇷 **Vis-à-vis**

Der Flohmarkt in Saint-Ouen ist der größte in Paris. Dort sind mehr als 2000 Händler, die alles Mögliche verkaufen, von allerlei Trödelware bis zu Kunstwerken.

Atelier A - B - C - **D** - E   Bilan   **7**

Parler

2 Vous désirez? (G 28)

Während eines Schüleraustausches in Frankreich veranstaltet die Schule einen Flohmarkt. Da dein Austauschpartner plötzlich krank wird, übernimmst du für ihn den Verkauf seiner Sachen. Dein Nachbar übernimmt die Rolle des interessierten Käufers. (Ihr könnt auch zu dritt arbeiten!)

ne … pas de …	kein(e)
ne … plus de …	kein(e) … mehr
beaucoup de …	viel(e)
peu de …	wenig(e) …

ON DIT

le vendeur / la vendeuse	le client / la cliente
– Bonjour monsieur / madame. Vous désirez?	– Bonjour. Je cherche une guitare.
– Désolé(e). Nous n'avons **pas de guitare**. / Désolé(e). Nous n'avons **plus de guitare**.	– Dommage. Je cherche aussi une affiche de cinéma.
– **Pas de** problème. Nous avons **beaucoup d**'affiches.	– Elles font / coûtent combien?
– Elles ne sont pas chères, elles font / coûtent 12 €.	– Oh, c'est trop cher. Je prends une affiche pour 8 €.
– D'accord. Voilà, monsieur / madame. Au revoir, monsieur / madame et bonne journée.	– Merci. Au revoir, monsieur / madame.

Ecouter

3 Un stand pas comme les autres

150

A *Lisez les questions. Ecoutez le texte et notez les réponses.*

1. Qui sont les personnes dans le texte?
2. Qu'est-ce que la sœur de la cliente aime?
3. Qu'est-ce qu'il y a au stand?

B *Sammelt französische Wörter für Dinge, die man auf einem Flohmarkt nicht kaufen kann.*

cent-treize   113

Atelier E

Au parc Astérix

INFORMATIONEN FINDEN UND WEITERGEBEN

Lire 1 On va sur le grand huit?

151
Mehr dazu
5vp5cq

Léo: Alors, c'est vrai, papa? On va au parc Astérix, demain? Cool!
M. Pirou: Oui, les parcs d'attractions sont intéressants pour mes auditeurs.
5 Léo: Malabar va être content aussi. Il aime les parcs. Et est-ce qu'on va aller aussi sur le grand huit? J'adore le grand huit!
M. Pirou: Ça oui, mais un chien dans le parc Astérix? Je ne sais pas, Léo. On va regarder sur
10 Internet.
Léo et M. Pirou cherchent des informations. D'abord ils ne trouvent rien. Mais enfin, ils trouvent une liste de questions et réponses …

> Wie spricht man das Wort **rien** aus? Denke an **bien** oder **chien**.

Qu'est-ce que c'est en allemand:
– un «parc d'attractions»?
– un «auditeur»?
– «un grand huit»?
– «une liste»?

Lire 2 Un chien dans le parc?

Lest den Text und beantwortet folgende Fragen:

> **Est-ce que je peux entrer dans le Parc avec mon chien?**
>
> Les animaux ne sont pas acceptés au Parc. Vous avez à votre disposition un chenil[1] pour placer votre animal.
> Le chenil se trouve au bout du parking P6, vous devez traverser le P2 à partir des caisses. Le prix du chenil est de 7 € la journée, à régler sur place.

1. Dürfen Hunde in den Parc Astérix?
2. Was können Hundebesitzer tun, wenn sie den Park besuchen möchten?
3. Wie viel kostet es?

[1] **un chenil** [ɛ̃ʃənil] Regardez à la page 16. Là, les chiens sont dans un chenil.

114 cent-quatorze

Atelier — A - B - C - D - **E** — Bilan — **7**

En forme

3 Malabar ne dit rien. (G 29)

Ecrivez les phrases. Mettez la bonne négation.

| ne … pas | nicht |
| ne … rien | nicht**s** |

1. Les chiens ? entrent ? dans le parc.
2. Bof! Ça ? fait ? .
3. Je ? aime ? les attractions, moi.
4. Le grand huit, ce ? est ? pour moi.
5. Ce ? est vraiment ? intéressant.
6. Je reste ici. C'est sympa et ça ? coûte ? .
7. Mais … Idéfix, c'est aussi un chien!
   Il ? travaille ? dans le parc?

Parler

4 Tu aimes les parcs d'attractions?

ON DIT

😊	😊😊	☹	☹☹	☹☹☹
J'aime bien les parcs d'attractions.	J'adore les …	Je n'aime pas trop les …	Je n'aime pas les …	Je déteste les …
J'aime bien visiter les parcs d'attractions.	J'adore visiter …	Je n'aime pas trop visiter …	Je n'aime pas visiter …	Je déteste visiter …

A Posez des questions et répondez.

Exemple:
– Tu aimes les parcs d'attractions ?
– Oui, j'adore les parcs d'attractions. Et toi?
– Moi, je n'aime pas trop les parcs d'attractions, mais j'aime bien regarder des films .

les parcs d'attractions
le grand huit
les films
le foot
les feux d'artifice
les jeux vidéo (…)

visiter les parcs d'attractions
aller sur le grand huit
regarder des films
faire du foot
regarder les feux d'artifice
faire des jeux vidéo (…)

B Notes deux dialogues dans vos cahiers.

5 Des attractions pour tout le monde!

Gib in einer Suchmaschine den Begriff „Parc Astérix" ein.

– Was gibt es dort alles zu sehen?
– Was kann man dort machen?
– Wann ist der Park geöffnet?
– Wie viel kostet der Eintritt?

Gestalte einen französischen Prospekt zum Parc Astérix.

cent-quinze 115

Bilan

Questions pour un champion (→ Lösungen S. 205)

Mit diesem Spiel könnt ihr eure Kenntnisse über Paris überprüfen. Ein Schüler spielt den Moderator, stellt die Fragen und sammelt die Punkte von den 4 Teilnehmern. Wer die meisten Punkte erreicht, ist „le champion/la championne". Die „champions" können weiterspielen, um „le superchampion"/ „la superchampionne" zu ermitteln.

Edition «PARIS»

POINTS

- ● 1. Combien de gares est-ce qu'il y a à Paris?
- ●●● 2. Trouve 3 monuments à Paris. (Sehenswürdigkeiten). (N'oublie pas les articles!)
- ● 3. La Défense est
   a) une gare
   b) un quartier
   c) un musée.
- ● 4. La Joconde est dans un musée. Comment est-ce qu'il s'appelle?
- ●●●● 5. Nomme 4 moyens de transport.
- ●● 6. Avec un ticket de métro, on peut prendre quels moyens de transport?
- ● 7. A une station de «Vélib'», on peut louer (mieten) un/une ?
- ● 8. Combien de vendeurs est-ce qu'il y a au marché aux puces?
   a) 100
   b) 1000
   c) plus de 2000
- ● 9. Malabar n'entre pas au Parc Astérix? Où est-ce qu'il reste?
- ●●●●● 10. Qu'est-ce qu'on trouve au marché aux puces? Nomme 5 choses.

Für die «Superchampions/Superchampionnes»

POINTS

- ● 1. On peut aller à Paris en avion. Comment s'appelle le plus grand aéroport?
- ● 2. Quel fleuve est-ce qu'il y a à Paris?
- ●● 3. Notre-Dame est sur une île. Quel est son nom?
- ● 4. Combien d'arrondissements est-ce qu'il y a à Paris?
   a) 10
   b) 15
   c) 20

Plateau 3

Plaisir de Lire

A *Ecoutez et lisez le poème, puis regardez les mots nouveaux.
Ecoutez le poème encore une fois.*

Dans Paris

Dans Paris il y a une rue;
Dans cette[1] rue il y a une maison;
Dans cette maison il y a un escalier;
Dans cet escalier il y a une chambre;
Dans cette chambre il y a une table;
Sur cette table il y a un tapis;
Sur ce tapis il y a une cage;
Dans cette cage il y a un nid;
Dans ce nid il y a un œuf;
Dans cet œuf il y a un oiseau;

L'oiseau renversa[2] l'œuf;
L'œuf renversa le nid;
Le nid renversa la cage;
La cage renversa le tapis;
Le tapis renversa la table;
La table renversa la chambre;
La chambre renversa l'escalier;
L'escalier renversa la maison;
La maison renversa la rue;
La rue renversa la ville de Paris.

«Chanson enfantine des Deux-Sèvres», citée par Paul Eluard
dans Poésie involontaire et poésie intentionnelle © Seghers, 1963

Paul Eluard (1895–1952), poète français

1 ce, cet, cette dieser, dieses, dieses – **2 renversa** warf um (Infinitiv: renverser)

B *Bildet Gruppen mit 5 Schülern. Jeder Schüler einer Gruppe schreibt vier Verse dieses Gedichts auf einen Papierstreifen. Zeichnet zu jedem Vers ein einfaches Bild. Mischt eure Papierstreifen und versucht, das Gedicht wieder zusammenzusetzen.*

C *Schreibt gemeinsam ein neues Gedicht.*

Exemple:
Dans ma ville, il y a mon quartier,
Dans …, il y a …
…
Sur mon lit, il y a mon chien.

Mon chien renverse le lit,
Le lit renverse la chambre
…

cent-dix-sept 117

Plateau 3

Révisions

Lösungen zu diesen Révisions-Übungen findest du auf Seite 205.

Ecouter et parler

1 Comment trouver le stand de crêpes?

A Léo wohnt in der rue Truffaut Nummer 23. Du klingelst und fragst ihn, ob er mit dir zu dem neuen Crêpes-Stand geht, von dem er vor Kurzem so geschwärmt hat. Léo hat keine Zeit, erklärt dir aber schnell, wo der Crêpes-Stand ist. Hör ihm genau zu und betrachte den Plan. Bei welcher Nummer ist der Crêpe-Stand, bei 1, bei 2 oder bei 3?

B Am Crêpe-Stand fragt dich ein Junge, wo Léo wohnt. Du erklärst ihm den Weg.

Léo

En forme

2 Sur la tour Eiffel (G 24)

Ecris les phrases.

Exemple: **1.** Léo et son père visitent la tour Eiffel.

1. Léo / père / visiter / tour Eiffel.
2. M. Pirou / parler / touristes.
3. Il / faire / interviews.
4. Il / poser / questions / touristes.
5. Les touristes / aimer bien / vue sur Paris.
6. Une dame / écrire / carte postale / amie.
7. Léo / prendre / photos.
8. A la maison, Léo / montrer / photos / mère.

Lire et écrire

3 La carte postale de Marie

Moustique a joué avec la carte postale et on ne peut plus lire tous les mots.
Cherche les mots et écris la carte. Mettez les verbes, les noms et les adjectifs à la bonne forme.

Chère Alex,
J'aime bien Lyon, c'est une ville 🐾. Je suis tout le 🐾 avec Lilou.
Elle habite avec sa 🐾 dans un 🐾 appartement de trois 🐾.
Elle n'a pas de 🐾 et pas de 🐾 (pas comme moi, moi j'ai Gabriel et Clara!). Elle a beaucoup 🐾: elle fait de la 🐾, de la 🐾 et surtout du 🐾. Elle adore ça! Mais elle n'aime pas trop 🐾 sa chambre. Alors hier, elle n'a plus trouvé ses 🐾 préférés.
Enfin, elle a 🐾 sa 🐾. Lilou est 🐾 moi.
A très bientôt!
Bises
Marie

gymnastique — petit
danse — fantastique
comme — ranger
frère — vêtement
retrouver — temps
mère
casquette
           sœur
activité — pièce
           théâtre

118   cent-dix-huit

Plateau 3

On prépare le DELF

1 Compréhension de l'oral

Termine les phrases suivantes (choisis la bonne fin).

1. Nous vous donnons des informations
   - a pour vendredi.
   - b pour samedi.
   - c pour vendredi et samedi.

2. Le feu d'artifice commence à
   - a dix heures et quart.
   - b dix heures et demie.
   - c onze heures moins le quart.

3. On passe ces informations
   - a à la radio.
   - b à la gare.
   - c à la télévision.

2 Compréhension des écrits

Regarde le livre, lis le texte puis les phrases de 1 à 4. Vrai ou faux?

1. Ce livre donne des informations sur des villes françaises.
2. Il propose des jeux pour les adultes.
3. Le livre parle des endroits intéressants de Paris.
4. Grâce à ce livre, on va connaître Paris.

De A comme Arc de triomphe à Z comme Zoo, les enfants partent à la découverte de Paris! Du haut de la tour Eiffel ou dans le métro, au musée ou dans la rue, les petits explorateurs vont résoudre les énigmes qui leur sont proposées. Jeu des 7 erreurs, labyrinthe, cherchez l'intrus, quoi-est-à-qui ... à toi de jouer!

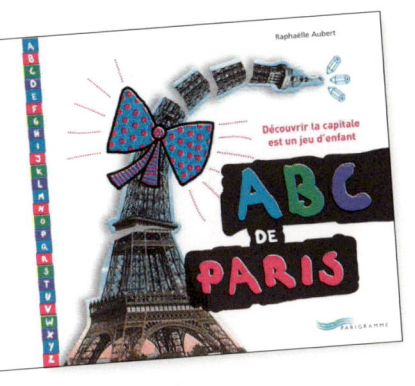

3 Production écrite

Tu es en vacances chez des amis. Ecris une carte postale à ton correspondant français. Raconte:
- *comment tu trouves la ville et les amis,*
- *quel temps il fait,*
- *quelles sont vos activités.*

4 Production orale

Tu es à Paris. Tu cherches un souvenir. Tu vas dans un magasin et tu parles à un vendeur ou une vendeuse.

Jouez le dialogue.

cent-dix-neuf 119

En plus – différenciation

Kein Symbol: Zusatzübung
△ einfachere Übung
▲ schwierigere Übung

zu Unité 1

Parler

1 Bonjour, le chien! zu 22, 2

△

Complétez les dialogues avec les mots donnés.
(Ergänzt die Dialoge mit den angegebenen Wörtern.)

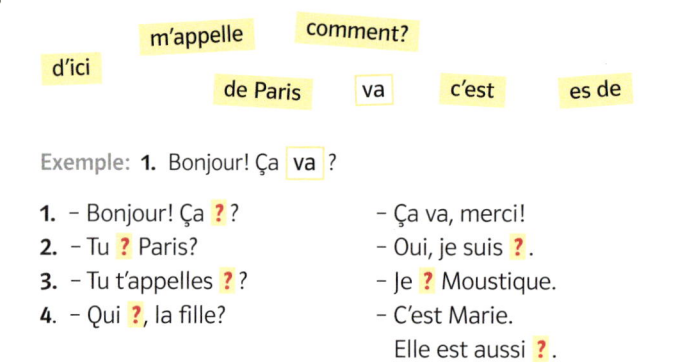

d'ici   m'appelle   comment?
         de Paris   va   c'est   es de

Exemple: **1.** Bonjour! Ça va ?

1. – Bonjour! Ça ? ?   – Ça va, merci!
2. – Tu ? Paris?   – Oui, je suis ? .
3. – Tu t'appelles ? ?   – Je ? Moustique.
4. – Qui ? , la fille?   – C'est Marie.
                                      Elle est aussi ? .

Ecrire

2 Je m'appelle Marie. zu 23, 6

△

Trouvez les questions. (Findet die Fragen.)

Exemple: **1.** Ça va?

1. – …?   – Oui, ça va bien, merci!
2. – Tu …?   – Je m'appelle Marie.
3. – Tu …?   – Oui, je suis d'ici.
4. – Moustique, … chat?   – Non. Moustique, c'est un chien.
5. – Et le garçon, ici, …?   – C'est Léo.

zu Unité 2

Ecouter

1 Une librairie-papeterie zu 32, 6

159

Ecoutez le texte et cherchez les intrus qui ne sont pas dans une librairie-papeterie.
(Hört den Text und findet die Wörter, die man in einem Schreibwarengeschäft nicht finden kann.)

un crayon   une affiche   un carton   un ordinateur
   une guitare   une chanson   un chien   un cahier
une école   un journal   une librairie-papeterie
                                                      une BD   un stylo
   un livre   une gomme   une rue   une maison

120 cent-vingt

En plus – différenciation

Ecrire 2 **Le journal de papa** — zu 33, 9

Lisez les mots et complétez l'histoire.
(Lest die Wörter und ergänzt die Geschichte.)

le journal — un chat — le chat — la rue — Merci — viens vite! — le journal — la Maison de la presse — la catastrophe

Exemple: 1. Marie est devant la Maison de la presse avec Moustique.

1. Marie est devant ? avec Moustique.
2. Moustique porte ? de papa.
3. Zut! Que fait Moustique? Il regarde ? !
4. ? regarde aussi Moustique.
5. Marie dit: «Moustique, ? !»
6. Marie et Moustique arrivent dans ? Truffaut.
7. Marie regarde Moustique: «Mais Moustique, où est ? de papa? Zut, c'est ? !»
8. Léo arrive. «Bonjour, Marie. Tu cherches ? ?»
9. «Oui! ? , Léo!»

Ecrire 3 **Qui aime encore Tokio Hotel?** (G 5) — zu 36, 8

Regarde les images et écris une petite histoire.
(Schau dir die Bilder an und schreib eine kurze Geschichte.)

Commence comme ça: **1.** Voilà Marie et Alex. Elles **sont** dans le magasin de musique.

Ecouter 4 **Oh, pardon!** — zu 36, 6

Ecoutez, puis, trouvez la bonne réponse. (Hört zu. Findet dann die richtige Antwort.)

160

1. On est
   a dans un magasin.
   b dans un restaurant.
   c dans la rue.
2. Qui parle?
   a un garçon et une fille.
   b un garçon et une dame.
   c deux filles, un garçon et une dame.
3. Le garçon est
   a bizarre.
   b super.
   c sympa.
4. Théo habite
   b rue Follet.
   b rue Nollet.
   c rue Rollet.
5. Léa
   b aime le foot.
   b déteste le foot.
   c déteste le rugby.

cent-vingt-et-un 121

En plus – différenciation

zu Unité 3

Parler

1 Livres ou CD? (G 9)   zu 48, 6

Ecrivez des dialogues et jouez les.

Exemple:
- Tu aimes les livres ?
- Oui, j'aime bien les livres.
  Et toi, tu aimes la musique de Rammstein?
- Oh, oui. /
  Ah, non! Je déteste la musique de Rammstein …

sport · livres · chiens · gâteau · chats · BD · histoires · école · CD de … · musique · ordinateurs · rock · vélo · chansons · magasins · cadeaux · jeux vidéo

aimer	le
déteste	la
	les

Ecrire

2 Tiens, qui est-ce?   zu 54, 8

Alex et sa tante regardent des photos.
Décrivez les photos et utilisez des adjectifs possessifs.

Commencez comme ça:

1. *La tante:* Ah, voilà **ton** frère avec …

mon / ma / mes
ton / ta / tes
son / sa / ses

1

2

3

4

122   cent-vingt-deux

En plus – différenciation

Parler 3 Les amis des vacances
zu 54, 9

Dans un camping en France, Sarah parle avec Elise et Vassili parle avec Nick.

A *Regardez les informations. Puis complétez les dialogues.*

Sarah
13 ans
parents
frère: 10 ans
sœurs: 8 et 16 ans

Elise
12 ans
grand-mère et grand-père
sœur: 9 ans

Vassili
14 ans
oncle et tante
cousin: 15 ans
cousine: 14 ans

Nick
15 ans
tante
amis: 11 et 13 ans

Sarah: Moi, **?** ans. Et toi?
Elise: Moi, **?** ans. Tu es ici avec ta famille?
Sarah: Je suis ici avec **?** . Et toi?
Elise: Moi, je suis ici avec **?** …

Vassili: …
Nick: …

B *Travaillez à deux. Présente-toi et présente ton voisin / ta voisine.*

Lire 4 L'anniversaire de Paul (G5)
nach 54, 10

Vrai ou faux? Corrigez les fautes dans votre cahier.

> C'est l'anniversaire de Paul. Sa sœur travaille dans la cuisine. Elle prépare un gâteau pour son frère. Il aime les gâteaux au chocolat. Paul range sa chambre et puis, il invite ses copains. Marc, Luc et Michel arrivent. Ils ont des cadeaux pour Paul. Mais où est Simon? Ah, il arrive aussi. „Bon anniversaire, Paul!" et il a un cadeau pour son ami. Qu'est-ce que c'est? Génial, c'est un CD de rock. Paul adore la musique rock. Il a déjà des CD dans sa chambre. Maintenant, Paul regarde aussi les cadeaux de Marc, Luc et Pierre: c'est une affiche de Coldplay, une BD d'Astérix et un DVD d'Harry Potter.
> Les amis discutent. Madame Pirou entre dans la chambre. Elle apporte le gâteau avec 13 bougies. Les amis chantent „Bon anniversaire". Puis, ils mangent le gâteau. Miam, miam! c'est bon. Après, ils regardent le DVD de Michel. Le soir, Paul pense: „J'ai des amis super!"

1. C'est l'anniversaire de Paul.
2. Sa sœur fait des gâteaux pour les amis de Paul.
3. Paul aime les gâteaux au chocolat.
4. Il a 13 ans.
5. Marc, Luc et Simon arrivent ensemble.
6. Michel apporte un CD de rock.
7. Paul aime la musique rock.
8. Simon apporte un DVD de Coldplay.

cent-vingt-trois 123

En plus – différenciation

zu Unité 4

Ecouter **1** **La journée de Moustique** *zu 62, 1*

Ecoutez. Pour chaque image, dites quelle heure il est.
(Hört zu. Findet zu jedem Bild die richtige Uhrzeit.)

161

Exemple: **1.** Il est 7 heures.

Parler **2** **Au collège et après le collège** (G 13, 14) *zu 65, 8*

Complétez les phrases.

Exemple: **1.** Marie, tu rentres? Alors tu vas à la maison ?

1. Marie, tu rentres? Tu …
2. Aïe! Mon pied! Aïe! Aïe! Je …
3. Il est midi et nous avons faim. Nous …
4. Léo a envie de jouer avec un copain. Alors il …
5. Vous cherchez un ordinateur? Alors vous …
6. Viens, Léo! C'est la récréation. On …
7. Vite, le cours d'allemand commence. On …
8. Marie et Alex cherchent un cadeau. Alors elles …

aller | à | infirmerie.
dans | cour.
chez | CDI.
 | salle de cours.
 | FNAC.
 | maison.
 | Mehdi.
 | cantine.

124 cent-vingt-quatre

En plus – différenciation

3 Une journée de rêve

nach 66, 1

Schreibt einen Rap über einen Tagesablauf. Ihr könnt die vorgegebenen Ausdrücke verwenden. Achtet auf den Reim.

A sept heures et demie
Je suis encore au lit
Il est huit heures et quart
…

A … heures et demie
Il est … heures et quart
Il est … heures vingt
Oh la la, c'est midi!
Il est bientôt … heures
Il est … heures dix

je suis en retard
c'est vrai? Mais c'est bizarre
salut et au revoir …

on retrouve les copains
maintenant, j'ai faim
on est dans le train …

je vais à l'infirmerie
je suis encore au lit
on fait une copie …

on travaille à l'ordinateur
voilà le professeur
avec ma sœur …

ils font nos exercices
tiens, voilà Béatrice
ensemble, on va à Nice …

4 Vont, font, sont ou ont?

nach 68, 6

Ecoutez. Quel verbe est-ce que vous entendez? Après chaque phrase, notez la forme et l'infinitif du verbe dans votre cahier.

(Hört zu. Welches Verb hört ihr? Notiert nach jedem Satz die Form und den Infinitiv des Verbs in eurem Heft.)

forme	infinitif
1. elles sont	être
…	
2. elles …	

5 Que fait Malabar?

zu 69, 10

Inventez une histoire avec les mots donnés.
(Erfindet eine Geschichte mit den vorgegebenen Wörtern.)

Aujourd'hui c'est mardi. Théo et Malabar …

chez   sous   puis   après   demain   comme
   d'abord   ici   ne … pas   dans

cent-vingt-cinq **125**

En plus – différenciation

Ecouter et parler

6 Dans la salle de cours (G 10, 16) *son / sa / ses leur / leurs* zu 69, 11

A *Ecoutez les phrases et écrivez le numéro de l'image correspondante.*

Phrase Nr.    Phrase Nr.    Phrase Nr.

Phrase Nr.    Phrase Nr. 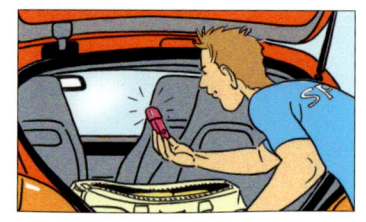   Phrase Nr.

B *Réécrivez cette petite histoire sous forme d'un texte suivi. Utilisez les adjectifs possessifs.*

zu Unité 5

Parler

1 Qu'est-ce qu'ils font? (G 18) zu 81, 6

Regardez les dessins. Posez des questions et répondez.

Exemple: **1.** Alex fait du rugby? – Non, elle fait …

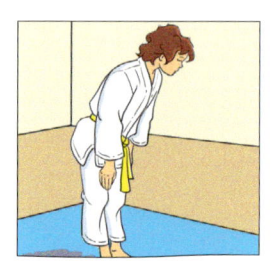

1. Alex: rugby?  **2.** Clara et ses amies: natation?  **3.** Léo: gymnastique?

4. Marie: foot?  **5.** Jérôme: danse?  **6.** Moustique et Malabar: musique?

126 cent-vingt-six

En plus – différenciation

Médiation

2 Pardon, euh … entschuldigen Sie bitte …

nach 82, 2

Am U-Bahn-Ausgang „Marktplatz" triffst du einen französischen Musiker, der nicht besonders gut Deutsch versteht. Er sucht ein Musikgeschäft.

In der Hand hält er eine Wegbeschreibung, die er von einem deutschen Kollegen hat.

Erkläre ihm den Weg auf Französisch.

- U-Bahn Marktplatz
- nach rechts, an der Rankestraße wieder rechts
- geradeaus, dann über die Kreuzung
- an der Willsdorfer Straße links, dann geradeaus
- an der Rosenstraße rechts
- 30 m, Laden rechts: Harrys Music-Shop!

En forme

3 C'est samedi. (G 19)

nach 82, 2

A *Mme Pirou parle à son fils. Mettez les phrases à l'impératif.*

Exemple: **1.** Fais un jeu.
1. faire un jeu
2. ne pas rester à la maison
3. aller dans le parc
4. faire du roller
5. ou bien, inviter Mehdi

B *Mme Pirou parle maintenant à Léo et Mehdi. Mettez les phrases à l'impératif.*

Exemple: **1.** Faites attention.
1. faire attention
2. ne pas traverser le carrefour en roller
3. aller à la piscine
4. faire un tour dans le parc
5. ne pas rentrer tard

C *Tu parles maintenant à tes camarades. Utilise l'impératif.*
(Bilde Sätze mit der **-ons**-Form im Imperativ. Verwende folgende Verben.)

Exemple: Chantons un rap.

jouer …   ne pas travailler   parler français

prendre …   chanter …   faire …

aller à …   ne pas ranger …

cent-vingt-sept 127

En plus – différenciation

Parler

4 Quand est-ce que …?

Travaillez à deux en tandem.

> Quand est-ce que …?
> Attention à la liaison!

zu 84, 5

dimanche	am Sonntag
le dimanche	(immer) sonntags

A

1. quitter la maison le matin
2. (Et toi, quand est-ce que tu rentres de l'école?) Je rentre de l'école le soir à … heures.
3. retrouver ses amis
4. (Quand est-ce que tu regardes la télé?) Je regarde la télé de … à … heures.
5. écouter des CD
6. (Quand-est-ce que tu vas au lit le soir?) Je vais au lit après le repas.
7. faire ses devoirs
8. (Quand est-ce que tu fais du sport?) Je fais du sport l'après midi.

B

1. (Quand est-ce que tu quittes la maison le matin?) Je quitte la maison à … heures.
2. rentrer de l'école
3. (Et quand est-ce que tu retrouves tes amis?) Je retrouve mes amis le mercredi à … heures.
4. regarder la télé
5. (Quand est-ce que tu écoutes des CD?) J'écoute des CD le dimanche.
6. aller au lit le soir
7. (Quand est-ce que tu fais tes devoirs?) Je fais mes devoirs après l'école.
8. faire du sport

Ecrire

5 Dans mon quartier

nach 85, 1

Ecris un petit texte (7 phrases) sur ton quartier ou ton village.

– Qu'est-ce qu'il y a dans ton quartier?
– Qu'est-ce que tu fais dans ton quartier? Quand?
– Qu'est-ce que tu aimes, qu'est-ce que tu n'aimes pas?

Dans mon quartier / mon village, il y a …

des magasins   un collège   une école
une boulangerie   un café   un théâtre
un restaurant   un gymnase   une poste
un parc   une piscine   un stand de
un cinéma   une place   …

Je fais … / J'aime bien … / Je n'aime pas

regarder des films   travailler
retrouver des amis   faire un tour
…   aller à
faire du / de la …   manger

128   cent-vingt-huit

En plus – différenciation

zu Unité 6

Ecrire

1 Qu'est-ce qu'ils ont fait hier? (G 22) nach 93, 3

A *Faites des phrases affirmatives (bejahende Sätze).*

Exemple:

1. Alex **a gagné** son combat.

1. Alex	gagner	son combat	5. Toi	retrouver	sa clé
2. Léo et Mehdi	faire	du roller	6. Vous	regarder	la télé
3. Toi	faire	ses devoirs	7. Moi	travailler	avec son copain
4. Moi	écouter	des CD	8. Nous	manger	ensemble

B *Faites des phrases négatives (verneinende Sätze).*

Exemple:

1. Damien **n'a pa**s gagné son combat.

1. Damien	ne pas gagner	son combat
2. Léo et Mehdi	ne pas travailler	ses devoirs
3. Toi	ne pas faire	sa clé
4. Moi	ne pas retrouver	la télé
5. Nous	ne pas regarder	avec son copain

Lire

2 Le blog de Lilou (G 23) nach 95, 6

Répondez aux questions.

> Samedi dernier, mes amis et moi, on a organisé une fête pour nos amis allemands chez Clara. D'abord, nous avons fait les courses ensemble, puis nous avons préparé le repas. On a décoré la salle de séjour avec des ballons.
> Le soir, nous avons d'abord mangé, puis Jürgen a proposé un jeu intéressant:
> Il a commencé à raconter une histoire et nous avons cherché une fin.
> On a raconté des histoires françaises et des histoires allemandes.
> Tout le monde a trouvé des idées. C'est vraiment un jeu super.
> On a presque oublié le temps. Puis, nous avons écouté des chansons et nous avons chanté ensemble. Après, Clara a dit: «On danse maintenant?» «Oh, oui», a répondu Daniel, «tu veux danser avec moi»? Alors, nous avons beaucoup rigolé.
> Tout à coup, la mère de Clara a dit:
> «Allez, les enfants, il est déjà tard. Vous devez rentrer maintenant.
> Mais d'abord, on va ranger l'appartement ensemble».

1. Où est-ce que les amis ont organisé une fête?
2. Qui a fait les courses?
3. Qu'est-ce que Jürgen a proposé?
4. Pourquoi est-ce que les enfants ont presque oublié le temps?
5. Qui a dansé avec Clara?
6. Qu'est-ce que les enfants ont fait après la fête?

cent-vingt-neuf

En plus – différenciation

Médiation

3 La journée de M. Pirou (G 24)

nach 101, 10

*Lisez le mail de M. Pirou à son fils. Mais à la radio allemande, M. Pirou doit écrire en allemand. Aidez-le. Attention à la traduction du verbe **mettre**.*

Salut Léo,

Je suis à Cologne. J'ai mis une annonce dans le journal pour toi, tu sais, pour le stage à la radio de Cologne. La rédaction a mis les photos de Paris sur Internet. Tu peux les regarder en ligne.
Ce soir, j'ai mis 15 minutes pour rentrer à la maison. Il est déjà 22 heures!
J'ai mis la table, je mange et après, je mets mon pyjama et hop, au lit!

Bonne nuit!

Papa

Écouter et écrire

4 Quatre devinettes[1]

nach 100, 8

164

1   2   3   4   5   6

A *Regardez les images. Puis écoutez la première devinette.
Retrouvez la personne dans les images. Puis écoutez la deuxième devinette.
Continuez.*

Exemple: Olivier, c'est le numéro …

B *Jouez au portrait.*

[1] **une devinette** ein Rätsel

130 cent-trente

En plus – différenciation

zu Unité 7

Ecouter

1 Une semaine à Paris

nach 106

*Ecoutez tout le texte. Qui parle? Puis, écoutez encore une fois et prenez des notes: Qu'est-ce qu'ils vont faire **lundi**? Où est-ce qu'ils vont aller **mardi**, **mercredi** et **jeudi**?*

Qui?	jour	endroit	activité
?	lundi	?	?
	mardi		
	mercredi		
	jeudi		

Ecrire

2 La dictée des journalistes (G 27)

nach 109, 3

A *Ecoutez la dictée et écrivez dans votre cahier. Attention au verbe **écrire**.*

B *Complétez avec la bonne forme du verbe **lire**.*

1. Tu ? le journal, papa?
2. Non, je ? des BD.
3. En allemand, nous ? un livre de Klaus Kordon.
4. Vous ? aussi des poèmes?
5. Oui, nous ? des poèmes de Hans-Eckardt Wenzel!
6. Oh! Super! Vous écoutez les chansons ou vous ? les textes?
7. Les filles ? les poèmes et les garçons écoutent les chansons.
8. Ah oui, vous, les garçons, vous n'aimez pas ? ?

cent-trente-et-un 131

En plus – différenciation

Médiation

3 Bienvenue à Paris!

nach 110, 2

A *Deine Nachbarn möchten nach Paris fahren. Sie fragen dich,*
- *wie sie dorthin kommen können,*
- *wie sie am besten innerhalb von Paris von einem Punkt zum anderen fahren können.*

Lies den Text und beantworte ihre Fragen.

> **STRATEGIE**
>
> Gib nur die Informationen wieder, die für deine Nachbarn wirklich wichtig sind: Welche Verkehrsmittel gibt es? Was sind die Vor- und Nachteile?

Comment aller à Paris — Bonjour!

Comment aller à Paris? Prenez le **train** et vous arrivez dans une des six gares de la capitale. Vous venez d'Allemagne? Alors, c'est la gare de l'Est ou la gare du Nord. Avec le train, on arrive
5 directement à Paris, c'est pratique.

Ou bien prenez l'**avion**! Vous arriverez à l'aéroport international Roissy Charles de Gaulle ou à Orly. Pour aller dans le centre de la ville, il faut prendre le RER, le bus ou le taxi.

10 Vous pouvez aussi aller à Paris en **voiture**. Arriver à Paris par l'autoroute n'est pas un problème, mais attention! Circuler dans la capitale, ce n'est vraiment pas facile!

Prenez alors le bus ou le métro pour visiter la ville.
15 C'est plus facile et c'est plus écologique! Et pour les sportifs, il y a aussi les stations vélib et les bateaux-bus et bien sûr les promenades à pied!

B *Die folgenden Wörter aus dem Text hast du noch nicht gelernt. Welche davon hast du trotzdem verstanden? Was hat dir dabei geholfen?*

une capitale   le nord   directement   un centre   pratique

un aéroport   international   une autoroute   un sportif   une promenade

132 cent-trente-deux

Grammaire

zu Unité 1

G1 un, une: Der unbestimmte Artikel Singular

C'est Nadine. C'est **une** copine!

C'est Valentin. C'est **un** copain.

männlich: **un** copain
weiblich: **une** copine

der unbestimmte Artikel – **l'article indéfini**

G2 je suis, tu es …: Das Verb **être** und die Personalpronomen im Singular

Salut, Nadine. **Tu es** de Paris?

Oui, **je suis** de Paris.

Elle est de Paris. Moi aussi!

1. Person	**je**	suis
2. Person	**tu**	es
3. Person	**il**	est
	elle	est

das Verb – **le verbe**
das Personalpronomen – **le pronom personnel**

zu Unité 2

G3 le, la: Der bestimmte Artikel Singular

Oh, **le** chien! Zut! C'est **la** catastrophe!

C'est Malabar, **l'**ami de Mélimélo.

maskulin: **le** magasin
l'ami

feminin: **la** catastrophe
l'amie

der bestimmte Artikel – **l'article défini**

cent-trente-trois 133

Grammaire

G4 nous sommes, vous êtes … Das Verb être und die Personalpronomen

Vous êtes … frère et sœur?

Non, on est copain et copine.

Singular		Plural	
je	suis	nous	sommes
tu	es	vous	êtes
il		ils	
elle	est	elles	sont
on			

der Singular – **le singulier**
der Plural – **le pluriel**

G5 chercher, arriver, habiter: Die Verben auf -er

*Vous cherch**ez** Jérôme?*

*Non, **nous** cherch**ons** Malabar.*

Singular		Plural	
je	cherche	nous	cherch**ons**
tu	cherch**es**	vous	cherch**ez**
il		ils	
elle	cherche	elles	cherch**ent**
on			

Nur die Endungen -ons und -ez werden ausgesprochen.

! **j'**habite – **j'**arrive: Achte auf den Apostroph!

J'arrive!

G6 Tu es le frère d'Alex? Fragen stellen (I)

*Tu es le frère d'Alex**?**
Tu t'appelles comment**?***

Tu habites ici?	Wohnst du hier?
Tu habites où?	Wo wohnst du?
Tu t'appelles comment?	Wie heißt du?
Qui est-ce?	Wer ist das?
Qu'est-ce que c'est?	Was ist das?
Que fait Léo?	Was macht Léo?
Qu'est-ce que tu aimes?	Was magst du?

134 cent-trente-quatre

Grammaire

zu Unité 3

G 7 une bougie, deux bougies: Der Plural des Nomens

Alors, pour Léo: une bougie, deux bougies … treize bougies!

Singular	Plural
un livre	deux livres
une bougie	deux bougies
un cadeau	deux cadeaux
un fils	deux fils
une BD	deux BD

G 8 des: Der unbestimmte Artikel Plural

Des crayons et des gommes? Bof!

Pour Léo, de Mme Latière!

Singular	Plural
un crayon	des crayons
ein Bleistift	– Bleistifte
une gomme	des gommes
un ami	des amis
une amie	des amies

der unbestimmte Artikel Plural –
l'article indéfini au pluriel

G 9 les: Der bestimmte Artikel Plural

Super! J'aime bien les chansons de Superbus. Ah! J'aime les cadeaux!

Pour Léo, de Pedro!

Singular	Plural
le cadeau	les cadeaux
das Geschenk	die Geschenke
la chanson	les chansons
l' ami	les amis
l' amie	les amies

der bestimmte Artikel Plural –
l'article défini au pluriel

cent-trente-cinq 135

Grammaire

G 10 mon, ton, son … : Die Possessivbegleiter (I)

C'est **ma** copine Alex et **son** frère Jérôme.

Singular		Plural	
mon	frère	**mes**	frère**s**
ton	frère	**tes**	frère**s**
son	frère	**ses**	frère**s**
ma	copine	**mes**	copine**s**
ta	copine	**tes**	copine**s**
sa	copine	**ses**	copine**s**

! mon / ton / son‿amie
der Possessivbegleiter – **le pronom possessif**

G 11 j'ai, tu as … : Das Verb avoir

Zut!

Maman, nous **avons** faim!

Singular		Plural	
j'	ai	**nous**	avons
tu	as	**vous**	avez
il		**ils**	
elle	a	**elles**	ont
on			

! Tu **as** quel âge? – Wie alt **bist** du?
J'**ai** onze ans. – Ich **bin** 11 Jahre alt.

136 cent-trente-six

Grammaire

zu Unité 4

G 12 ne ... pas: Die Verneinung

Où est Marie?

Je **ne** sais **pas**. Elle **n'**est **pas** là.

Je **ne** sais **pas**.

Elle **n'**est **pas** là.

die Verneinung – **la négation**

G 13 au / aux: Die Präposition à und der bestimmte Artikel

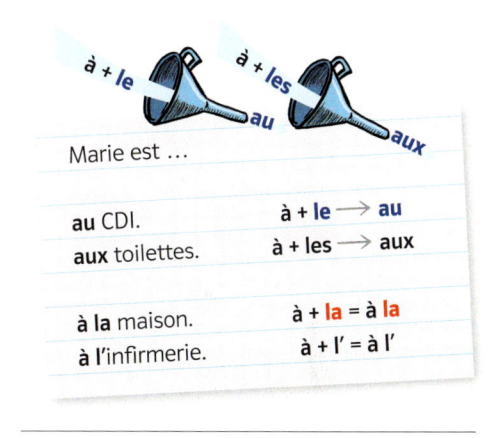

Marie est **au** CDI?

Ou encore **à la** maison?

à + le → au
à + les → aux

Marie est ...

au CDI.	à + **le** → **au**
aux toilettes.	à + **les** → **aux**
à la maison.	à + **la** = à la
à l'infirmerie.	à + **l'** = à l'

die Präposition – **la préposition**

G 14 je vais, tu vas ... : Das Verb aller

Tu ne **vas** pas à l'école, aujourd'hui?

Singular		Plural	
je	vais	nous	allons
tu	vas	vous	allez
il		ils	
elle	va	elles	vont
on			

cent-trente-sept 137

Grammaire

G15 **je fais, tu fais … :** Das Verb **faire**

Mais qu'est-ce que tu **fais**?
Il est 7 heures et demie.

Singular		Plural	
je	fais	nous	faisons
tu	fais	vous	faites
il		ils	
elle	fait	elles	font
on			

G16 **notre, votre, leur, nos, vos, leurs:** Die Possessivbegleiter (II)

Où est **votre** sœur?

Maman, **nos** cours commencent à 10 heures aujourd'hui. **Notre** prof de français n'est pas là.

Singular		Plural	
notre	frère	**nos**	frère**s**
votre	frère	**vos**	frère**s**
leur	frère	**leurs**	frère**s**
notre	sœur	**nos**	sœur**s**
votre	sœur	**vos**	sœur**s**
leur	sœur	**leurs**	sœur**s**

zu Unité 5

G17 **aller faire:** Das Futur composé

On **va** bientôt **arriver**!

Aujourd'hui, (Heute …)
Alex **travaille** pour l'école.

Demain, (Morgen …)
elle **va** **faire** du sport,

elle **ne va pas travailler**.

138   cent-trente-huit

Grammaire

G18 du / des: Die Präposition de und der bestimmte Artikel

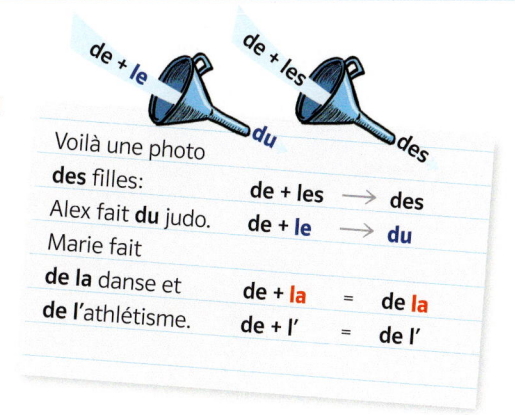

"Faire **du** judo, c'est super!"

de + les → des
de + le → du

Voilà une photo
des filles:
Alex fait **du** judo.
Marie fait
de la danse et
de l'athlétisme.

de + les	→	des
de + le	→	du
de + la	=	de la
de + l'	=	de l'

G19 Regarde. Regardons. Regardez.: Der Imperativ

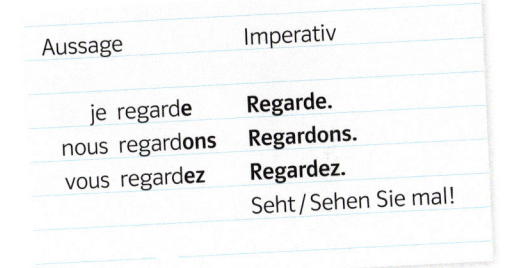

"**Regarde** comment je fais. **Fais** bien attention!"

Aussage	Imperativ
je regard**e**	**Regarde.**
nous regard**ons**	**Regardons.**
vous regard**ez**	**Regardez.**
	Seht / Sehen Sie mal!

! je **vais** aber **Va** … Geh!
! der Imperativ – l'**impératif**

G20 Est-ce que …? Fragen stellen

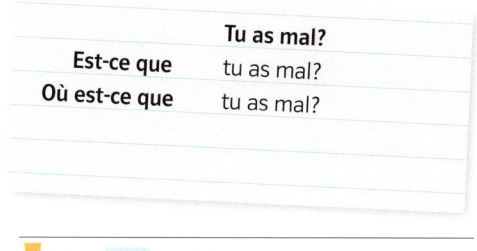

"**Est-ce que** tu as mal?"

"**Où est-ce que** tu as mal?"

	Tu as mal?
Est-ce que	tu as mal?
Où est-ce que	tu as mal?

! Est-ce **qu'il** a mal?
! Où est-ce **qu'elle** a mal?

G21 je prends, tu prends …: Das Verb prendre

"On va **prendre** des cours de judo ensemble, d'accord?"

Singular	Plural
je prends	nous prenons
tu prends	vous prenez
il / elle / on prend	ils / elles prennent

cent-trente-neuf 139

Grammaire

zu Unité 6

G 22 **J'ai rangé ma chambre:** Das Passé composé mit **avoir**

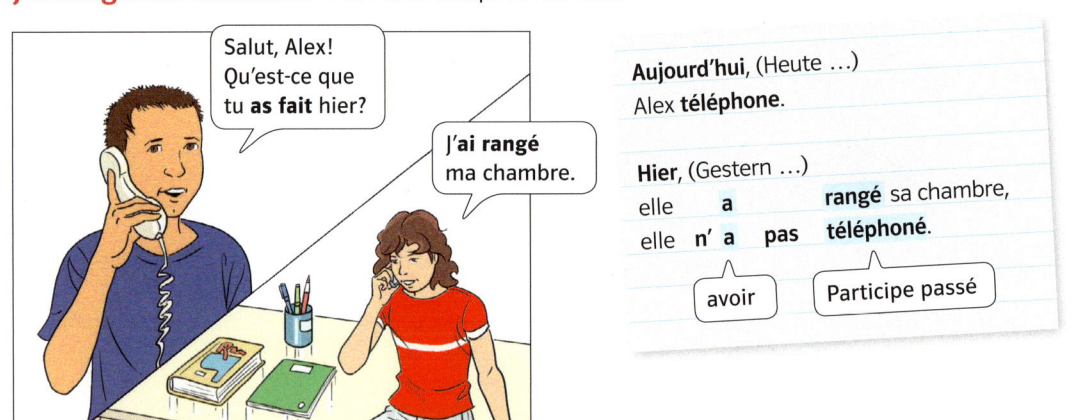

> Salut, Alex! Qu'est-ce que tu **as fait** hier?
>
> **J'ai rangé** ma chambre.

Aujourd'hui, (Heute …)
Alex **téléphone**.

Hier, (Gestern …)
elle **a** rangé sa chambre,
elle n' **a** pas téléphoné.

→ avoir   → Participe passé

Infinitiv auf „-er"			Participe passé auf „-é"	
ranger	J'	ai	rangé	ma chambre.
poser	Tu	as	posé	des trucs sur mon lit.
chercher	Il	a	cherché	ses affaires.
discuter	Nous	avons	discuté	du problème.
préparer	Vous	avez	préparé	le repas?
téléphoner	Elles	ont	téléphoné.	
! faire	J'	ai	fait	mon lit.

G 23 **Elle est contente:** Das Adjektiv

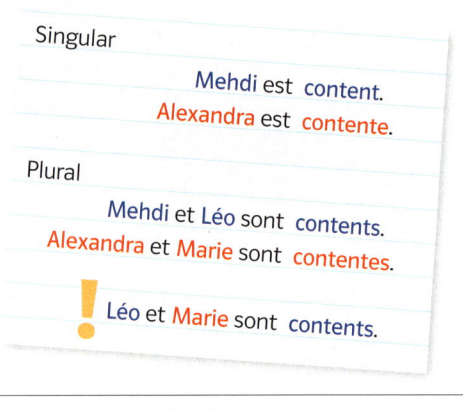

> Je suis **contente**. J'ai retrouvé mon t-shirt **vert**.

Singular
Mehdi est content.
Alexandra est contente.

Plural
Mehdi et Léo sont contents.
Alexandra et Marie sont contentes.
! Léo et Marie sont contents.

das Adjektiv – **l'adjectif**

! Stellung!

J'ai retrouvé mon **t-shirt vert**.

J'ai retrouvé mon **joli t-shirt**.

Vor dem Nomen stehen:
petit / petite (klein)
mauvais / mauvaise (schlecht)
joli / jolie (hübsch)

bon / bonne (gut)
grand / grande (groß)
dernier / dernière (letzter / letzte / letztes)

140   cent-quarante

Grammaire

G24 J'ai montré le t-shirt à Jérôme: Das direkte und das indirekte Objekt

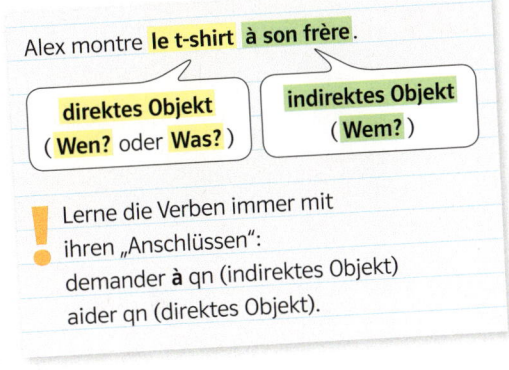

J'ai montré **le t-shirt** à Jérôme.

Alex montre le t-shirt à son frère.

direktes Objekt (Wen? oder Was?)

indirektes Objekt (Wem?)

❗ Lerne die Verben immer mit ihren „Anschlüssen":
demander **à** qn (indirektes Objekt)
aider qn (direktes Objekt).

das direkte Objekt – **l'objet direct**
das indirekte Objekt – **l'objet indirect**

❗ Stellung! Im Französischen S–V–O: Subjekt – Verb – Objekt (direkt vor indirekt)!

Aujourd'hui,	Alex	raconte	une histoire	à son frère .
Heute	erzählt	Alex	ihrem Bruder	eine Geschichte .

G25 je mets, tu mets ...: Das Verb **mettre**

Je **mets** ton t-shirt aujourd'hui. D'accord?

Non! Pas d'accord!

Singular		Plural	
je	mets	nous	mettons
tu	mets	vous	mettez
il / elle / on	met	ils / elles	mettent

cent-quarante-et-un 141

Grammaire

zu Unité 7

G 26 je lis, tu lis …: Das Verb **lire**

Qu'est-ce que tu **lis**?

Un livre sur Paris. C'est pour l'interro de géo.

Singular		Plural	
je	lis	nous	lisons
tu	lis	vous	lisez
il		ils	
elle	lit	elles	lisent
on			

G 27 j'écris, tu écris …: Das Verb **écrire**

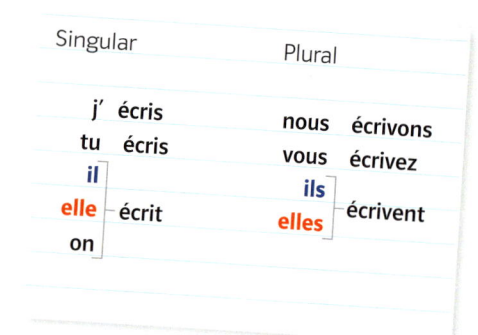

Qu'est-ce que tu **écris**?

Un texte sur Paris. C'est pour l'interro de géo.

Singular		Plural	
j'	écris	nous	écrivons
tu	écris	vous	écrivez
il		ils	
elle	écrit	elles	écrivent
on			

G 28 ne … pas de, ne … plus de, beaucoup de, peu de

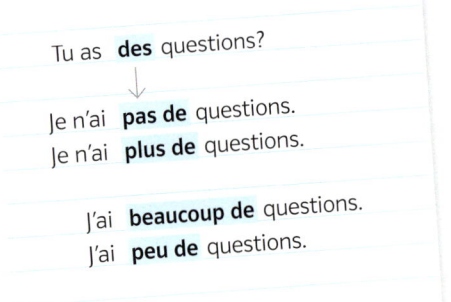

On ne fait **pas d'**interro aujourd'hui?

Non, demain.

Tu as **des** questions?

Je n'ai **pas de** questions.
Je n'ai **plus de** questions.

J'ai **beaucoup de** questions.
J'ai **peu de** questions.

G 29 ne … pas, ne … plus, ne … rien

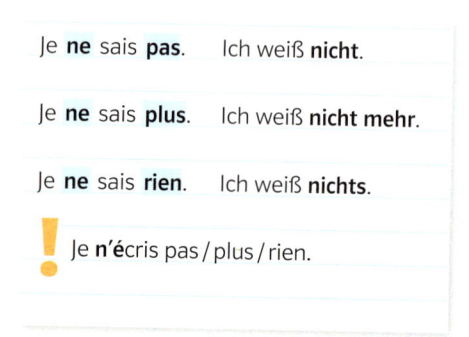

Ça va pour l'interro?

Non! Je **ne** sais **rien**. C'est la cata!

Je **ne** sais **pas**.   Ich weiß **nicht**.

Je **ne** sais **plus**.   Ich weiß **nicht mehr**.

Je **ne** sais **rien**.   Ich weiß **nichts**.

! Je **n'é**cris pas / plus / rien.

Stratégies

Gut in Fremdsprachen: So lernst du erfolgreich.

1 Regelmäßig lernen

Lerne in regelmäßigen Abständen und in kleinen Portionen.
So bleibt das Gelernte besser im Gedächtnis!

2 Methoden anwenden

Die *Stratégies* im Buch zeigen dir Methoden, wie du mit
Aufgabenstellungen umgehen kannst. Wende sie an!
Die wichtigsten *Stratégies* sind auf den folgenden Seiten
zusammengefasst.

3 Was kann ich schon?

Mache dir klar, wo du stehst: Die *Bilan*-Seiten im Schülerbuch
und die Seiten zur Selbsteinschätzung im *Cahier d'activités* zeigen dir,
wo deine Stärken liegen und was du noch üben musst.

4 Wie lerne ich am besten?

Manche merken sich etwas am besten, wenn sie es hören
und vor sich hin sprechen. Andere schreiben es lieber auf und
malen vielleicht ein Bild dazu. Manche lernen am liebsten mit
einem Computerprogramm. Probiere **verschiedene Lernwege** aus.
Welcher Weg ist der beste für dich?

5 Aus Fehlern lernen

Fehler macht jeder. Wichtig ist, dass du aus ihnen lernst.
Dabei kann dir ein Fehlerprotokoll in Form einer Tabelle helfen.
Nach Klassenarbeiten und schriftlichen Übungen schreibst du deine Fehler
in die entsprechende Spalte, markierst die Fehlerstelle und schreibst die
richtige Form daneben.
Lege die Tabelle auf einer DIN-A4-Seite im Querformat an.

Datum	Rechtschreibung falsch	Rechtschreibung richtig	Wort / Ausdruck falsch	Wort / Ausdruck richtig	männlich / weiblich falsch	männlich / weiblich richtig	Verbform falsch	Verbform richtig
20. 10.	bizare	bizarre			une chat	un chat	tu est	tu es

Sieh dein Fehlerprotokoll vor Klassenarbeiten genau durch.
Nimm dir vor, diese Fehler nie wieder zu machen!

cent-quarante-trois

Stratégies

Bilan

Mit dem Buch arbeiten

Es ist ein riesiger Vorteil, wenn du dich in deinem Französischbuch gut auskennst. Im Inhaltsverzeichnis vorn im Buch steht, wo du Wörter, Arbeitsanweisungen und Grammatik **nachschlagen** kannst.

Zu einigen Übungen gibt es **Lösungen** im Anhang des Buches. So gehst du damit um:

1. Löse die Übungen zuerst selbst.
2. Lies deine Lösungen genau durch und verbessere die Fehler, die du entdeckst.
3. Vergleiche jetzt deine Lösungen genau mit den Lösungen im Buch, Buchstabe für Buchstabe.
4. Welche Fehler hast du gemacht? Schreibe sie in dein Fehlerprotokoll.

> Einen „Wegweiser" zu deinem Französischbuch findest du auf Seite 3.

Mit dem Portfolio arbeiten

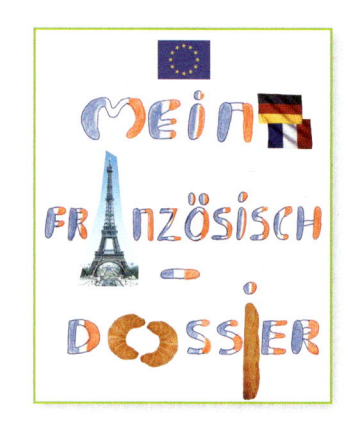

Mehr dazu e72q22

Das Portfolio ist ein **Ordner,** in dem du deinen eigenen Lernfortschritt verfolgen kannst. Nimm einen Ordner und trenne ihn mit Deckblättern in 2 Bereiche.

- Im Bereich **„Mein Französisch-Dossier"** kannst du gelungene Arbeiten aus dem Französischunterricht aufbewahren, z. B. deinen „Steckbrief", Geschichten oder Plakate. *Dossier* bedeutet „Sammlung von Dokumenten".

- Im Bereich **„Meine Sprachen-Biografie"** kannst du die Bögen für die Selbsteinschätzung sammeln, die du im *Cahier d'activités* ausfüllst.

Ecouter

- **Den Zusammenhang verstehen**
  Auch wenn du nicht jedes Wort verstehst, kannst du schon einiges herausfinden und Notizen dazu machen:
  - **Wer** spricht?
  - **Wie** sprechen die Leute? Achte auf den Tonfall: ist es eine Frage, eine Aussage, eine Warnung …?
  - Versuche die Situation zu verstehen. Achte auch auf Geräusche. **Was** geschieht?

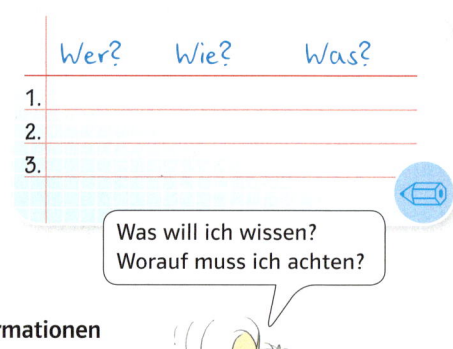

> Was will ich wissen? Worauf muss ich achten?

- Was machst du, wenn es darum geht, ganz **bestimmte Informationen** herauszuhören? Konzentriere dich auf ganz bestimmte **Schlüsselwörter.** Wenn du z. B. herausfinden willst, was jemand mag, achte darauf, was er nach dem Schlüsselwort *J'aime …* sagt. Wenn du eine Uhrzeit verstehen willst, konzentriere dich auf die Zahlen, die du hörst.

Bilan

Lire

■ Um die **Gesamtaussage** eines Textes zu verstehen, musst du nicht jedes einzelne Wort kennen.

> Was? Wann? Wo? ...
> Mache Notizen. Die W-Fragen können dir helfen.

1. Sieh dir zunächst die Überschrift und die Bilder an. Sie verraten oft schon viel. **Worum geht es** in dem Text?

2. Lies den Text dann **einmal ganz** durch. Wenn du ein Wort nicht verstehst, lies trotzdem weiter.

3. Lies den Text noch einmal durch. Welche Wörter erinnern dich an deine **Muttersprache**, an das **Englische** oder an eine **andere Sprache**? Manche Wörter kannst du auch verstehen, wenn du auf den **Zusammenhang** des Textes achtest (siehe Beispiel).

4. Lies den Text ein weiteres Mal und mache dabei Notizen. Suche nach **Schlüsselwörtern** *(mots-clés)*. Sie können dir helfen, die Hauptaussage des Textes zu verstehen.

■ *Wörter verstehen* (Beispiel zu Punkt 3)

Französisch	weitere Sprache	Deutsch	Zusammenhang
spectacle cinéma plus grand	Englisch: cinema	Spektakel plus (und, mehr) Grand Prix (großer Preis)	salle de spectacles

Parler

■ Die richtige **Aussprache** der Wörter und Sätze kannst du auf der *Découvertes*-CD und natürlich von deiner Französischlehrerin oder deinem Französischlehrer hören. In den *Jeu de sons*-Übungen lernst du wichtige Laute und Lautverbindungen wie die *liaison* (z. B. Übung 4, S. 35).
Wenn du nicht weißt, wie man ein neues Wort ausspricht, überlege, welches bekannte Wort ähnliche Buchstaben enthält, z. B. neu: b**eau** ⟶ bekannt: cad**eau**.

■ Das **Vorlesen** kann dir helfen, **flüssig sprechen** zu lernen. So kannst du mit einem Partner üben: Nimm dein Buch und setze dich deinem Partner gegenüber. Lies nun einen Satz leise, bis du ihn auswendig kannst. Blicke dann deinem Partner in die Augen. Sprich den Satz laut, aber ohne dabei ins Buch zu sehen. Wechselt euch ab, bis der ganze Text gelesen ist.

Stratégies

Bilan

- Nützliche **Redewendungen** für den Alltag findest du in den gelben *On dit*-Kästen. Auf S. 82 steht zum Beispiel, wie du nach dem Weg fragst und wie du nachfragen kannst, wenn du etwas nicht verstanden hast. Weitere Redewendungen findest du im Vokabular. Übe diese Wendungen zusammen mit einem Partner.

Ecrire

- Wenn du etwas aus dem Buch **abschreibst,** versuche dir ein ganzes Wort zu merken und es auf einmal aufzuschreiben. Vergleiche dann Buchstabe für Buchstabe, ob du es genau so geschrieben hast, wie es im Buch steht. Nimm dir die Zeit zu vergleichen, dann machst du weniger Fehler!

- Wenn du einen **eigenen Text** schreibst, sammle die wichtigen Punkte zuerst auf einem **Stichwortzettel**. Wenn du über eine Person schreibst, kann dein Stichwortzettel z. B. so aussehen:

  nom: _____
  adresse: _____
  âge: _____
  anniversaire: _____
  frère: _____
  sœur: _____
  amis: _____
  aime: _____
  déteste: _____

  Stehen alle wichtigen Punkte auf deinem Stichwortzettel? Prima, dann schreibe deinen Text. Verbinde deine Sätze mit „kleinen Wörtern" wie *et, mais, parce que, … d'abord, puis …*

  Mache nach dem Schreiben eine kurze Pause. Lies deinen Text dann noch einmal genau durch. Verstehst du, was du geschrieben hast? Fehlt etwas? Entdeckst du Fehler?
  Verbessere sie und schreibe sie in dein Fehlerprotokoll.

  Achte besonders auf diese **Fehlerquellen:**
  – Angleichung von Subjekt und Verb: Elle**s** aim**ent**; **tu** habite**s**.
  – Angleichung von Nomen und Adjektiv: **une** robe vert**e**, maman est content**e**.

Médiation

Bei der *Médiation* geht es darum, jemandem zu helfen, der die Sprache – Französisch oder Deutsch – nicht so gut kennt wie du.

Am besten kannst du helfen, wenn du dich in den anderen hineinversetzt und dir klarmachst, **welche Information** wirklich **wichtig** für ihn ist. Du musst nicht jedes einzelne Wort wiedergeben. Unwichtiges kannst du weglassen.

Wenn du ein wichtiges Wort nicht weißt, kannst du versuchen, es zu umschreiben.

en français
en allemand
c'est quelque chose comme …
c'est pour faire …
avec ça, vous pouvez …
avec ça, on peut …
comme ça, on …

146 cent-quarante-six

Vocabulaire

Lautzeichen

Vokale (Selbstlaute)

[a]	m**a**d**a**me	wie in B**a**n**a**ne		[o]	**au**ssi	wie in R**o**se
[e]	t**é**l**é**phon**er**	wie in t**e**l**e**fonieren		[ɔ]	c**o**mment	wie in L**o**ch
[ə]	j**e** m'app**e**lle	wie in Tass**e**		[ø]	mons**ieu**r	wie in b**ö**se
[ɛ]	j**e** m'app**e**lle	wie in b**e**llen		[œ]	t-sh**i**rt	wie in St**ö**cke
[i]	**i**l, b**i**zarre	wie in Br**i**lle, L**ie**be		[u]	bonj**ou**r	wie in T**u**be

Konsonanten (Mitlaute)

[ʒ]	bon**j**our	wie in **J**ournalist		[v]	**V**iens!	wie in **W**asser
[f]	**f**amille, **ph**oto	wie in **F**amilie, **F**oto		[y]	Sal**u**t!	wie in T**ü**r
[ʀ]	bonjou**r**	wie in **R**ad, hö**r**en		[ɲ]	Allema**gn**e	wie in Lasa**gn**e
[s]	Mou**s**tique	wie in Ma**ß**		[ŋ]	campi**ng**	wie in Campi**ng**
[z]	bi**z**arre	wie in **S**aal, Ro**s**e		[ʃ]	**ch**at	wie in **sch**ön

Nasalvokale

[ɔ̃]	b**on**jour	werden durch die Nase
[ɑ̃]	croiss**ant**	gesprochen und deshalb
[ɛ̃]	bi**en**	**Nasalvokale** genannt.

Halbkonsonanten

[j]	b**i**en	wie in **j**a
[w]	t**oi**	wie in **J**aguar
[ɥ]	je s**ui**s	kurz gesprochenes [y], gehört zum folgenden Vokal.

Symbole und Abkürzungen

fam.	*familier* (= umgangssprachlich)
ugs.	umgangssprachlich
f.	*féminin* (= feminin, weiblich)
m.	*masculin* (= maskulin, männlich)
sg.	*singulier* (= Singular, Einzahl)
pl.	*pluriel* (= Plural, Mehrzahl)
Adv.	Adverb, frz. *adverbe*
inv.	*invariable* (= unveränderlich)

👄	Aussprache beachten!
‿	Zwei Wörter werden wie ein Wort ausgesprochen, z. B. *les‿amis* [lezami]
✏	Schreibung beachten!
qc	*quelque chose* (= etwas)
qn	*quelqu'un* (= jemand)

Vocabulaire

Bevor du beginnst, dich mit dem Vokabular zu beschäftigen

A1 Im Vokabular beziehen sich die Buchstaben und Zahlen auf die Texte und Aufgaben in den *Unités*.

Vis-à-vis Diese Kästchen informieren dich über Besonderheiten, z. B. wie sich Franzosen begrüßen und verabschieden, wie rasend schnell der TGV im Vergleich zum ICE ist und vieles mehr.

Wörter in blauen Kästen enthalten **Wortfelder** (schwarze Wörter: kenne ich schon, blaue Wörter: brauche ich nicht zu lernen) oder **Lernwortschatz** (rechter Kasten).

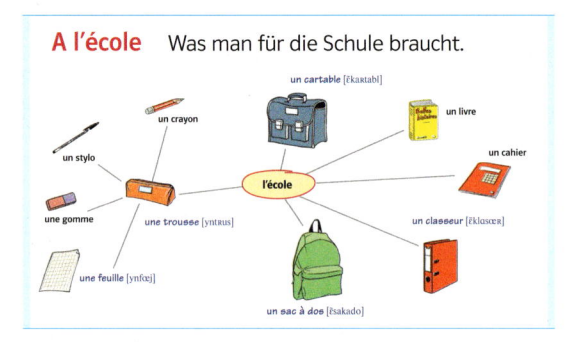

A l'école Was man für die Schule braucht.

- un cartable [ɛ̃kaʀtabl]
- un crayon
- un stylo
- une gomme
- une trousse [yntʀus]
- une feuille [ynfœj]
- un livre
- un cahier
- un classeur [ɛ̃klasœʀ]
- un sac à dos [ɛ̃sakado]
- l'école

un, deux, trois ... So zählt man!

0	zéro [zeʀo]	4	quatre [katʀ]
1	un [ɛ̃]	5	cinq [sɛ̃k]
2	deux [dø]	6	six [sis]
3	trois [tʀwa]		

AUF EINEN BLICK

Hier erfährst du das Wichtigste zu einem bestimmten Thema, damit du z. B. in einer bestimmten Situation die passenden Wendungen und Ausdrücke parat hast. In dieser Rubrik sind oft auch Wörter zu einem Sachgebiet zusammengefasst, das erleichtert das Behalten enorm!

MON DICO PERSONNEL

Das *dico personnel* ist dein „persönliches Wörterbuch". In dieses kannst du Wörter und Ausdrücke eintragen, die im Vokabular ab S. 150 in *blauer Handschrift* gesetzt und für dich persönlich wichtig sind. Diese blauen Wörter oder Ausdrücke brauchst du, wenn sie für dich nicht wichtig sind, nicht zu lernen.

Tipps zum Vokabellernen

Wie lernst du am besten? Ab der Unité 2 gibt es zu Beginn jeder Unité einen **TIPP**.
Er hilft dir, Abwechslung in das Vokabellernen zu bringen.
Jeder Mensch lernt anders, daher solltest du das für dich passende Verfahren selbst bestimmen, z. B.
- Lies die linke Spalte erst von oben nach unten, dann von unten nach oben (die Lautschrift erleichtert dir die Aussprache).
- Decke die mittlere (deutsche) Spalte mit einem Blatt ab und schreibe die von dir „vermutete" deutsche Bedeutung auf das Blatt. Am Ende deckst du die Spalte auf und vergleichst sie mit deinem Aufschrieb. Unsicherheiten kannst du unterstreichen oder farblich markieren.
- Schreibe Wörter auf Karteikarten: das französische Wort (am besten mit Beispielsatz) auf die Vorderseite, das deutsche Wort (mit Beispielsatz) auf die Rückseite.

Vocabulaire

Mehr dazu d644cp Hier kannst du deinen Wortschatz selbst testen.

Aussprache:
Hier im Vokabular findest du zu jedem französischen Wort die Lautschrift in eckigen Klammern.

Übersetzung:
In der mittleren Spalte steht die Übersetzung des französischen Wortes.

Zusatzinformationen:
In der rechten Spalte findest du Beispielsätze, Hilfen zur Aussprache, Tipps und vieles mehr.

Au début   Bienvenue!

1

Bienvenue! [bjɛ̃vny]	Willkommen!	**B**ien …: *i* = [j] wie in *ja*, *en* = [ɛ̃] wird durch die Nase gesprochen und deshalb „Nasalvokal" genannt. …**v**enue: [v] wie in *W*asser, [y] wie in *T*ür
en français [ɑ̃fʀɑ̃sɛ]	auf Französisch	**fran** …: [ɑ̃] „Nasalvokal"; **çais**: Das Häkchen unter dem *C/c* bedeutet, dass man das *c* wie [s] statt [k] ausspricht. Die Franzosen nennen dieses Häkchen „une **cédille**". [ɛ] wie in *b*ellen
s'il vous plaît! [silvuplɛ]	bitte. / bitte schön.	**s'il** …: [s] wie in Englisch *s*afe oder *s*ong

2

Bonjour! [bɔ̃ʒuʀ]	Guten Tag!	**Bonjour, Thomas!** GutenTag, Thomas! [ɔ̃] wird durch die Nase gesprochen.
Salut! *(fam.)* [saly]	Hallo! / Tschüss!	**Salut, Sarah!** Hallo Sarah! / Grüß dich Sarah! **S**alut: [s] wie in Englisch *s*afe oder *s*ong *fam.* ist die Abkürzung von *familier* und bedeutet, dass das Wort vor allem in der Umgangssprache verwendet wird.

🇫🇷 **Vis-à-vis**
Mit „**Salut!**" begrüßen/verabschieden sich Freunde untereinander. Kennt man sich nicht so gut oder grüßt man Erwachsene, dann sagt man „**Bonjour (madame/monsieur)!**".

madame [madam]	Frau …	**Bonjour, madame!** Guten Tag!
mademoiselle [madmwazɛl]	Fräulein …	…**s**elle: [z] wie in *S*aal, *R*ose Die Aussprache der Lautzeichen [s] und [z] kannst du dir gut merken, wenn du an das Zischen einer Schlange [s] z. B. in „Salut" und an das Summen einer Biene [z] denkst.
monsieur [məsjø]	Herr …	[ə] wie in *F*abel; i**eur**: [ø] wie in *b*öse
Au revoir! [ɔʀvwaʀ]	Auf Wiedersehen!	**au** revoir: [ɔ] wie in *L*och **Au revoir, monsieur!** Auf Wiedersehen! Schreibe *madame* und *monsieur* immer klein, außer in den Abkürzungen **Mme** und **M.** und in der schriftlichen Anrede (z. B. in einem Brief).

🇫🇷 **Vis-à-vis**
Wenn man im Französischen eine erwachsene Person begrüßt oder sich von ihr verabschiedet, sagt man nach **Bonjour / Au revoir** in der Regel **madame** oder **monsieur**.

je m'appelle [ʒəmapɛl]	ich heiße	**Salut! Je m'appelle Laura!** Hallo! Ich heiße Laura! **J**e: [ʒ] wie in *J*ournalist
et [e]	und	**et**: [e] wie in *E*lefant. Das *t* von *et* wird nicht ausgesprochen.
toi [twa]	du	**Et toi?** Und du? **t**oi: [w] wie in *J*aguar
moi [mwa]	ich	**Moi, je m'appelle Lucie!** Ich, ich heiße Lucie!

cent-quarante-neuf   149

1 Vocabulaire

	vous [vu]	ihr	
	je suis … [ʒəsɥi]	ich bin …	suis [ɥ]: kurz gesprochenes [y], gehört zum folgenden Vokal [ɥi]. Das **s** am Ende wird nicht ausgesprochen!
3	Qui est-ce? [kiɛs]	Wer ist das?	
	Marie Curie [maʁikyʁi]	*Physikerin und Nobelpreisträgerin (1867–1934)*	
	Carla Bruni [kaʁlabʁyni]	*Sängerin und Ehefrau von Nicolas Sarkozy*	
	Napoléon [napɔleɔ̃]	*französischer Kaiser (1769–1821)*	
	C'est … [sɛ]	Das ist …	
	Voilà … [vwala]	Da ist … / Da sind …	
	il / elle s'appelle … [il / ɛlsapɛl]	er / sie heißt …	Carla Bruni
4	une chanson [ynʃɑ̃sɔ̃]	ein Lied	chan …: [ʃ] wie in **sch**ön, [ɑ̃] „Nasalvokal"
	Ça va? [sava]	Wie geht's?	
	bien [bjɛ̃] *(adv.)*	gut *(Adv.)*	*Adv.* ist die Abkürzung von „Adverb", auf Französisch *adverbe*.
	Ça va bien. [savabjɛ̃]	Es geht (mir) gut.	– Ça va bien? – Oui, ça va. – Geht's dir gut? – Ja (es geht mir gut).
	merci [mɛʁsi]	danke	merci: [ʁ] wie in B**er**lin
	super! [sypɛʁ] *(inv.)*	super!	Achte auf die Betonung: französisch: sup**er**, deutsch: **su**per *inv.* = *invariable* (unveränderlich)
5	l'alphabet [lalfabɛ]	das Alphabet	die Buchstaben des Alphabets und ihre Aussprache, S. 147
6	le français [ləfʁɑ̃sɛ]	Französisch, das Französische	
	en France [ɑ̃fʁɑ̃s]	in Frankreich	
	dans [dɑ̃]	in	
	le monde [ləmɔ̃d]	die Welt	**le Français en France et dans le monde** Französisch in Frankreich und in der Welt

Unité 1 Bonjour Paris!

Atelier A1	Paris [paʁi]	Paris *(Hauptstadt Frankreichs)*	Im Französischen wird das „s" von *Paris* nicht ausgesprochen.
	Moustique [mustik]	Mücke *(Name eines Hundes)*	

150 cent-cinquante

Vocabulaire — 1

Malabar [malabaʀ]	Name eines Hundes	**un malabar** *(fam.)* ist die französische Bezeichnung für einen „Muskelprotz".
Viens! [vjɛ̃]	Komm! *(Aufforderung)*	
papa [papa]	Papa	
vite [vit] *(adv.)*	schnell *(Adv.)*	**Viens papa! Vite!** Komm Papa! Schnell!
oui [wi]	ja	
Ouah, ouah! [wawa]	Wau, wau!	*Ouah, ouah!* So bellt ein Hund auf Französisch.
S.P.A. [ɛspea]	die S.P.A.	

> **Vis-à-vis**
> Die **S.P.A. Refuge Grammont** ist ein Tierheim in einem Pariser Vorort. Die S.P.A. kümmert sich um verlassene und gequälte Tiere, die sie auf Tierheime im ganzen Land verteilt.

Attention! [atɑ̃sjɔ̃]	Achtung!, Vorsicht!	
non [nɔ̃]	nein	**Attention, Moustique! Non!** Pass auf, Moustique! Nein!
oh! [o]	Oh!	[o] wie in *Rose*
Pardon! [paʀdɔ̃]	Entschuldigung!	
comment? [kɔmɑ̃]	wie? *(Fragewort)*	c**o**mment: [ɔ] wie in *Loch*
Tu t'appelles comment? [tytapɛlkɔmɑ̃]	Wie heißt du?	*tu t'appelles* wird wie *je m'appelle* ausgesprochen, das **s** am Ende bleibt stumm.

Atelier B1

bizarre [bizaʀ]	komisch, merkwürdig	
un chat [ɛ̃ʃa]	eine Katze	**ch**at: [ʃ] wie in *schön*
un chien [ɛ̃ʃjɛ̃]	ein Hund	
mais [mɛ]	aber	
ici [isi]	hier, hierher	
tu es [tyɛ]	du bist	
de / d' [də]	von / aus	

Toi ici? Tu es de Paris?
Oui, je suis de Paris.

aussi [osi]	auch	– **Je m'appelle Manon. Et toi?** – **Moi, je m'appelle Manon aussi.** – Ich heiße Manon. Und du? – Ich, ich heiße auch Manon.
un garçon [ɛ̃gaʀsɔ̃]	ein Junge	
une fille [ynfij]	ein Mädchen, eine Tochter	**fille:** [ij] wie *i* + ein starkes *j* aussprechen!
il est [ilɛ]	er ist	**Léo est de Paris.** Léo ist aus Paris.
elle est [ɛlɛ]	sie ist	**Marie est de Paris aussi.** Marie ist auch aus Paris.

> **!** Merke dir gut die Formen von **être**: **je suis** (ich bin), **tu es** (du bist), **il est** (er ist), **elle est** (sie ist).

fantastique [fɑ̃tastik]	fantastisch, toll

cent-cinquante-et-un 151

1 Vocabulaire

B2 un **copain** / une **copine**   ein Freund / eine Freundin
(fam.) [ɛ̃kɔpɛ̃ / ynkɔpin]

B4 une **dame** [yndam]   eine Dame, eine Frau
un **monsieur** [ɛ̃məsjø]   ein Herr, ein Mann

B6 Toulouse [tuluz]   Toulouse
Strasbourg [stRasbuR]   Straßburg
Brest [bRɛst]   Brest
Nice [nis]   Nizza

Toulouse    Strasbourg    Nice

B7 mal (adv.) [mal]   schlecht (Adv.)
Bof! (fam.) [bɔf]   Na ja., Ach.

AUF EINEN BLICK

Prendre contact avec les autres   Mit anderen Kontakt aufnehmen

– Moi, je suis Léo. – Moi, je m'appelle Léo.	– Et toi?	– Ich bin Léo. – Ich heiße Léo.	– Und du?
– Salut, Marie! Ça va?	– Oui, ça va bien, merci. – Et toi?	– Hallo Marie, wie geht's?	– Danke, es geht mir gut. – Und wie geht es dir?
– Tu es de Paris?	– Oui, je suis de Paris.	– Bist du aus Paris?	– Ja, ich bin aus Paris.
– Bonjour, madame! / monsieur! / Marie!		– Guten Tag! / – Guten Tag, Marie!	
– Ça va bien?	– Oui, ça va bien, merci. – Bof!	– Geht's (dir, …) gut?	– Ja, es geht (mir) gut. – Na ja.
– Au revoir, monsieur! / madame! / Marie!		– Auf Wiedersehen! / – Auf Wiedersehen, Marie!	
– A plus! [aplys] / A tout à l'heure! [atutalœR]		– Bis später! / Bis gleich!	

Wörter in blauer Handschrift müssen nicht gelernt werden; du kannst sie in dein dico personnel eintragen.

un, deux, trois … So zählt man auf Französisch bis zwölf!

0	zéro [zeRo]	4	quatre [katR]	7	sept [sɛt]	10	dix [dis]
1	un [ɛ̃]	5	cinq [sɛ̃k]	8	huit [ɥit]	11	onze [ɔ̃z]
2	deux [dø]	6	six [sis]	9	neuf [nœf]	12	douze [duz]
3	trois [tRwa]						

152   cent-cinquante-deux

Vocabulaire 2

MON DICO PERSONNEL

Mon chien, mon chat ... Mein Hund, meine Katze und andere Tiere

un **hamster** [ɛ̃amstɛʀ]

un **canari** [ɛ̃kanaʀi]

un **serpent** [ɛ̃sɛʀpɑ̃]

un **rat** [ɛ̃ʀa]

un **perroquet** [ɛ̃pɛʀɔkɛ]

un **cochon** [ɛ̃kɔʃɔ̃]

Unité 2   Copain, copine

TIPP
un oder **une**? Lerne die Nomen immer mit ihren Begleitern! Du kannst die **männlichen** Nomen **blau**, die **weiblichen** Nomen **rot** aufschreiben oder markieren. Um dir Wörter gut zu merken, solltest du sie auch **laut** vorsagen. Gehe beim Lernen auf und ab und mache **Bewegungen** zu den Vokabeln; dadurch behältst du sie viel besser.

TU TE RAPPELLES?

Erinnerst du dich?

Es gibt Wörter, die man leicht vergisst oder die schwer zu schreiben sind. Daher wirst du in diesen *Tu te rappelles?*-Kästen an solche Wörter erinnert, die du schon gelernt hast und in dieser Unité wieder vorkommen.

je suis	ich bin	mais	aber
tu es	du bist	aussi	auch
il est, elle est	er ist, sie ist	moi aussi, toi aussi	ich auch, du auch
c'est	das ist	ici	hier, hierher
et	und	voilà	da ist, da sind

Qu'est-ce que c'est? [kɛskəsɛ]	Was ist das?		
un **magasin** [ɛ̃magazɛ̃]	ein Geschäft, ein Laden		
à (Paris) [a]	in, nach (Paris)	**C'est un magasin à Paris.**	Das ist ein Geschäft in Paris.

cent-cinquante-trois   153

2 Vocabulaire

une **librairie** [ynlibʀɛʀi]	eine Buchhandlung	
une **librairie-papeterie** [ynlibʀɛʀipapɛtʀi]	ein Buch- und Schreibwarengeschäft	
Que fait Léo? [kəfɛleo]	Was macht Léo?	
regarder qc [ʀəgaʀde]	etwas ansehen, etwas betrachten	

Léo regarde une BD. Léo sieht sich einen Comic an.

qc ist die Abkürzung von **quelque chose** [kɛlk(ə)ʃoz] und bedeutet „etwas".

une **BD** [bede]	ein Comic
parler [paʀle]	sprechen
avec [avɛk]	mit
arriver [aʀive]	(an)kommen
chercher qn / qc [ʃɛʀʃe]	jemanden / etwas suchen

Un monsieur parle [paʀl] **avec Malabar.**
Ein Mann spricht mit Malabar.
Une fille arrive [aʀiv]. Ein Mädchen kommt.
Marie arrive. Elle cherche [ʃɛʀʃ] **Léo.**
Marie kommt (an). Sie sucht Léo.

qn ist die Abkürzung von **quelqu'un** [kɛlkɛ̃] und bedeutet „jemand".

Atelier A1

un **journal** [ɛ̃ʒuʀnal]	eine Zeitung
ou [u]	oder
un **magazine** [ɛ̃magazin]	eine Zeitschrift
un **ordinateur** [ɛ̃nɔʀdinatœʀ]	ein Computer
un **cahier** [ɛ̃kaje]	ein Heft
un **livre** [ɛ̃livʀ]	ein Buch
une **gomme** [yngɔm]	ein Radiergummi
un **crayon** [ɛ̃kʀɛjɔ̃]	ein Bleistift
un **stylo** [ɛ̃stilo]	ein Füller, ein Kuli
un **truc** (fam.) [ɛ̃tʀyk]	ein Ding, eine Sache

Kurzform: l'ordi [lɔʀdi]

C'est un truc bizarre.
Das ist ein komisches Ding.

A2

travailler [tʀavaje]	arbeiten
trouver qn / qc [tʀuve]	jemanden / etwas finden

Je travaille [ʒətʀavaj]. Ich arbeite.

Das *e* von *je trouve* (ich finde) wird nicht gesprochen: [ʒətʀuv].
Diese Regel gilt für alle Verben, die auf *-er* enden.

entrer [ɑ̃tʀe]	eintreten, hereinkommen

Un chat entre dans le magasin.
Eine Katze kommt ins Geschäft herein.

le magasin = das Geschäft

! **Entrer** ist ein regelmäßiges Verb und hat daher dieselben Endungen wie alle regelmäßigen Verben auf **-er**: j'entr**e** [ʒɑ̃tʀ] (ich trete ein), tu entr**es** [tyɑ̃tʀ] (du trittst ein), il entr**e** [ilɑ̃tʀ] (er tritt ein), elle entr**e** [ɛlɑ̃tʀ] (sie tritt ein), on entr**e** [ɔ̃nɑ̃tʀ] (man tritt ein/wir treten ein)

A3

porter qc [pɔʀte]	etwas tragen
une **rue** [ynʀy]	eine Straße
dans la rue [dɑ̃laʀy]	auf der Straße
une **maison** [ynmɛzɔ̃]	ein Haus

Je porte [ʒəpɔʀt]. Ich trage.

la rue = die Straße

französisch: **dans** la rue, deutsch: **auf** der Straße

154 cent-cinquante-quatre

Vocabulaire 2

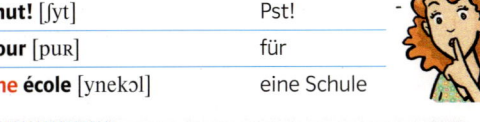

la **Maison de la Presse** [ynmɛzɔ̃dəlapʀɛs]	Name einer Buchhandlung / eines Schreibwarengeschäfts
euh … [ø]	äh …
là [la]	da, dort
Chut! [ʃyt]	Pst!
pour [puʀ]	für
une **école** [ynekɔl]	eine Schule

🇫🇷 Vis-à-vis

Das Wort **école** bezeichnet die Schule im Allgemeinen. Mit zwei Jahren gehen die Kinder in den Kindergarten (**école maternelle**), mit sechs in die Grundschule (**école élémentaire**), mit elf wechseln sie für vier Jahre aufs **collège** (entspricht der dt. Sek I), anschließend können sie für drei weitere Jahre aufs **lycée** gehen (entspricht der Oberstufe).

Tiens! [tjɛ̃]	Sieh mal! / Schau mal!
mamie [mami]	Oma
Latière [latjɛʀ]	*Familienname*
une **grand-mère** [yngʀɑ̃mɛʀ]	eine Großmutter
il dit / elle dit [ildi / ɛldi]	er sagt / sie sagt
un **carton** [ɛ̃kaʀtɔ̃]	ein Karton
une **affiche** [ynafiʃ]	ein Plakat
un **ami** / une **amie** [ɛ̃nami / ynami]	ein Freund / eine Freundin
Malou [malu]	Name einer Katze
en plus [ɑ̃plys]	dazu, zusätzlich
Zut! *(fam.)* [zyt]	Mist!, Verdammt!
une **catastrophe** [ynkatastʀɔf]	eine Katastrophe

euh …: sagt man, wenn man zögert.

Ah, tu es là! Ah, da bist du (ja)!

Tu travailles pour l'école? Arbeitest du für die Schule?

le und **la** werden vor Vokal zu **l'**.

Voilà grand-mère. Da ist Großmutter.

Elle dit bonjour. Sie sagt „Guten Tag".

Lucie est l'amie d'Anne. Lucie ist die Freundin von Anne.

Hier im Vokabular werden die Nomen meistens mit dem unbestimmten Artikel (**un** oder **une**) angegeben, auch wenn sie vorn im Buch mit dem bestimmten Artikel (**le** oder **la**) vorkommen.

Un chien ici? Et un chat, en plus!
Ein Hund hier? Und dazu / zusätzlich eine Katze!

Achte auf die Schreibweise: französisch: **c**atastrophe, deutsch: **K**atastrophe.

cent-cinquante-cinq 155

2 Vocabulaire

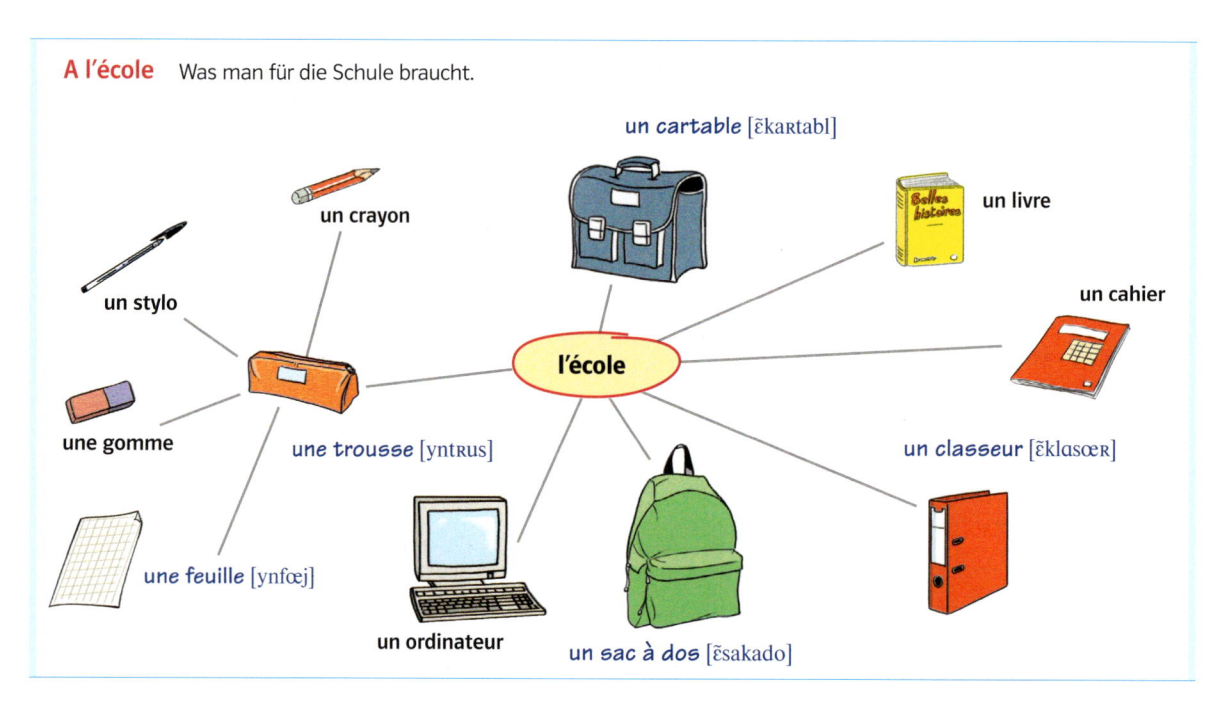

A l'école Was man für die Schule braucht.

- un cartable [ɛ̃kaʀtabl]
- un crayon
- un livre
- un stylo
- un cahier
- une gomme
- une trousse [yntʀus]
- un classeur [ɛ̃klasœʀ]
- une feuille [ynfœj]
- un ordinateur
- un sac à dos [ɛ̃sakado]
- l'école

Atelier

B1 être [ɛtʀ] sein

! Du kennst schon die Formen **je suis**, **tu es**, **il est** und **elle est**. Die übrigen Formen lauten: **on‿est** [ɔ̃nɛ] (man ist, wir sind), **nous sommes** [nusɔm] (wir sind), **vous‿êtes** [vuzɛt] (ihr seid/Sie sind), **ils sont** und **elles sont** [ilsɔ̃/ɛlsɔ̃] (sie sind).
Vous steht auch für die höfliche Anrede (= „Sie").

– C'est Malabar!
– Das ist Malabar.

– Ce sont Malabar et Moustique!
– Das sind Malabar und Moustique.

B2 devant [dəvɑ̃] vor (örtlich) Léo et Marie sont devant le magasin.
Léo und Marie sind vor dem Geschäft.

| parler [paʀle] | sprechen | |
| habiter [abite] | wohnen | J'habite à Paris. Ich wohne in Paris. |

! j'habit**e**, tu habit**es**, il habit**e**, elle habit**e**, on‿habit**e** [ɔ̃nabit], nous‿habit**ons** [nuzabitɔ̃], vous‿habit**ez** [vuzabite], ils‿habit**ent** [ilzabit], elles‿habit**ent** [ɛlzabit].

rue Nollet [ʀynɔlɛ]	Name einer Straße in Paris	J'habite rue Nollet. Ich wohne in der Rue Nollet.
où [u]	wo; wohin	Tu habites où? Wo wohnst du?
rue Truffaut [ʀytʀyfo]	Name einer Straße in Paris	
un t-shirt [ɛ̃tiʃœʀt]	ein T-Shirt	t-shirt: [œ] wie in *Stöcke*
aimer qn/qc [eme]	jemanden/etwas lieben, jemanden/etwas mögen	

! j'aim**e**, tu aim**es**, il aim**e**, elle aim**e**, on‿aim**e** [ɔ̃nɛm], nous‿aim**ons** [nuzɛmɔ̃], vous‿aim**ez** [vuzɛme], ils‿aim**ent** [ilzɛm], elles‿aim**ent** [ɛlzɛm].

156 cent-cinquante-six

Vocabulaire — 2

le **rugby** [ləʀygbi]	das Rugby (Ballspiel)	 
le **judo** [ləʒydo]	das Judo	– Tu aimes le rugby? – Oui, et j'aime aussi le judo. – Magst du Rugby? – Ja, und ich mag auch Judo.
Qu'est-ce que … ? [kɛskə]	Was … ?	**Qu'est-ce que tu aimes?** Was magst du?
le **sport** [ləspɔʀ]	der Sport	deutsch: Ich mag Sport. französisch: J'aime **le** sport.
la **musique** [lamyzik]	die Musik	
un **frère** [ɛ̃fʀɛʀ]	ein Bruder	**Nous sommes frère et sœur. / On est frère et sœur.** Wir sind Geschwister.
une **sœur** [ynsœʀ]	eine Schwester	
sympa [sɛ̃pa]	nett, sympathisch	**Alex et Jérôme sont sympas.** Alex und Jérôme sind sympathisch.
détester qn/qc [detɛste]	jemanden / etwas verabscheuen	

! je détest**e**, tu détest**es**, il/elle/on détest**e**, nous détest**ons**, vous détest**ez**, ils/elles détest**ent**.

ça [sa]	das	**Je déteste ça!** Ich mag das überhaupt nicht!
d'accord [dakɔʀ]	einverstanden, o.k.	– **Tu es d'accord?** – Oui! – Bist du einverstanden? – Ja!
alors [alɔʀ]	nun, jetzt, dann	**Alors, au revoir, Jérôme!** Dann auf Wiedersehen, Jérôme.
hi hi hi [iii]	ha, ha, ha	 

B7

le **rock** [ləʀɔk]	der Rock, die Rockmusik	
le **foot(ball)** [ləfut(bɔl)]	der Fußball (Sportart)	
un **vélo** [ɛ̃velo]	ein Fahrrad	
la **techno** [latɛkno]	Techno (Musikstil)	
le **rap** [ləʀap]	der Rap (Musikstil)	
la **gymnastique** [laʒimnastik]	das Turnen, die Gymnastik	Kurzform: la gym [laʒim]
une **chanson** [ynʃɑ̃sɔ̃]	ein Lied	
classique [klasik]	klassisch	la **musique classique** die klassische Musik

P1

Linz [lin(t)s]	Linz	
Zurich [zyʀik]	Zürich	
Dresde [dʀɛsd]	Dresden	
Berlin [bɛʀlɛ̃]	Berlin	

Zurich

Dresde

Berlin

cent-cinquante-sept 157

2 Vocabulaire

AUF EINEN BLICK

Questions et réponses   Fragen und Antworten

– Qu'est-ce que c'est en français?	– C'est un crayon.	– Wie heißt das auf Französisch?	– Das ist ein Bleistift.
– Que fait Léo / Marie?	– Il porte un carton. – Elle parle avec un monsieur.	– Was macht Léo / Marie?	– Er trägt einen Karton. – Sie spricht mit einem Mann.
– Tu habites où?	– J'habite à Paris.	– Wo wohnst du?	– Ich wohne in Paris.
– Tu habites rue Nollet?	– Non, j'habite rue Truffaut.	– Wohnst du in der rue Nollet?	– Nein, ich wohne in der rue Truffaut.
– Tu aimes le rugby?	– Oui, et j'aime aussi le judo.	– Magst du Rugby?	– Ja, und ich mag auch Judo.
– Tu aimes aussi le tennis?	– Non, je déteste le tennis.	– Magst du auch Tennis?	– Nein, ich hasse Tennis.

MON DICO PERSONNEL

J'aime / Je déteste …   Ich mag … / Ich mag überhaupt nicht …

le rock / le rap / la techno	Rockmusik / Rap / Techno		**le cinéma** [ləsinema]	Kino
le foot(ball)	Fußball		**le VTT** [ləvetete]	Mountainbike fahren
le vélo	Fahrrad fahren		**la télé(vision)** [latelevizjɔ̃]	Fernsehen
le rugby / le judo	Rugby / Judo		**le roller** [ləRɔlœR]	Rollerskaten, Inlinerfahren
la gym(nastique)	Turnen		**l'athlétisme** (m.) [latletism]	Leichtathletik
l'ordi(nateur)	Computer		**le ski** [ləski]	Ski fahren
la natation [lanatasjɔ̃]	Schwimmen		**la lecture** [lalɛktyR]	Lesen

Vocabulaire 3

Unité 3 — Bon anniversaire, Léo!

TIPP

Mehrere leichte Gewichte kannst du besser stemmen als ein großes, schweres! Genauso ist das mit dem Vokabellernen: Lerne die neuen Wörter in **kleinen Portionen** von höchstens 10–15 Wörtern. Und wenn du **regelmäßig 10 Minuten** übst, ist das viel besser als nur ab und zu. Beim nächsten Vokabeltest wirst du punkten!

TU TE RAPPELLES?

alors	nun, jetzt, dann	là	da, dort
ça	das	d'accord	einverstanden
dans	in	avec (toi et moi)	mit (dir und mir)
Ça va?	Wie geht's?	pour (toi)	für (dich)
Comment?	Wie?	Qu'est-ce que c'est?	Was ist das?

---

un anniversaire [ɛ̃nanivɛʀse] — ein Geburtstag

🇫🇷 **Vis-à-vis**
Zum Geburtstag wird in Frankreich das Lied „Joyeux anniversaire" gesungen; die Melodie ist dieselbe wie bei „Happy birthday to you" oder „Zum Geburtstag viel Glück".

Bon anniversaire! / Joyeux anniversaire!
Alles Gute zum Geburtstag! / Herzlichen Glückwunsch zum Geburtstag!
[bɔnanivɛʀse] [ʒwajøzanivɛʀse]

Atelier A1

une idée [ynide] — eine Idee
C'est une idée super. Das ist eine Superidee.

des [de] — des ist der Plural von **un** und **une**.
Fabien et Victor sont des frères.
Fabien und Victor sind Brüder.

un livre — des livres — une gomme — des gommes

un cadeau [ɛ̃kado] — ein Geschenk
la FNAC [lafnak] — die FNAC

Des idées pour un cadeau. Ideen für ein Geschenk.

🇫🇷 **Vis-à-vis**
Die **FNAC** ist eine franz. Ladenkette, die hauptsächlich Bücher, CDs, DVDs und Elektronikartikel vertreibt, oft zu günstigeren Preisen als anderswo.

bientôt [bjɛ̃to] — bald
C'est bientôt l'anniversaire de Léo!
Bald ist Léos Geburtstag.

ensemble [ɑ̃sɑ̃bl] — gemeinsam, zusammen
On cherche un cadeau ensemble?
Sollen wir gemeinsam ein Geschenk suchen?

d'abord [dabɔʀ] — zuerst

bien sûr [bjɛ̃syʀ] — Sicherlich!, Na klar!, Selbstverständlich!

une histoire [ynistwaʀ] — eine Geschichte
Plural: **des‿histoires** [dezistwaʀ] Geschichten

ou [u] — oder
Gleiche Aussprache: **ou** = „oder", **où** = „wo".

un CD / des CD [ɛ̃sede / desede] — eine CD / CDs
Alex écoute des CD. Alex hört CDs (an).

cent-cinquante-neuf 159

3 Vocabulaire

	un **DVD** / des **DVD** [ɛ̃devede/dedevede]	eine DVD / DVDs		des **CD**, des **DVD** und des **BD** erhalten im Plural **kein -s**.
	il y a [ilja]	es gibt, es ist, es sind		**Moustique est dans le carton. / Dans le carton, il y a un chien.** Moustique ist im Karton. / In dem Karton ist ein Hund.
	Qu'est-ce qu'il y a? [kɛskilja]	Was gibt es?		– **Qu'est-ce qu'il y a à la FNAC?** – **A la FNAC, il y a des livres, des BD …** – Was gibt es in der FNAC? – In der FNAC gibt es Bücher, Comics …
A2	une **étagère** [ynetaʒɛʀ]	ein Regal		
	sur [syʀ]	auf		
	sous [su]	unter		
	derrière [dɛʀjɛʀ]	hinter		
A3	**préparer** qc [pʀepaʀe]	etwas vorbereiten		**On prépare l'anniversaire.** Wir bereiten den Geburtstag vor.
	! je prépar**e**, tu prépar**es**, il prépar**e**, elle prépar**e**, on prépar**e**, nous prépar**ons**, vous prépar**ez**, ils prépar**ent**, elles prépar**ent**.			
	un **téléphone** [ɛ̃telefɔn]	ein Telefon		**Léo est au téléphone.** Léo ist am Telefon.
	la France [lafʀɑ̃s]	Frankreich		
	en France [ɑ̃fʀɑ̃s]	in Frankreich		
	l'**Allemagne** (f.) [lalmaɲ]	Deutschland		Allemagne: [ɲ] wie in *Lasagne*
	en Allemagne [ɑ̃nalmaɲ]	in Deutschland		en France et en‿Allemagne [ɑ̃nalmaɲ]
	Allô? [alo]	Hallo? *(am Telefon)*		französisch: **a**llô, deutsch: **h**allo, englisch: **h**ello
	🇫🇷 Vis-à-vis In Frankreich meldet man sich am Telefon nicht mit seinem Namen, sondern mit „**Allô?**".			
	Pirou [piʀu]	*Familienname*		Familiennamen werden im Französischen ohne Plural-s am Ende geschrieben: deutsch: die Pirou**s**, französisch: *les Pirou*.
	un **train** [ɛ̃tʀɛ̃]	ein Zug		**Tu es dans le train?** Bist du im Zug?
	Cologne [kɔlɔɲ]	Köln		**Tu es à Cologne?** Bist du in Köln?

AUF EINEN BLICK

en – à – dans   3-mal „in"

Le papa de Léo est **en** Allemagne.   Tu es **à** Cologne?   Tu es **dans** le train?
Léos Papa ist **in** Deutschland.   Bist du **in** Köln?   Bist du **im** Zug?

160   cent-soixante

Vocabulaire 3

demain [dəmɛ̃]	morgen	**Tu es là demain?** Bist du morgen da? **A demain! Bis** morgen!
ton / ta / tes [tɔ̃/ta/te]	dein / deine	**tes copains** deine Freunde
mon / ma / mes [mɔ̃/ma/me]	mein / meine	**mon / ton** copain, **ma / ta** copine, **mes / tes** copains, **mes / tes** copines
dommage! [dɔmaʒ]	schade!	
regretter qc [ʀəgʀete]	etwas bedauern	
! je regrett**e**, tu regrett**es**, il regrett**e**, elle regrett**e**, on regrett**e**, nous regrett**ons**, vous regrett**ez**, ils regrett**ent**, elles regrett**ent**.		
inviter qn [ɛ̃vite]	jemanden einladen	**Tu invites tes copains?** Lädst du deine Freunde ein?
! j'invit**e**, tu invit**es**, il invit**e**, elle invit**e**, on‿invit**e**, nous‿invit**ons**, vous‿invit**ez**, ils‿invit**ent**, elles‿invit**ent**.		
à propos [apʀɔpo]	a propos, übrigens	
allemand [almɑ̃]	deutsch	
en allemand [ɑ̃nalmɑ̃]	auf Deutsch	
à demain [adəmɛ̃]	bis morgen	A demain, maman!
maman (f.) [mamɑ̃]	Mama, Mutti	
une bougie [ynbuʒi]	eine Kerze	**la** bougie (die Kerze) → **les** bougies (die Kerzen), **le** train (der Zug) → **les** trains (die Züge)
un gâteau / des gâteaux [ɛ̃gato/degato]	ein Kuchen / Kuchen	**Mme Pirou prépare un gâteau pour 6.** Mme Pirou bereitet einen Kuchen für sechs (Personen) vor. Ebenso: un cadeau / des cadeau**x**
aujourd'hui [oʒuʀdɥi]	heute	
ranger qc [ʀɑ̃ʒe]	etwas aufräumen	
! je rang**e**, tu rang**es**, il rang**e**, elle rang**e**, on rang**e**, nous rang**eons**, vous rang**ez**, ils rang**ent**, elles rang**ent**.		
une chambre [ynʃɑ̃bʀ]	ein (Schlaf)Zimmer	
un bureau [ɛ̃byʀo]	ein Schreibtisch	**Un bureau** heißt auch „ein Büro".
s'il te plaît [siltəplɛ]	bitte	s'il **vous** plaît = wenn man jemanden siezt
maintenant [mɛ̃tnɑ̃]	jetzt	
une affaire [ynafɛʀ]	eine Sache, eine Angelegenheit	Achte auf die Bindung: mes‿affaires [mezafɛʀ].
toujours [tuʒuʀ]	immer	**Toujours des histoires.** Immer dasselbe Theater.

AUF EINEN BLICK

Zeitangaben „heute, morgen, immer …"

d'abord	zuerst	demain	morgen	souvent [suvɑ̃]	oft
maintenant	jetzt	bientôt	bald	puis [pɥi]	dann
aujourd'hui	heute	toujours	immer	tout de suite [tutsɥit]	sofort

cent-soixante-et-un 161

3 Vocabulaire

A 8

une **famille** [ynfamij]	eine Familie	
un **enfant** [ɛ̃nɑ̃fɑ̃]	ein Kind	Achte auf die Bindung: les‿enfants [lezɑ̃fɑ̃].

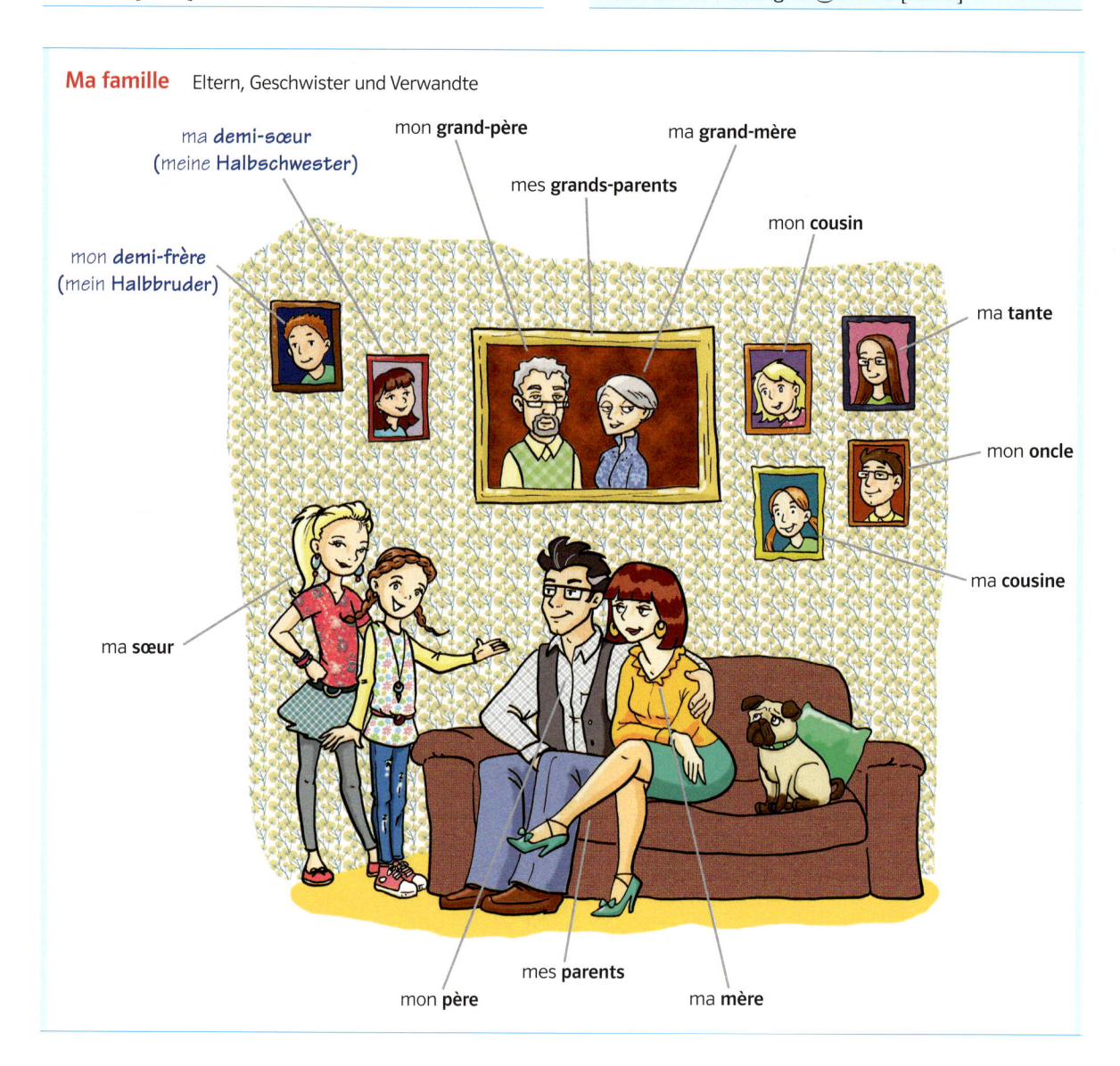

Ma famille — Eltern, Geschwister und Verwandte

- ma **demi-sœur** (meine Halbschwester)
- mon **demi-frère** (mein Halbbruder)
- mon **grand-père**
- ma **grand-mère**
- mes **grands-parents**
- mon **cousin**
- ma **tante**
- mon **oncle**
- ma **cousine**
- ma **sœur**
- mon **père**
- mes **parents**
- ma **mère**

A 10 / B 1

une **carte** [ynkaʀt]	eine Karte	une **carte d'anniversaire** eine Geburtstagskarte
décembre (m.) [desɑ̃bʀ]	Dezember	
son / **sa** / **ses** (+ Nomen) [sɔ̃/sa/se]	sein / seine; ihr / ihre	**Ses copains et ses copines arrivent.** Seine / Ihre Freunde und seine / ihre Freundinnen kommen an. **son** copain (sein / ihr Freund), **sa** copine (seine / ihre Freundin), **ses** copain**s** (seine / ihre Freunde), **ses** copine**s** (seine / ihre Freundinnen)

162   cent-soixante-deux

Vocabulaire 3

C'est ça? [sɛsa]	Stimmt's?	
avoir [avwaʀ]	haben	Achte auf die Aussprache: ils‿ont [ilzɔ̃] (sie haben), aber: ils sont [ilsɔ̃] (sie sind)
❗ j'**ai** [ʒe], tu **as** [tya], il **a** [ila], elle **a** [ɛla], on‿**a** [ɔ̃na], nous‿**avons** [nuzavɔ̃], vous‿**avez** [vuzave], ils‿**ont** [ilzɔ̃], elles‿**ont** [ɛlzɔ̃].		
encore [ɑ̃kɔʀ]	noch	
un jeu / des **jeux** [ɛ̃ʒø]	ein Spiel / Spiele	Achte auf den Plural mit **-x**. Nomen mit Plural auf **-x**: des cadeau**x** (Geschenke), des gâteau**x** (Kuchen), des jeu**x** (Spiele), des journ**aux** (Zeitungen)
un jeu vidéo / des **jeux vidéo** [ɛ̃ʒøvideo / deʒøvideo]	ein Computerspiel / Computerspiele	Achte auf die Schreibung: des jeu**x** vidé**o**
avoir faim [avwaʀfɛ̃]	Hunger haben	**Vous avez faim?** Habt ihr / Haben Sie Hunger?
souffler qc [sufle]	etwas ausblasen	
puis [pɥi]	dann	
chanter [ʃɑ̃te]	singen	
❗ je chant**e**, tu chant**es**, il chant**e**, elle chant**e**, on chant**e**, nous chant**ons**, vous chant**ez**, ils chant**ent**, elles chant**ent**.		
manger qc [mɑ̃ʒe]	etwas essen	Achte auf das **e** bei „nous mang**e**ons".
❗ je mang**e**, tu mang**es**, il/elle/on mang**e**, nous mang**eons**, vous mang**ez**, ils/elles mang**ent**.		
avoir treize ans [avwaʀtʀɛzɑ̃]	dreizehn Jahre alt sein	**Mehdi a 13 ans.** Mehdi ist 13 Jahre alt. Achte auf den Unterschied: J'**ai** treize ans, maintenant! Ich **bin** jetzt 13 Jahre alt.
avoir envie de faire qc [avwaʀɑ̃vi]	Lust haben, etwas zu tun	**Tu as envie de regarder un DVD?** Hast du Lust, eine DVD anzusehen?
une surprise [ynsyʀpʀiz]	eine Überraschung	französisch: **une surprise**, englisch: a **surprise**
B7 **un mois** [ɛ̃mwa]	ein Monat	
une année [ynane]	ein Jahr	**L'année a 12 mois.** Ein Jahr hat zwölf Monate.
quand [kɑ̃]	wann?	– L'anniversaire de Léo, c'est quand? – Son anniversaire, c'est le 19 décembre. – Wann hat Léo Geburtstag? – Er hat am 19. Dezember Geburtstag.
le premier [ləpʀəmje]	der erste	**L'anniversaire de Marie, c'est le premier mars.** Marie hat am ersten März Geburtstag. Statt **le premier** kannst du auch **le 1er** schreiben. Ab der Zahl zwei schreibt man beim Datum so: le **deux** décembre (der 2. Dezember), le **trois** février (der 3. Februar).
B9 **l'âge** (m.) [laʒ]	das Alter	**Tu as quel âge?** Wie alt bist du?

cent-soixante-trois 163

3 Vocabulaire

... treize, quatorze ... So zählt man ab 13. Die Zahlen bis zwölf findest du auf der Seite 152.

		20	vingt [vɛ̃]		30	trente [tʀɑ̃t]	
		21	vingt-et-un [vɛ̃teɛ̃]		31	trente-et-un [tʀɑ̃teɛ̃]	
		22	vingt-deux [vɛ̃tdø]		32	trente-deux [tʀɑ̃tdø]	
13	treize [tʀɛz]	23	vingt-trois [vɛ̃ttʀwa]		33	trente-trois [tʀɑ̃ttʀwa]	
14	quatorze [katɔʀz]	24	vingt-quatre [vɛ̃tkatʀ]		34	trente-quatre [tʀɑ̃tkatʀ]	
15	quinze [kɛ̃z]	25	vingt-cinq [vɛ̃tsɛ̃k]		35	trente-cinq [tʀɑ̃tsɛ̃k]	
16	seize [sɛz]	26	vingt-six [vɛ̃tsis]		36	trente-six [tʀɑ̃tsis]	
17	dix-sept [disɛt]	27	vingt-sept [vɛ̃tsɛt]		37	trente-sept [tʀɑ̃tsɛt]	
18	dix-huit [dizɥit]	28	vingt-huit [vɛ̃tɥit]		38	trente-huit [tʀɑ̃tɥit]	
19	dix-neuf [diznœf]	29	vingt-neuf [vɛ̃tnœf]		39	trente-neuf [tʀɑ̃tnœf]	

Les mois de l'année Von Januar bis Dezember

janvier [ʒɑ̃vje]	Januar		**juillet** [ʒɥijɛ]	Juli
février [fevʀije]	Februar		**août** [ut]	August
mars [maʀs]	März		**septembre** [sɛptɑ̃bʀ]	September
avril [avʀil]	April		**octobre** [ɔktɔbʀ]	Oktober
mai [mɛ]	Mai		**novembre** [nɔvɑ̃bʀ]	November
juin [ʒɥɛ̃]	Juni		**décembre** [desɑ̃bʀ]	Dezember

Die Monate sind im Französischen alle **männlich**:

le premier janvier, le premier février ...	der erste Januar, der erste Februar ...
le deux mars, le trois avril [lətʀwazavʀil]**, le quatre mai ...**	der 2. März, der 3. April, der 4. Mai ...

― AUF EINEN BLICK ―

L'anniversaire etc. Geburtstag, Alter und Familie

– Bon anniversaire, ... (Léo)!		– Alles Gute zum Geburtstag ... (Léo)!	
– Joyeux anniversaire!		– Herzlichen Glückwunsch zum Geburtstag!	
– Ton anniversaire, c'est quand?	– Mon anniversaire, c'est le deux août.	– Wann hast du Geburtstag?	– Ich habe am 2. August Geburtstag.
– Tu as quel âge?	– J'ai ... (douze) ans.	– Wie alt bist du?	– Ich bin ... (12) Jahre.
– Tu as des frères et sœurs?	– Oui, j'ai un frère et deux sœurs.	– Hast du Geschwister?	– Ja, ich habe einen Bruder und zwei Schwestern.
– Il s'appelle comment, ton frère?	– Il s'appelle ... (Marc).	– Wie heißt dein Bruder?	– Er heißt ... (Marc).

164 cent-soixante-quatre

Vocabulaire 4

MON DICO PERSONNEL

Les fêtes   Feste, die in Frankreich gefeiert werden.

l'anniversaire (m.) [lanivɛRsɛR]	Geburtstag	**Pâques** (f.) [pak]	Ostern
le baptême [ləbatɛm]	Taufe	**la Pentecôte** [lapɑ̃tkot]	Pfingsten
le mariage [ləmaRjaʒ]	Hochzeit	**Noël** (m.) [nɔɛl]	Weihnachten
le 14 juillet [ləkatɔRzɥijɛ]	14. Juli (franz. Nationalfeiertag)	**le nouvel an** [lənuvɛlɑ̃]	Neujahr
la fête du travail [lafɛtdytRavaj]	Tag der Arbeit (1. Mai)	**la fête des mères** [lafɛtdemɛR]	Muttertag

Unité 4   Au collège Balzac

TIPP

Schaffe dir ein **angenehmes Lernumfeld**, in dem du ungestört ohne fremde Geräuschquellen üben kannst.
Bahn, Bus, Bett, Badewanne: Hilfreich ist auch, wenn du **immer an denselben Orten** lernst. So wird Lernen zur Gewohnheit und der Erfolg nicht ausbleiben, garantiert!

TU TE RAPPELLES?

encore	noch	bientôt	bald
puis	dann	d'abord	zuerst
où / ou	wo / oder	ensemble	zusammen
sur	auf, über	Tiens!	Na so was!, Sieh mal!
aujourd'hui	heute	Qu'est-ce qu'il y a?	Was gibt es?
toujours	immer	quand	wann

un collège [ɛ̃kɔlɛʒ]	ein „Collège"	**au** [o] **collège Balzac – auf** dem Collège Balzac

🇫🇷 **Vis-à-vis**

Le collège: Nach der Grundschule (fünf Jahre) gehen alle französischen Kinder für vier Jahre auf das „collège". Sie sind dann ungefähr elf Jahre alt. Die Klassen werden absteigend **la 6ᵉ** [lasizjɛm], **la 5ᵉ** [lasɛ̃kjɛm], **la 4ᵉ** [lakatRijɛm], **la 3ᵉ** [latRwazjɛm] genannt.

Honoré de Balzac [ɔnɔRedəbalzak]	Honoré de Balzac (frz. Schriftsteller; 1799–1850)
un élève / une élève [ɛ̃nelɛv / ynelɛv]	ein Schüler / eine Schülerin
jouer [ʒwe]	spielen
la cour [lakuR]	der Hof
un cours [ɛ̃kuR]	eine Unterrichtsstunde

Tu joues avec moi?   Spielst du mit mir?

Aujourd'hui, ils ont un cours d'allemand. / A huit heures, ils ont français.
Heute haben sie eine Stunde Deutsch. / Um acht Uhr haben sie Französisch.

gleich ausgesprochen, unterschiedlich geschrieben:
[kuR] **une cour, un cours**

cent-soixante-cinq   165

4 Vocabulaire

l'allemand [almã]	Deutsch (Fach)	
la 5ᵉ [lasɛ̃kjɛm]	in Frankreich: die 7. Klasse	Zur Zählweise der französischen Schulklassen siehe S. 165 **Vis-à-vis: Le collège.**
être en retard [ɛtrɑ̃ʀətaʀ]	zu spät kommen	**Elle est en retard.** Sie kommt zu spät.
un CDI [ɛ̃sedei]	ein CDI	**Ils travaillent au CDI.** Sie arbeiten im CDI.
🇫🇷 **Vis-à-vis** **CDI** ist die Bezeichnung für die Bibliothek an französischen Schulen.		
une **cantine** [ynkɑ̃tin]	eine Kantine, eine Mensa	**Qu'est-ce qu'il y a à la cantine?** Was gibt es in der Kantine?
une **infirmerie** [ynɛ̃fiʀməʀi]	eine Krankenstation	**Il est à l'infirmerie.** *hier:* Er ist im Krankenzimmer.
Aïe! [ai]	Aua!	
un **pied** [ɛ̃pje]	ein Fuß	
une **journée** [ynʒuʀne]	ein Tag	
une **heure** [ynœʀ]	eine Stunde	Achte auf die Bindung, wenn Zahlen voranstehen, z. B. deux‿heures [døzœʀ], trois‿heures [tʀwazœʀ].
sept heures [sɛtœʀ]	sieben Uhr	**Il est sept heures.** Es ist sieben Uhr.
un **lit** [ɛ̃li]	ein Bett	
sept heures et demie [sɛtœʀedəmi]	halb acht	
les **toilettes** [lɛtwalɛt]	die Toilette	
huit heures et quart [ɥitœʀekaʀ]	Viertel nach acht	**A huit heures et quart, Marie a un cours de français avec M. Racine.** Um Viertel nach acht hat Marie Französisch bei M. Racine.
Racine [ʀasin]	*Familienname*	
midi [midi]	zwölf Uhr (mittags)	**Midi, c'est l'heure de la cantine.** 12 Uhr mittags ist Essenszeit.
commencer [kɔmɑ̃se]	anfangen, beginnen	**Deux heures cinq: Le cours de musique commence.** Fünf nach zwei: die Musikstunde fängt an.
❗ je commence, tu commences, il/elle/on commence, nous commençons, vous commencez, ils/elles commencent		
après [apʀɛ]	nach; danach	
rentrer [ʀɑ̃tʀe]	zurückkommen, nach Hause gehen	
six heures moins le quart [sizœʀmwɛ̃lkaʀ]	Viertel vor sechs	
chez qn [ʃe]	bei jemandem	**Il est chez Alex.** Er ist bei Alex.
la **télé(vision)** [latelevizjɔ̃]	das Fernsehen	**Nous regardons la télé.** Wir sehen fern. **la télé** ist die Kurzform von **la télévision**.
Quelle heure est-il? [kɛlœʀɛtil]	Wie viel Uhr ist es?	Du kannst auch fragen: **Il est quelle heure?**

Vocabulaire 4

A2

à quelle heure? [akɛlœʀ]	um wie viel Uhr?
de ... heures à ... heures	von ... bis ... Uhr

Tu rentres à quelle heure?
Um wie viel Uhr kommst du nach Hause?

Les enfants sont à l'école de huit heures à cinq heures.
Die Kinder sind von acht bis fünf in der Schule.

A3

une **clé** [ynkle]	ein Schlüssel
une **clé USB** [ynkleyɛsbe]	ein USB-Stick
lundi (m.) [lɛ̃di]	Montag
ne ... pas [nə ... pa]	nicht
ne ... pas non plus [nɔ̃ply]	auch nicht
une **minute** [ynminyt]	eine Minute
Mangin [mɑ̃ʒɛ̃]	*Familienname*
un **professeur** / une **professeure** [ɛ̃pʀɔfesœʀ/ynpʀɔfesœʀ]	ein Lehrer / eine Lehrerin
une **salle de cours** [ynsaldəkuʀ]	ein Klassenraum

Léo **ne** trouve **pas** son copain.   Marie **n**'écoute **pas** Alex.
Léo **n'est pas là non plus.**   Léo ist auch nicht da.
Le cours d'allemand commence dans deux minutes.
Die Deutschstunde fängt in zwei Minuten an.

Mme Mangin est prof d'allemand.
Mme Mangin ist Deutschlehrerin.

un prof / une prof ist die Kurzform von „un(e) professeur(e)".

🇫🇷 **Vis-à-vis**
In Frankreich haben die Kinder in der Regel **kein** eigenes Klassenzimmer.

Excusez-moi. [ɛkskyzemwa]	Entschuldigen Sie. / Entschuldigung!
aller [ale]	gehen, fahren

Zum Behalten dieses Ausdrucks kann dir das Englische **Excuse me** helfen.

Léo va au CDI.   Léo geht ins CDI.
aber: Il va **chez** Alex. (Person)

! je **vais**, tu **vas**, il/elle/on **va**, nous‿**allons**, vous‿**allez**, ils/elles **vont**

une **place** [ynplas]	ein Platz
la **main** [lamɛ̃]	die Hand
discuter (de qc) [diskyte]	(über etwas) diskutieren, sich (über etwas) unterhalten
la **récréation** [laʀekʀeasjɔ̃]	die Pause

Léo va à sa place.   Léo geht zu seinem Platz.
Dans sa main, il a la clé USB.
Er hat / hält den USB-Stick in seiner Hand.

Après trois heures de cours, c'est la récréation.
Nach drei Stunden Unterricht gibt es eine Pause.

In der Umgangssprache benutzt man häufig die Kurzform **la récré** [laʀekʀe].

retrouver qn / qc [ʀətʀuve]	jemanden treffen; etwas wiederfinden
raconter qc [ʀakɔ̃te]	etwas erzählen
Il / Elle est à qui? [ɛlɛtaki / ilɛtaki]	Wem gehört er / sie / es?
Je ne sais pas. [ʒənəsɛpa]	Ich weiß nicht.
Ce ne sont pas mes affaires. [sənəsɔ̃pamezafɛʀ]	Das sind nicht meine Sachen.

Les garçons retrouvent Marie et Alex dans la cour.
Die Jungs treffen Marie und Alex im Hof.
Léo raconte l'histoire de la clé USB.
Léo erzählt die Geschichte vom USB-Stick.

hier: Ich will damit nichts zu tun haben.

cent-soixante-sept   **167**

4 Vocabulaire

Les jours de la semaine Montag, Dienstag, Mittwoch …

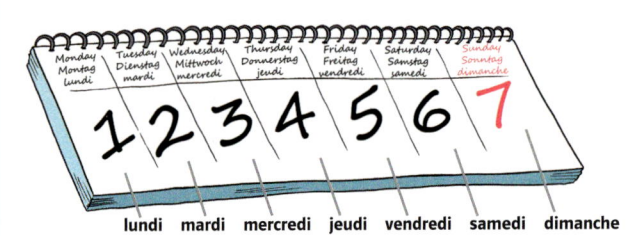

lundi mardi mercredi jeudi vendredi samedi dimanche

Aujourd'hui, c'est mercredi. Demain, c'est jeudi.
Heute ist Mittwoch. Morgen ist Donnerstag.

Die Wochentage sind im Französischen alle **männlich:**
le jeudi, **le** mardi … montags, dienstags …

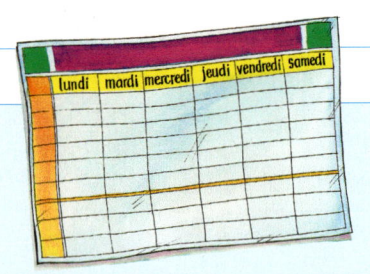

Atelier

B1
le temps [lətɑ̃]	die Zeit	
l' **emploi** (m.) **du temps** [lɑ̃plwadytɑ̃]	der Stundenplan	
un projet [ɛ̃pʀɔʒɛ]	ein Projekt	

B3
un mot [ɛ̃mo]	ein Wort	
un gymnase [ɛ̃ʒimnaz]	eine Turnhalle	**Un gymnase** ist eine Sporthalle in Frankreich. In der französischen Schweiz ist es ein „Gymnasium".

B4
rêver [ʀɛve]	träumen	
cool (fam.) [kul]	cool	
cliquer [klike]	klicken	
notre / nos [nɔtʀ / no]	unser / unsere	**notre** père – **nos** pères
votre / vos [vɔtʀ / vo]	euer / eure; Ihr / Ihre	**notre / votre** professeur, **nos / vos** professeur**s**, **notre / votre** professeure, **nos / vos** professeure**s**
leur / leurs [lœʀ]	ihr / ihre	Voilà les parents, **leurs** enfants et **leur** chien. Das sind die Eltern, ihre Kinder und ihr Hund.
une interrogation [ynɛ̃teʀɔgasjɔ̃]	eine Klassenarbeit	Kurzform: **une interro**
quelque chose [kɛlkəʃoz]	etwas	Abkürzung: **qc**
un sac [ɛ̃sak]	eine Tasche	
les autres [lezotʀ]	die anderen	
faire qc [fɛʀ]	etwas machen	
! **je fais, tu fais, il/elle/on fait, nous faisons, vous faites, ils/elles font**		
une copie [ynkɔpi]	eine Kopie	Achte auf die unterschiedliche Schreibung: französisch: **c**opi**e**, englisch: **c**opy, deutsch: **K**opi**e**
un exercice [ɛ̃nɛgzɛʀsis]	eine Übung	Achte auf die unterschiedliche Schreibung: französisch: exerci**c**e, englisch: exerci**s**e
si [si]	doch	– On ne fait pas ça. – Mais **si**! – Das tut man nicht. – Aber doch!
comme ça [kɔmsa]	so, auf diese Weise	
comme [kɔm]	wie	C'est **comme** un cadeau! Das ist wie ein Geschenk!
avoir raison [avwaʀʀɛzɔ̃]	recht haben	Léo n'a pas **raison**. Léo hat kein / nicht recht.
les devoirs (m., pl.) [ledəvwaʀ]	die (Haus)Aufgaben	Vous faites vos **devoirs**? Macht ihr eure Hausaufgaben?

B5
la fin [lafɛ̃]	das Ende, der Schluss	**à la fin** = zum Schluss

168 cent-soixante-huit

Vocabulaire 4

AUF EINEN BLICK

A l'école   Personen, Orte und was es sonst noch in der Schule gibt.

le collège	das Collège	**les devoirs** (m.)	die Hausaufgaben
un élève	ein Schüler	**un exercice**	eine Übung
une élève	eine Schülerin	**une interro(gation)**	eine Klassenarbeit
un prof(esseur)	ein Lehrer	**un CDI**	das CDI
une prof(esseure)	eine Lehrerin	**le gymnase**	Turnhalle
la classe	die Klasse	**la cantine**	die Kantine
la salle de cours	der Klassenraum	**la cour**	der (Schul-)Hof
avoir cours	Unterricht haben	**la récré(ation)**	die Pause
un cours (de français)	eine Unterrichtsstunde (eine Französischstunde)		

AUF EINEN BLICK

Parler de l'école   Über die Schule sprechen

– Les cours commencent à quelle heure?	– Um wie viel Uhr beginnt der Unterricht?
– A huit heures.	– Um acht Uhr.
– A huit heures et quart, nous avons un cours de français avec M. . . . / Mme	– Um Viertel nach acht haben wir eine Französischstunde / haben wir Französisch bei Herrn … / Frau … .
– Vous êtes en 6ᵉA?	– Seid ihr in der 6A?
– Non, nous sommes en 6ᵉB.	– Nein, wir sind in der 6B.
– Qu'est-ce qu'il y a à la cantine?	– Was gibt es in der Kantine?
– Qu'est-ce que vous faites après la cantine?	– Was macht ihr nach der Kantine?
– Nous allons au CDI.	– Wir gehen ins CDI.
– On fait les devoirs ensemble?	– Sollen wir die Hausaufgaben gemeinsam machen?
– Tu rentres à quelle heure?	– Um wie viel Uhr gehst du nach Hause?

MON DICO PERSONNEL

A l'école   Unterrichtsfächer

allemand	Deutsch	**éducation musicale** [edykasjɔ̃myzikal]	Musik
français	Französisch	**arts plastiques** [aʀplastik]	Kunst
anglais [ɑ̃glɛ]	Englisch	**E.P.S. (Education physique et sportive)** [əpeɛs]	Sport
mathématiques [matematik]	Mathematik	**S.V.T. (Sciences de la vie et de la terre)** [ɛsvete]	Biologie
histoire-géo [histwaʀʒeo]	Geschichte und Erdkunde	**technologie** [tɛknɔlɔʒi]	Technik

cent-soixante-neuf   169

5 Vocabulaire

Unité 5 — Un samedi dans le quartier

TIPP

Vokabeln lassen sich besonders gut einprägen, wenn man sie **„vernetzt"** lernt. Zwei Beispiele für solche Netze hast du schon auf den Seiten 156 und 162 kennen gelernt. Von dem Ausgangswort in der Mitte gehen immer mehrere „Zweige" aus, an die du die passenden Begriffe schreibst. Probiers mal aus!

TU TE RAPPELLES?

euh …	äh …	Alors (j'écoute)!	Nun (ich höre).
Chut!	Pst!	Bon d'accord.	Gut, einverstanden!
Zut!	Mist!, Verdammt!	D'accord?	Einverstanden?
Aïe!	Aua!	Comment?	Wie (bitte)?
Bon, …	Na gut, …	Ah bon?	Ach ja?, Wirklich?

un **quartier** [ɛ̃kaʀtje]	ein Stadtviertel	Achte auf die Aussprache: [kaʀtje]
une **photo** [ynfɔto]	ein Foto	
Batignolles	Batignolles (Name eines Viertels in Paris)	
un **parc** [ɛ̃paʀk]	ein Park	Achte auf die Schreibung: französisch: **p**ar**c**, deutsch: **P**ar**k**, englisch: **p**ar**k**
Martin Luther King [maʀtɛ̃lyteʀkiŋ]	US-amerikanischer Bürgerrechtler (1928–1968)	
le **roller** [ləʀɔlœʀ]	das Inlinerfahren	**Le roller, c'est super!** Inlinerfahren ist super!
hein? (fam.) [ɛ̃]	was? äh? (ugs.)	
une **avenue** [ynav(ə)ny]	eine Straße	**C'est l'avenue de Clichy.** Das ist die avenue de Clichy.
Clichy [kliʃi]	Vorort nordwestlich von Paris	
Interclub 17 [ɛ̃tɛʀklœbdisɛt]	Interclub 17 (Name eines Jugendzentrums)	
une **activité** [ynaktivite]	eine Freizeitbeschäftigung	
tout le monde [tulmɔ̃d]	alle, jeder	**A Interclub 17, il y a des activités pour tout le monde.** Im Interclub 17 gibt es Freizeitbeschäftigungen für jeden / alle.
un **stand** [ɛ̃stɑ̃d]	ein Stand, eine Bude	
une **crêpe** [ynkʀɛp]	eine Crêpe	

Atelier A1

un **taxi** [ɛ̃taksi]	ein Taxi	**Elle va rentrer à six heures.** Sie wird um sechs Uhr nach Hause gehen.
aller faire qc [aleføʀ]	etwas tun werden	Mit **aller** und einem **Verb** im Infinitiv kannst du ausdrücken, was du in der Zukunft (z. B. morgen) machen wirst.
passer qc [pase]	etwas verbringen	

170 cent-soixante-dix

Vocabulaire 5

la **nuit** [lanɥi]	die Nacht	**la nuit de vendredi à samedi** die Nacht von Freitag auf Samstag
poser qc [poze]	etwas setzen / stellen / legen	
une **entrée** [ynɑ̃tʀe]	ein Eingang	
le **soir** [ləswaʀ]	der Abend	
ce **soir** [səswaʀ]	heute Abend	
une **semaine** [yns(ə)mɛn]	eine Woche	
Quoi? [kwa]	Was?	**Quoi, un petit comme moi?** Was, ein Kleiner wie ich?
une **puce** [ynpys]	ein Floh	
A plus, ma puce! [aplysmapys]	Bis später, mein Kleines.	
une **voiture** [ynvwatyʀ]	ein Auto	
en **voiture** [ɑ̃vwatyʀ]	mit dem Auto	
loin [lwɛ̃]	weit *(Adv.)*	**Marie n'habite pas loin.** Marie wohnt nicht weit weg.
à **pied** [apje]	zu Fuß	– **On va chez Marie en voiture? – Non, on va à pied.** – Fahren wir mit dem Auto zu Marie? – Nein, wir gehen zu Fuß.

A 3

un **chauffeur** [ɛ̃ʃofœʀ]	ein Chauffeur	
un **appartement** [ɛ̃napaʀtəmɑ̃]	eine Wohnung	
une **pièce** [ynpjɛs]	ein Zimmer	**Ils habitent dans un appartement de quatre pièces.** Sie wohnen in einer Vierzimmerwohnung.

> 🇫🇷 **Vis-à-vis**
>
> **Un appartement** ist „eine Wohnung", deutsch „Appartement" heißt im Französischen **un studio** [ɛ̃stydjo].
> **Une pièce** ist das allgemeine Wort für „Zimmer";
> **une chambre** wird für „Schlafzimmer" verwendet.

juste [ʒyst]	*hier:* Punkt, genau, pünktlich	
Chabane [ʃaban]	*französischer Familienname*	**les Chabane** die Familie Chabane Familiennamen im Französischen immer ohne **-s**: **les** Chaban**e**
le **repas** [ləʀəpa]	das Essen/die Mahlzeit	**Alex arrive juste pour le repas.** Alex kommt pünktlich zum Essen.
une **table** [yntabl]	ein Tisch	
à **table** [atabl]	bei Tisch	
une **salle de bains** [ynsaldəbɛ̃]	ein Badezimmer	**Je passe la nuit dans la salle de bains?** Soll ich die Nacht im Bad verbringen?
la **toilette** [twalɛt]	die Körperpflege	
faire sa toilette [fɛʀsatwalɛt]	sich waschen	
coucher [kuʃe]	schlafen	**Clara va coucher dans le salon.** Clara wird im Wohnzimmer schlafen.
le **salon** [ləsalɔ̃]	das Wohnzimmer	

cent-soixante-et-onze 171

5 Vocabulaire

jouer [ʒue]	spielen	**On joue au monopoly?** Spielen wir Monopoly?
le matin [ləmatɛ̃]	der Morgen	**demain matin** morgen früh Ebenso: **demain soir** morgen Abend
un tour [ɛ̃tuʀ]	eine Tour, ein Rundgang	
le samedi [ləsamdi]	samstags	**samedi** = Samstag
le judo [ləʒydo]	Judo	
aller au judo [aleoʒydo]	zum Judo gehen	
l'**athlétisme** (m.) [latletism]	die Leichtathletik	**faire du/de la/de l'**: **faire du foot** Fußball spielen, **faire de la musique** musizieren, **faire de l'athlétisme** Leichtathletik machen
déjà [deʒa]	schon	**Il est déjà tard!** Es ist schon spät.
tard [taʀ]	spät	
une **cuisine** [ynkɥizin]	eine Küche	
quitter qc [kite]	etwas verlassen	Das Gegenteil von **quitter** qc ist **entrer dans** qc.
minuit [minɥi]	Mitternacht	
un **film** [ɛ̃film]	ein Film	
Kad Merad [kadmeʀad]	*franz. Filmschauspieler*	

Les pièces d'un appartement
Was zu einer Wohnung gehört.

- la salle à manger [lasalamɑ̃ʒe]
- le salon / la salle de séjour [lasaldəseʒuʀ]
- la cuisine
- la chambre d'enfant [laʃɑ̃bʀdɑ̃fɑ̃]
- l'entrée (f.)
- le couloir [ləkulwaʀ]
- la chambre
- la salle de bains
- les toilettes
- les W.-C. [levese]

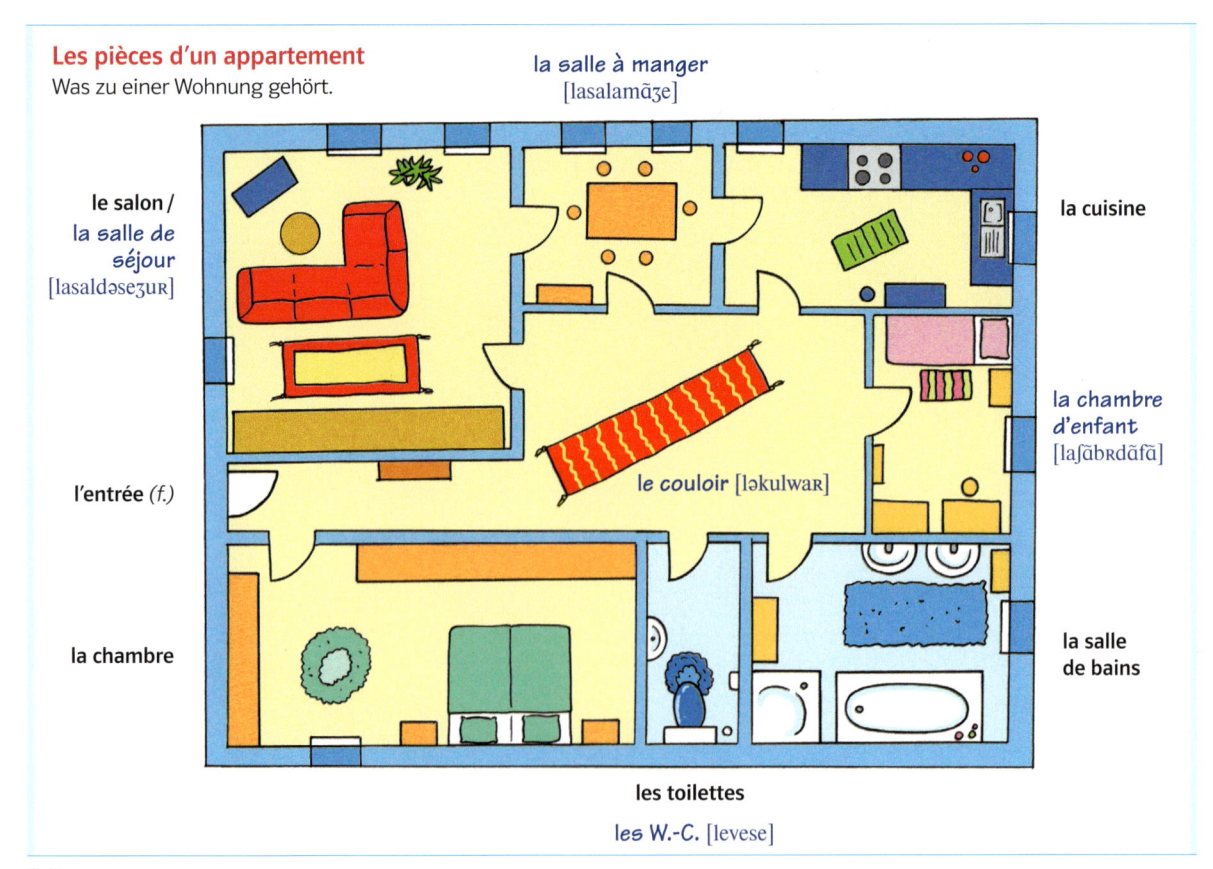

172 cent-soixante-douze

Vocabulaire 5

A 5
la **natation** [lanatasjɔ̃]	das Schwimmen
la **danse** [ladɑ̃s]	der Tanz, das Tanzen
le **théâtre** [ləteatʀ]	das Theater
une **guitare** [ɣngitaʀ]	eine Gitarre

faire du théâtre Theater spielen

Vergleiche die Schreibung: französisch: **guitare**, englisch: **guitar**, deutsch: **Gitarre**

A 6
| **comme** [kɔm] | als |
| l'**après-midi** (m./f.) [lapʀɛmidi] | der Nachmittag |

Qu'est-ce que tu fais comme sport?
Was für einen Sport machst du?

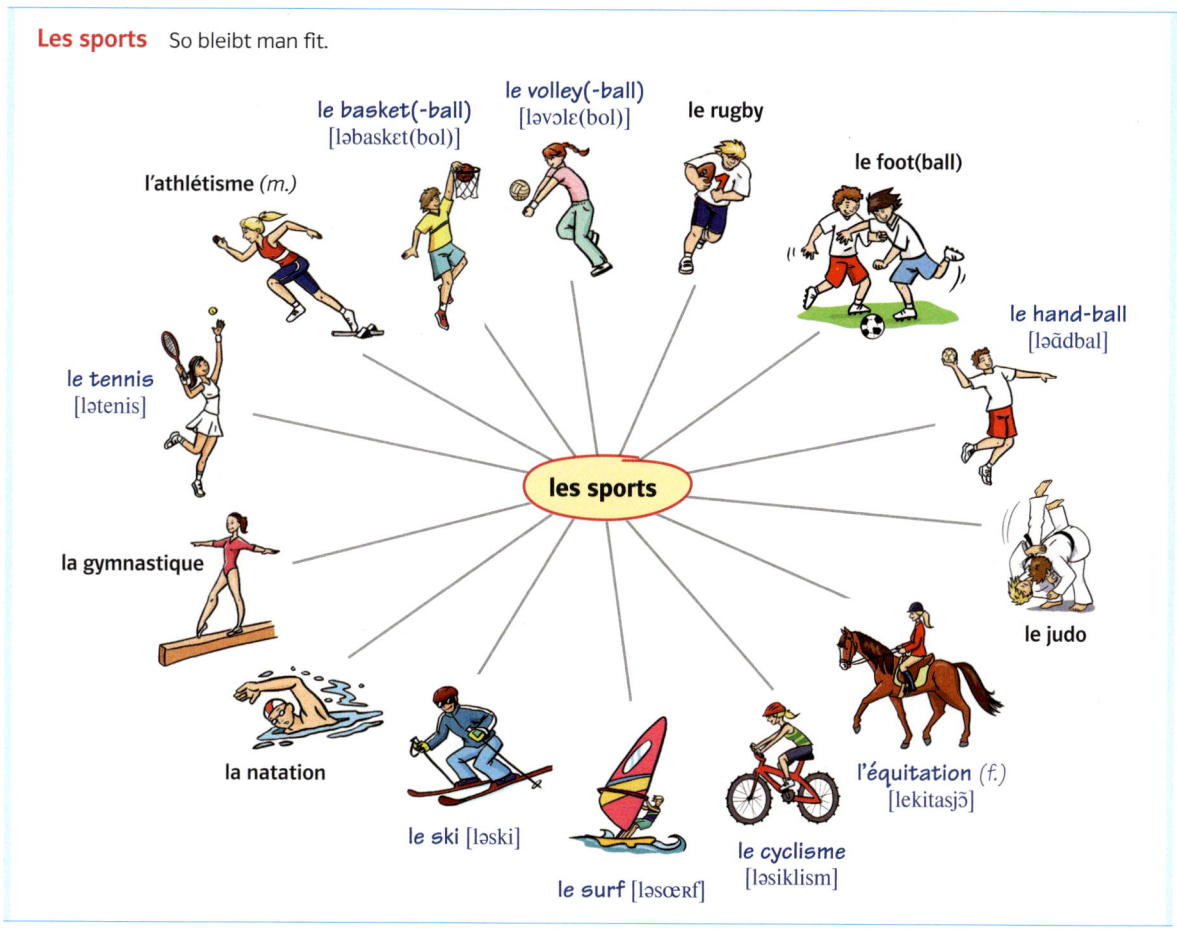

Les sports   So bleibt man fit.

- le **basket(-ball)** [ləbaskɛt(bol)]
- le **volley(-ball)** [ləvɔlɛ(bol)]
- le **rugby**
- le **foot(ball)**
- l'**athlétisme** (m.)
- le **hand-ball** [ləɑ̃dbal]
- le **tennis** [lətenis]
- **les sports**
- le **judo**
- la **gymnastique**
- la **natation**
- le **ski** [ləski]
- le **surf** [ləsœʀf]
- le **cyclisme** [ləsiklism]
- l'**équitation** (f.) [lekitasjɔ̃]

Atelier
B 1
téléphoner à qn [telefɔne]	mit jemandem telefonieren, jemanden anrufen
à **droite** [adʀwat]	(nach) rechts
tourner [tuʀne]	drehen, abbiegen
à **gauche** [agoʃ]	(nach) links
une **boulangerie** [ynbulɑ̃ʒʀi]	eine Bäckerei
tout droit [tudʀwa]	geradeaus

Va à droite.   Geh nach rechts.

Puis, tourne à gauche.
Biege dann links ab.

Va tout droit.   Geh geradeaus.

cent-soixante-treize   173

5 Vocabulaire

un café [ɛ̃kafe]	ein Café	

> 🇫🇷 **Vis-à-vis**
>
> In einem **Café** kann man etwas trinken und eine Kleinigkeit essen. Dem deutschen „Café" mit Torten und Kuchen entspricht in Frankreich eher der **Salon de thé**.

	traverser qc [tʀavɛʀse]	etwas überqueren	**Traversez la rue.** Überquert die Straße.
	un carrefour [ɛ̃kaʀfuʀ]	eine Kreuzung	
B 2	pour faire qc [puʀfɛʀ]	um etwas zu tun	**Pour aller à la boulangerie, s'il vous plaît?** Wie komme ich zur Bäckerei, bitte?
	Vous pouvez répéter, s'il vous plaît? [vupuveʀepete]	Können Sie bitte wiederholen?	
	Merci beaucoup! [mɛʀsiboku]	Vielen Dank!	

	jusqu'à … [ʒyska]	bis	
	le feu [ləfø]	die Ampel	**Allez jusqu'au feu.** Gehen Sie bis zur Ampel.
	la poste [lapɔst]	die Post	
	une piscine [ynpisin]	ein Schwimmbad	
B 3	un champion / une championne [ɛ̃ʃɑ̃pjɔ̃ / ynʃɑ̃pjɔn]	ein Champion, ein Meister / eine Meisterin	
	un numéro [ɛ̃nymeʀo]	eine Nummer	**le champion numéro 1** der Champion Nummer 1
	saluer qn [salɥe]	jemanden begrüßen	
	un combat [ɛ̃kɔ̃ba]	ein Kampf	
	gagner (qc) [gaɲe]	(etwas) gewinnen	
	même [mɛm]	sogar	
	vraiment [vʀɛmɑ̃]	wirklich	**Elle est vraiment cool.** Sie ist richtig (= wirklich) cool.
	poser qc [poze]	etwas setzen / stellen / legen	**Après les combats, Marie pose des questions.** Nach den Kämpfen stellt Marie Fragen.
	une question [ynkɛstjɔ̃]	eine Frage	
	Comment est-ce que … ? [kɔmɑ̃ɛskə]	Wie … ?	
	est-ce que [ɛskə]	*Frageformel*	**Est-ce que tu as envie de faire une interview avec moi?** Hast du Lust, ein Interview mit mir zu machen?
	tomber [tɔ̃be]	fallen	**Comment est-ce que tu tombes?** Wie fällst du?
	faire mal [fɛʀmal]	weh tun	**Est-ce que ça fait mal?** Tut das weh?
	pourquoi? [puʀkwa]	warum?	– **Pourquoi est-ce que ça ne fait pas mal?**
	parce que [paʀskə]	weil	– **Parce qu'on fait des exercices pour ça.** – Warum tut das nicht weh? – Weil wir das trainieren. Auf **pourquoi?** antwortet man fast immer mit **parce que**.
	avoir mal [avwaʀmal]	Schmerzen haben	**Tu as mal?** Tut dir etwas weh?
	trop [tʀo]	zu viel, zu sehr	
	nul [nyl]	blöd	

174 cent-soixante-quatorze

Vocabulaire — 5

Atelier C1

C'est trop nul! (fam.) [sɛtʀɔnyl]	Das ist zu blöd! (ugs.)	So kannst du sonst noch ausdrücken, wie du etwas findest: **C'est bizarre! C'est super! C'est cool!**
Qu'est-ce que tu fais? [kɛskətyfɛ]	Was machst du?	
interviewer qn [ɛ̃tɛʀvjuve]	jemanden interviewen	
le parc des Batignolles [ləpaʀkdebatiɲɔl]	der Park von Batignolles	

un **portable** [ɛ̃pɔʀtabl]	ein Handy	**un portable** ist die Kurzform von **téléphone portable**
un **SMS** [ɛ̃ɛsɛmɛs]	eine SMS	**Sur le portable de Léo, il y a un SMS de Marie!** Auf dem Handy von Léo ist eine SMS von Marie. Statt **un SMS** kann man **un texto** [tɛksto] sagen.

drôlement [dʀolmɑ̃] (fam.)	ganz schön	
chaud / chaude [ʃo/ʃod]	warm / heiß	**Il fait drôlement chaud.** Es ist ganz schön heiß.
avoir soif [avwaʀswaf]	Durst haben	– **Tu as soif? – Oui, mais j'ai aussi faim.** – Hast du Durst? – Ja, aber ich habe auch Hunger.
prendre qc [pʀɑ̃dʀ]	etwas nehmen; hier: essen	**On prend quelque chose au stand de crêpes?** Sollen wir eine Kleinigkeit am Crêpesstand essen?

! je prends, tu prends, il/elle/on prend, nous pren**ons**, vous pren**ez**, ils/elles pre**nn**ent

Ça coûte combien? [sakutkɔ̃bjɛ̃]	Wieviel kostet das?	Nach dem Preis fragst du mit **Ça coûte combien?** oder **Ça fait combien?** Nach dem Preis einer BD oder einer Crêpe fragst du so: **Ça coûte combien, la BD / la crêpe?**
une **gaufre** [yngofʀ]	eine Waffel	
un **euro** / des **euros** [ɛ̃nøʀo/dezøʀo]	ein Euro / Euros	
un **jus de pomme** [ʒydpɔm]	ein Apfelsaft	
un **vendeur** / une **vendeuse** [ɛ̃vɑ̃dœʀ/ynvɑ̃døz]	ein Verkäufer / eine Verkäuferin	
je voudrais [ʒəvudʀɛ]	ich möchte	
un **coca** [ɛ̃koka]	eine Cola	**Je voudrais un coca.** Ich möchte gern eine Cola. **Die** Cola ist im Französichen männlich: **un** coca.
une **eau minérale** [ynomineʀal]	ein Mineralwasser	
un **diabolo menthe** [ɛ̃djabɔlomɑ̃t]	ein Diabolo Menthe	Ein **diabolo menthe** ist ein Mixgetränk aus Minzsirup und Limonade.
Ça fait combien? [safɛ]	Wie viel macht / kostet das?	– **Ça fait combien? – Ça fait 4 euros 90.** – Wie viel kostet das? – Das kostet vier Euro 90.
fort en qc [fɔʀ]	stark / (sehr) gut in etwas	**Je ne suis pas fort en maths.** Ich bin in Mathe nicht sehr gut.

C5

un **client** / une **cliente** [ɛ̃klijɑ̃/ynklijɑ̃t]	ein Kunde / eine Kundin	
un **centime** [ɛ̃sɑ̃tim]	ein Cent	
Bonne journée! [bɔnʒuʀne]	Einen schönen Tag!	**Bonne journée!** sagt man bei einer Verabschiedung.

cent-soixante-quinze 175

5 Vocabulaire

40 … 100   Noch mehr Zahlen!
Die Zahlen von 0 bis 12 findest du auf Seite 152, die Zahlen von 13 bis 39 auf Seite 164.

40	quarante	70	soixante-dix	80	quatre-vingts	90	quatre-vingt-dix
41	quarante-et-un	71	soixante-et-onze	81	quatre-vingt-un	91	quatre-vingt-onze
42	quarante-deux	72	soixante-douze	82	quatre-vingt-deux	92	quatre-vingt-douze
50	cinquante	73	soixante-treize	83	quatre-vingt-trois	93	quatre-vingt-treize
51	cinquante-et-un	74	soixante-quatorze	84	quatre-vingt-quatre	94	quatre-vingt-quatorze
52	cinquante-deux	75	soixante-quinze	85	quatre-vingt-cinq	95	quatre-vingt-quinze
60	soixante	76	soixante-seize	86	quatre-vingt-six	96	quatre-vingt-seize
61	soixante-et-un	77	soixante-dix-sept	87	quatre-vingt-sept	97	quatre-vingt-dix-sept
62	soixante-deux	78	soixante-dix-huit	88	quatre-vingt-huit	98	quatre-vingt-dix-huit
69	soixante-neuf	79	soixante-dix-neuf	89	quatre-vingt-neuf	99	quatre-vingt-dix-neuf
						100	cent [sã]

In der Schweiz wird ab 70 so gezählt:

70 septante	80 huitante	90 nonante
71 septante-et-un	81 huitante-et-un	91 nonante-et-un
72 septante-deux	82 huitante-deux	92 nonante-deux

AUF EINEN BLICK

Activités   Freizeitaktivitäten erfragen und darüber sprechen.

Qu'est-ce que tu fais comme activité/sport?		Qu'est-ce que tu vas faire ce soir/demain … ?	
Je fais …	Ich …	**Je vais …**	Ich werde …
– de la musique	– mache Musik	– écouter des CD	– CDs anhören
– de la guitare	– spiele Gitarre	– regarder la télé	– fernsehen
– de la danse	– tanze	– regarder un film avec …	– einen Film mit … ansehen
– du sport	– mache/treibe Sport	– regarder un DVD	– eine DVD ansehen
– de l'athlétisme	– mache Leichtathletik	– inviter des copains	– Freunde einladen
– du foot	– spiele Fußball	– aller au judo	– zum Judo gehen
– de la natation	– schwimme	– jouer sur l'ordi	– am Computer spielen
– du vélo	– fahre Rad	– aller au cinéma [sinema]	– ins Kino gehen

MON DICO PERSONNEL

Mon quartier … ton quartier   Diese Wörter kannst du vielleicht gebrauchen.

Du hast schon Wörter gelernt, mit denen du dein Wohnviertel beschreiben kannst, z. B. une **boulangerie**, un **café**, un **cinéma**, une **école**, une **librairie-papeterie**, une **piscine**.
Hier findest du noch mehr Wörter, die für dich wichtig sein könnten. Die für dich interessanten Wörter kannst du in dein **dico personnel** übertragen.

une **maison des jeunes**	ein Jugendzentrum	un **coiffeur**	ein Frisör
un **terrain de foot**	ein Fußballplatz	un **supermarché**	ein Supermarkt
un **club sportif**	ein Sportverein	un **grand magasin**	ein Kaufhaus
une **école de musique**	eine Musikschule	un **kiosque**	ein Kiosk
un **glacier**	eine Eisdiele	une **bibliothèque**	eine Bücherei

176   cent-soixante-seize

Vocabulaire — 6

Unité 6 On fait la fête!

TIPP

Lerne bei **Verben** immer die **Ergänzungen** mit, also: inviter **qn** – **jemanden** einladen; regarder **qc** – **etwas** betrachten, **etwas** ansehen. Es gibt Verben, die neben der Ergänzung **qn/qc** auch noch die Präposition **à** bei sich haben, auch die solltest du immer mitlernen, z. B. parler **à** qn – **mit** jemandem sprechen.

TU TE RAPPELLES?

aller	gehen, fahren	faire	machen
on va aller	wir werden gehen / fahren	avoir	haben
ranger	aufräumen	nous‿avons [nuzavõ]	wir haben
ils vont ranger	sie werden aufräumen	vous‿avez [vuzave]	ihr habt
être	sein	ils‿ont [ilzõ], elles‿ont [ɛlzõ]	sie haben

une **fête** [ynfɛt]	ein Fest, eine Party		
faire la **fête** [fɛʀlafɛt]	feiern		
une **fête** nationale [ynfɛtnasjɔnal]	ein Nationalfeiertag	**Le 14 juillet, en France, c'est la Fête nationale.** Der 14. Juli ist der französische Nationalfeiertag.	

🇫🇷 **Vis-à-vis**

Der französische **Nationalfeiertag** geht auf den Beginn der **Französischen Revolution** im Jahre 1789 zurück. Seit 1879 ist der 14. Juli offizieller Nationalfeiertag.

grand / grande [gʀɑ̃ / gʀɑ̃d]	groß	un grand [gʀɑ̃] monsieur, une grande [gʀɑ̃d] dame	
un feu d'artifice [ɛ̃fødaʀtifis]	ein Feuerwerk		
la tour Eiffel [latuʀɛfɛl]	der Eiffelturm		

🇫🇷 **Vis-à-vis**

Der **Eiffelturm** verdankt seinen Namen dem Architekten Gustave Eiffel und wurde für die Weltausstellung 1889 erbaut. Er ist 324 m hoch.

les **gens** (m., pl.) [leʒɑ̃]	die Leute	
danser [dɑ̃se]	tanzen	**Les gens vont au bal et dansent dans la rue.** Die Leute gehen zum Fest und tanzen auf der Straße.

Atelier A1

un **concert** [ɛ̃kɔ̃sɛʀ]	ein Konzert	
le **TGV** [ləteʒeve]	der TGV	

🇫🇷 **Vis-à-vis**

Der **TGV** erreicht auf der Strecke **Stuttgart-Paris** eine Spitzengeschwindigkeit von 320 km in der Stunde. Für die 600 km lange Strecke benötigt er nur drei Stunden und 40 Minuten.

une **personne** [ynpɛʀsɔn]	eine Person

AUF EINEN BLICK

2x où   **Wo** man wohnt und **wohin** man geht.

Tu habites **où**?	**Wo** wohnst du?	Vous allez **où**?	**Wohin** geht ihr?
Où est-ce que ton copain habite?	**Wo** wohnt dein Freund?	**Où** est-ce que tu vas?	**Wohin** gehst du?

cent-soixante-dix-sept   177

6 Vocabulaire

A2

l'**arrivée** (f.) [laʀive]	die Ankunft	l'**arrivée** (hier neu) gehört zu derselben Wortfamilie wie **arriver** (schon bekannt). So kann man die Bedeutung neuer Wörter oft selbstständig erschließen.
hier [jɛʀ]	gestern	Erinnerst du dich? **aujourd'hui** = heute, **demain** = morgen
faire le lit [fɛʀləli]	das Bett machen	
rester [ʀɛste]	bleiben	**Je reste ici et je range, c'est ça?** Ich bleibe hier und räume auf, ok?

A4

un **blog** [ɛ̃blɔg]	ein Blog	
les **vacances** (f., pl.) [levakɑ̃s]	der Urlaub, die Ferien	**On est en vacances.** Wir haben Ferien. **On** bedeutet „man". In der Umgangssprache wird es auch für „wir" verwendet. **les grandes vacances** die Sommerferien
dernier / dernière [dɛʀnje / dɛʀnjɛʀ]	letzter / letzte / letztes	**samedi dernier** letzten Samstag
content / contente [kɔ̃tɑ̃ / kɔ̃tɑ̃t]	zufrieden	
fêter qc [fete]	etwas feiern	
l'**amitié** (f.) [lamitje]	die Freundschaft	**fêter 20 ans d'amitié** 20 Jahre Freundschaft feiern
triste / triste [tʀist / tʀist]	traurig	– **Tu es triste? – Oui, je suis vraiment triste.** – Bist du traurig? – Ja, ich bin sehr / wirklich traurig.
intéressant / intéressante [ɛ̃teʀɛsɑ̃ / ɛ̃teʀɛsɑ̃t]	interessant	Achte auf die Aussprache mit zwei Nasalen: **int**é**ress**ant [ɛ̃teʀɛsɑ̃]. Das **s** wird nicht ausgesprochen.
très [tʀɛ]	sehr	
bon / bonne [bɔ̃ / bɔn]	gut	Achte auf die Aussprache: **bon** wie in **bon**jour.
patati patata (fam.) [patatipatata]	blablabla (ugs.)	
peut-être [pøtɛtʀ]	vielleicht	
tout / toute [tu / tut]	ganz	**tout le mois de juillet** der ganze Juli
une **gare** [yngaʀ]	ein Bahnhof	„Der Bahnhof" ist im Französischen feminin: **la** gare. → Pariser Bahnhöfe S. 186.
un **chanteur** / une **chanteuse** [ɛ̃ʃɑ̃tœʀ / ynʃɑ̃tøz]	ein Sänger / eine Sängerin	Bekannt sind **chanter** und **la chanson**; so kann **un chanteur** gut behalten werden.
oublier qc [ublije]	etwas vergessen	
petit / petite [pəti / pətit]	klein	**On a cherché mon petit frère et ma petite sœur.** Wir haben meinen kleinen Bruder und meine kleine Schwester gesucht.
pendant [pɑ̃dɑ̃]	während	**pendant 10 bonnes minutes** geschlagene 10 Minuten
enfin [ɑ̃fɛ̃]	schließlich, endlich	
Ouf! [uf]	Uff!	
avoir peur [avwaʀpœʀ]	Angst haben	**On a eu peur.** Wir hatten Angst.
un **quai** [ɛ̃kɛ]	ein Bahnsteig	
une **reine** [ynʀɛn]	eine Königin	
l'**Angleterre** (f.) [lɑ̃glətɛʀ]	England	

178   cent-soixante-dix-huit

Vocabulaire 6

un **chapeau** [ɛ̃ʃapo]	ein Hut	

> 🇫🇷 **Vis-à-vis**
> Als Zeichen der Bewunderung für eine Leistung sagen (nicht nur) die Franzosen **Chapeau!**, was soviel wie „Hut ab!" oder „Respekt!" bedeutet.

vert / verte [vɛʀ/vɛʀt]	grün
long / longue [lɔ̃/lɔ̃g]	lang
une **robe** [ynʀɔb]	ein Kleid
rouge [ʀuʒ]	rot

un t-shirt vert, une robe verte

Beachte die Wortstellung: französisch: une **longue** robe **rouge**; deutsch: ein **langes rotes** Kleid

une **ceinture** [ynsɛ̃tyʀ]	ein Gürtel
jaune [ʒon]	gelb
penser [pɑ̃se]	denken
le **jour** [ləʒuʀ]	der Tag

Elle et sa mère, c'est le jour et la nuit. Sie und ihre Mutter, das ist ein Unterschied wie Tag und Nacht.

joli/jolie [ʒoli]	hübsch
un **jean** [ɛ̃dʒin]	eine Jeans
le **strass** [ləstʀas]	Strass (Glitzerperlen etc.)

Atelier B1

court / courte [kuʀ/kuʀt]	kurz
avant [avɑ̃]	vor

AUF EINEN BLICK

avant, après ... „vor", „nach" und andere knifflige Wörter

Les copains arrivent une heure	**avant** la fête.	(**vor** dem Fest)	une heure	**avant**	(**vorher, davor**)
Ils rentrent à la maison	**après** la fête.	(**nach** dem Fest)	une heure	**après**	(**danach**)
devant le stand de crêpes	(**vor** dem Crêpesstand)		**derrière** la voiture	(**hinter** dem Auto)	

---

un **bal** [ɛ̃bal]	ein Ball, ein Fest	
mettre qc [mɛtʀ]	etwas legen, setzen, stellen; etwas anziehen	**Je mets mon pantalon vert?** Soll ich meine grüne Hose anziehen?

⚠ je me**ts**, tu me**ts**, il/elle/on me**t**, nous mettons, vous mettez, ils/elles mettent. Passé composé: j'ai **mis**

après [apʀe]	danach	
donner qc à qn [dɔne]	jemandem etwas geben	**Donne la main à ton petit frère, s'il te plaît!** Gib deinem kleinen Bruder bitte die Hand.
		la main steht für **qc**, **à ton petit frère** für **à qn**.
un **jouet** [ɛ̃ʒwɛ]	ein Spielzeug	**jouer** spielen
un **rendez-vous** [ɛ̃ʀɔ̃devu]	eine Verabredung/ein Treffen	**avoir rendez-vous avec qn** mit jemandem eine Verabredung haben

cent-soixante-dix-neuf 179

6 Vocabulaire

la Place de la Bastille [laplasdelabastij]	der Place de la Bastille	

> 🇫🇷 **Vis-à-vis**
> Hier stand im 17. Jahrhundert ein Gefängnis, das mit der Erstürmung der Bastille am 14. Juli 1789, dem Beginn der Französischen Revolution, dem Erdboden gleichgemacht wurde. Heute steht auf dem Platz nur noch eine große Säule.

mauvais/mauvaise [movɛ/movɛz]	schlecht	**La musique n'est pas mauvaise, elle est bonne.** Die Musik ist nicht schlecht, sie ist gut.
je veux [ʒəvø]	ich will, ich möchte	**Moi aussi, je veux danser.** Auch ich möchte tanzen.
sinon [sinɔ̃]	wenn nicht	
un défilé [ɛ̃defile]	ein Umzug, eine Parade	
Je m'en fous. (fam.) [ʒəmɔ̃fu]	Das ist mir total egal.	**Je m'en fous du défilé!** Der Umzug / Die Parade ist mir total egal.
donner la main à qn [dɔnelamɛ̃]	jemandem die Hand geben	
montrer qc à qn [mɔ̃tʀe]	jemandem etwas zeigen	
une casquette [ynkaskɛt]	eine Kappe, eine Schirmmütze	
entre [ɑ̃tʀ]	zwischen	**un jeu entre toi et moi** ein Spiel zwischen dir und mir
aider qn [ede]	jemandem helfen	**Toi, Marie, tu aides toujours tout le monde.** Du Marie, du hilfst immer allen.
aller vers qn [alevɛʀ]	auf jemanden zugehen	
Je te vois venir. (fam.) [ʒətəvwavəniʀ]	hier: Ich merke schon, worauf du hinauswillst.	
si [si]	so	**Je suis si contente.** Ich bin so (sehr) zufrieden.
rencontrer qn [ʀɑ̃kɔ̃tʀe]	jemanden treffen, jemandem begegnen	
demander qc à qn [d(ə)mɑ̃de]	jemanden etwas fragen	**Demande à ton père.** Frag deinen Vater.
surtout [syʀtu]	vor allem	
jaloux / jalouse [ʒalu/ʒaluz]	eifersüchtig	**Ne sois pas jalouse, Lilou!** Lilou, sei nicht eifersüchtig!
assez [ase]	genug; ziemlich	**Clara est assez grande pour parler à son père.** Clara ist groß genug, um mit ihrem Vater zu sprechen.
parler à qn [paʀle]	mit jemandem sprechen	
au contraire [okɔ̃tʀɛʀ]	im Gegenteil	
autre [otʀ]	anderer, andere, anderes	Im Singular immer **autre**, im Plural immer **autres**.
aider qn [ɛde]	jdm. helfen	Im Singular immer **autre**, im Plural immer **autres**.
continuer à faire qc [kɔ̃tinɥe]	fortfahren, etwas zu tun	
B6 **un courriel** [ɛ̃kuʀjɛl]	eine E-Mail	Neben **un courriel** ist auch **un e-mail** [ɛ̃nimɛl] und **un mél** [ɛ̃mɛl] gebräuchlich.
Cher … / Chère … [ʃɛʀ]	Lieber … / Liebe …	So beginnt man Briefe, E-Mails …
une fleur [ynflœʀ]	eine Blume	

180 cent-quatre-vingts

Vocabulaire 6

bleu / bleue [blø]	blau	
blanc / blanche [blɑ̃/blɑ̃ʃ]	weiß	
rouge / rouge [ʀuʒ]	rot	

🇫🇷 **Vis-à-vis**
bleu, blanc, rouge sind die Farben der französischen Flagge.

Die Aussprache ist dieselbe, die Schreibung nicht.
un t-shirt **blanc**, **une** robe **blanche**
Im Singular immer **rouge**, im Plural immer **rouges**.

le ciel [ləsjɛl]	der Himmel	
noir / noire [nwaʀ]	schwarz	

Die Aussprache ist dieselbe [nwaʀ], die Schreibung nicht: noir, noir**e**.

gris / grise [gʀi/gʀiz]	grau	
une couleur [ynkulœʀ]	eine Farbe	
génial / géniale [ʒenjal]	super, genial	
changer qc [ʃɑ̃ʒe]	etwas verändern	
ça change (de qc) … [ʃɑ̃ʒ]	es ist mal was anderes (als …)	
la jalousie [laʒaluzi]	die Eifersucht	

un pantalon gris [gʀi], **une** robe gris**e** [gʀiz]

Notre-Dame, c'est génial. Notre-Dame ist super.

Ça change des chapeaux de ma mère. Das ist wirklich etwas ganz anderes als die Hüte meiner Mutter.

B 8

un vêtement [ɛ̃vɛtmɑ̃]	ein Kleidungsstück	
une basket [ynbaskɛt]	ein Turnschuh	
une jupe [ynʒyp]	ein Rock	
un pull [ɛ̃pyl]	ein Pulli	
un pantalon [ɛ̃pɑ̃talɔ̃]	eine Hose	
un sweat-shirt [ɛ̃swɛtʃœʀt]	ein Sweatshirt	
une chemise [ynʃəmiz]	ein Hemd	
un anorak [ɛ̃nanɔʀak]	ein Anorak	
une veste [ynvɛst]	eine Jacke	
des chaussures (f.) [deʃosyʀ]	Schuhe	

des baskets Turnschuhe

un pantalon long, **une** robe long**ue**

B 9
une tombola [yntɔ̃bɔla]	eine Tombola

B 11
un poème [ɛ̃pɔɛm]	ein Gedicht

AUF EINEN BLICK

Les vêtements Kleider machen Leute.

un t-shirt	ein T-Shirt		une veste	eine Jacke
un pantalon	eine Hose		des baskets (f.)	Turnschuhe
un jean	eine Jeans		des chaussures (f.)	Schuhe
une robe	ein Kleid		un bermuda	Bermudashorts
une jupe	ein Rock		un sweat(-shirt)	ein Sweatshirt
un pull(over)	ein Pulli, ein Pullover		les fringues (f.) (fam.) [lefʀɛ̃g]	die Klamotten
une chemise	ein Hemd		un short [ɛ̃ʃɔʀt]	Shorts

cent-quatre-vingt-un 181

6 Vocabulaire

AUF EINEN BLICK

Les adjectifs — männlich und weiblich

Singular (m.)/(f.)	Plural (m.)/(f.)	Singular (m.)/(f.)	Plural (m.)/(f.)
content / contente	contents / contentes	français / française	français / françaises
petit / petite	petits / petites	gris / grise	gris / grises
allemand / allemande	allemands / allemandes	bizarre	bizarres
bon / bonne	bons / bonnes	classique	classiques
blanc / blanche	blancs / blanches	fantastique	fantastiques
dernier / dernière	derniers / dernières	jaune	jaunes
long / longue	longs / longues	rouge	rouges
joli / jolie	jolis / jolies	sympa	sympas
bleu / bleue	bleus / bleues	triste	tristes
noir / noire	noirs / noires		

Unveränderlich: super, cool

Le passé composé — Über Vergangenes berichten.

– Qu'est-ce que tu **as fait** le 14 juillet?	danser faire	– J'**ai dansé** dans la rue. – J'**ai fait** des photos du feu d'artifice à la tour Eiffel.
– Qu'est ce que tu **as fait** hier soir?	ranger discuter regarder	– J'**ai rangé** ma chambre. – J'**ai discuté** avec mon frère / ma sœur / mes parents. – J'**ai regardé** un film intéressant.
– Est-ce que les grandes vacances **ont** déjà **commencé**?	commencer	– Oui, elles **ont commencé** samedi dernier / le … juillet.
– Pourquoi est-ce que vous restez à la maison?	inviter	– Parce Maman **a invité** son amie Delphine et sa fille Lilou.
– Qu'est-ce que Gabriel **a fait**?	faire écouter oublier	– Il **a fait** un tour dans la gare, – il **a écouté** des chanteurs – et il **a oublié** le train.
– Qu'est-ce que vous **avez fait** alors?	chercher	– On **a cherché** mon petit frère.

MON DICO PERSONNEL

Faire la fête — Singen, tanzen, essen, trinken …

la musique	die Musik	**un sketch** [ɛskɛtʃ]	ein Sketch
les amis / les copains	die Freunde	**des sandwichs** (m.) [desāwi(t)ʃ]	Sandwichs
chanter	singen	**des boissons** (f.) [debwasɔ̃]	Getränke
danser	tanzen	**des tartes flambées** (f.) [detaʀtflãbe]	Flammkuchen
fêter	feiern	**des pizzas** (f.) [depidza]	Pizzas
des gâteaux	Kuchen	**des chips** (m.) [deʃip]	Chips

182   cent-quatre-vingt-deux

Vocabulaire 7

Unité 7 Le Paris des touristes

TIPP

Schreibe besonders wichtige Wörter auf **Klebezettel**. Klebe den Zettel an einen gut sichtbaren Platz, an dem du regelmäßig vorbeikommst. So lernst du Wörter quasi **im Vorübergehen**.

TU TE RAPPELLES?

vraiment	wirklich	**Je voudrais …**	Ich möchte gerne …
même	sogar	**tout le monde**	alle, jeder
déjà	schon	**Je ne sais pas.**	Ich weiß nicht.
surtout	vor allem	**enfin**	schließlich, endlich

un **touriste** / une **touriste** [ɛ̃turist / ynturist]	ein Tourist / eine Touristin	
un **reportage** [ɛ̃rəpɔrtaʒ]	eine Reportage	französisch: **un** reportage, deutsch: **eine** Reportage
la **radio** [laradjo]	das Radio; der Radiosender	
la **capitale** [lakapital]	die Hauptstadt	
un **assistant** / une **assistante** [ɛ̃nasistɑ̃ / ynasistɑ̃t]	ein Assistent / eine Assistentin	französisch: assist**a**nt, deutsch: Assist**e**nt
visiter qc [vizite]	etwas besichtigen	
un **endroit** [ɛ̃nɑ̃drwa]	ein Ort, eine Stelle	**Ils vont visiter les endroits intéressants.** Sie werden die interessanten Orte besichtigen. Achte auf die Bindung: les_endroits [lezɑ̃drwa]
le **Louvre** [ləluvr]	der Louvre	**Le Louvre est un grand musée à Paris.** Der Louvre ist ein großes Museum in Paris.
une **pyramide** [ynpiramid]	eine Pyramide	
un **musée** [ɛ̃myze]	ein Museum	
le **Centre Pompidou** [ləsɑ̃tr(ə)pɔ̃pidu]	das Centre Pompidou *(Kunst- und Kulturzentrum in Paris)*	→ Foto, S. 184
l'**art** *(m.)* [lar]	die Kunst	
moderne [mɔdɛrn]	modern	französisch: modern**e**, deutsch: modern
la **Défense** [ladefɑ̃s]	la Défense	→ Foto, S. 184
une **arche** [ynarʃ]	ein Bogen	**le quartier des affaires avec la „Grande Arche de la Défense"** das Geschäftsviertel mit der „Grande Arche de la Défense"

🇫🇷 **Vis-à-vis**

Die **Grande Arche de la Défense** ist eine moderne Nachbildung des **Arc de triomphe** (Triumphbogens).

L'**Institut du Monde arabe** [lɛ̃stitydymɔ̃darab]	das Institut du Monde arabe *(arabisches Kulturzentrum in Paris)*	→ Foto, S. 184
une **exposition** [ynɛkspozisjɔ̃]	eine Ausstellung	
un **spectacle** [ɛ̃spɛktakl]	eine Vorstellung, eine Darbietung	

cent-quatre-vingt-trois 183

7 Vocabulaire

Le Centre Pompidou  La Défense 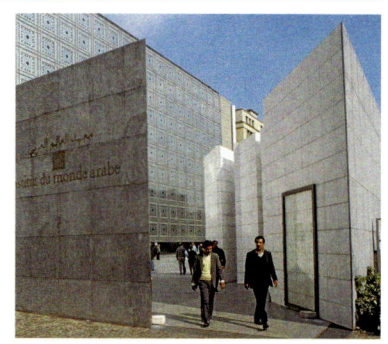 L'Institut du Monde arabe

Atelier A1

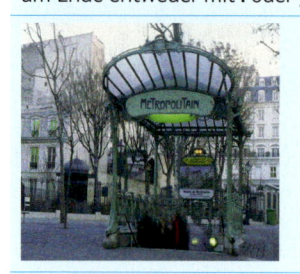

à vélo [avelo]	mit dem Fahrrad
la Gare du Nord [laɡaʁdynɔʁ]	der Gare du Nord *(einer der Pariser Bahnhöfe)*
le Thalys [lətalis]	der Thalys *(Name eines Hochgeschwindigkeitszuges)*
Quelle surprise! [kɛlsyʁpʁiz]	Was für eine Überraschung!
le centre-ville [ləsɑ̃tʁəvil]	das Stadtzentrum
papi / papy *(fam.)* [papi]	Opa, Opi
le métro [ləmetʁo]	die Metro, die U-Bahn
une station [ynstasjɔ̃]	eine Haltestelle, eine Station
le vélib' [ləvelib]	*Bezeichnung für bezahlbaren Fahrradverleih in Großstädten*
Dunkerque [dɛ̃kɛʁk]	Dünkirchen *(Stadt in Nordfrankreich)*

Fassade des **Gare du Nord**

am Ende entweder mit **i** oder **y**

Atelier B1

un bisou [ɛ̃bizu]	ein Küsschen
Il fait beau. [ilfɛbo]	Es ist schönes Wetter. / Das Wetter ist schön.
chaud / chaude [ʃo/ʃod]	warm, heiß
Il fait chaud. [ilfɛʃo]	Es ist warm / heiß.
beaucoup de [bokudə]	viel(e)
la vue [ynvy]	die Aussicht
le soleil [ləsɔlɛj]	die Sonne
le vent [ləvɑ̃]	der Wind
un nuage [ɛ̃nɥaʒ]	eine Wolke
un restaurant [ɛ̃ʁɛstoʁɑ̃]	ein Restaurant
une boutique [ynbutik]	eine Boutique, ein Ladengeschäft
un souvenir [ɛ̃suvniʁ]	eine Erinnerung, ein Andenken

Bisous de la tour Eiffel. Küsschen vom Eiffelturm.

Im Französischen benutzt man für Wetterangaben meistens das Verb **faire**.

Sur la tour Eiffel, il y a beaucoup de touristes.
Auf dem Eiffelturm sind viele Touristen.

avec un grand soleil bei herrlichem Sonnenschein
Il y a du vent. Es ist windig.
Il n'y a pas de vent, pas un nuage!
Es gibt keinen Wind, keine (einzige) Wolke.

une boutique de souvenirs ein Souvenirladen

184 cent-quatre-vingt-quatre

Vocabulaire — 7

	écrire qc à qn [ekʀiʀ]	jemandem etwas schreiben
!	j'écris, tu écris, il/elle/on écrit, nous écri**v**ons, vous écri**v**ez, ils/elles écri**v**ent	
	une **c**arte [ynkaʀt]	eine Karte
	une **c**arte postale [ynkaʀtpɔstal]	eine Postkarte, eine Ansichtskarte
B 2	le **temps** [lətɑ̃]	das Wetter
	Quel temps fait-il? [kɛltɑ̃fɛtil]	Wie ist das Wetter?
	froid / froide [fʀwa / fʀwad]	kalt
	Il fait froid. [ilfɛfʀwa]	Es ist kalt.
	neiger [nɛʒe]	schneien
	Il fait mauvais. [ilfɛmovɛ]	Es ist schlechtes Wetter.
	pleuvoir [pløvwaʀ]	regnen
	Il pleut. [ilplø]	Es regnet.
	un **orage** [ɛ̃nɔʀaʒ]	ein Gewitter
	un **degré** [ɛ̃dəgʀe]	ein Grad
B 3	**lire** qc / qc à qn [liʀ]	etwas lesen, jemandem etwas vorlesen
!	je lis, tu lis, il/elle/on lit, nous li**s**ons, vous li**s**ez, ils/elles li**s**ent	
B 4	**mamie** [mami]	Oma, Omi
	Comment allez-vous? [kɔmɑ̃talevu]	Wie geht es euch / Ihnen?
	la **Joconde** [laʒɔkɔ̃d]	Mona Lisa *(weltberühmtes Ölgemälde im Louvre)*
	une **bise** *(fam.)* [ynbiz]	ein Kuss, ein Küsschen

🇫🇷 **Vis-à-vis**

La bise ist ein angedeuteter Kuss auf beide Wangen. Mit einer **bise** begrüßen sich in Frankreich Verwandte und gute Bekannte. Am Ende eines Briefes, einer Karte oder einer E-Mail verwendet man als Grußformel **Bises, Bisous, Biz** oder **Grosses bises** (Viele Grüße und Küsse).

	Coucou! [kuku]	Kuckuck! Hallo.
Atelier	**Grosses bises!** [gʀosbiz]	Viele Grüße und Küsse!
C 1	un **million** [ɛ̃miljɔ̃]	eine Million
	un **kilomètre** [ɛ̃kilɔmɛtʀ]	ein Kilometer
	tôt [to] *(adv.)*	früh *(Adv.)*
	un **bus** [ɛ̃bys]	ein Bus
	fatigué / fatiguée [fatige]	müde

---

französisch: **c**arte; deutsch: **K**arte

J'écris une carte postale à mes parents.
Ich schreibe meinen Eltern eine Ansichtskarte.

Il neige. Es schneit.
A Paris, il fait mauvais. In Paris ist schlechtes Wetter.

Il y a de l'orage. Es ist gewittrig.

Je vais lire la lettre à grand-père. Après, je lis le journal.
Ich werde Großvater den Brief vorlesen. Danach lese ich die Zeitung.

Cher papi et chère mamie, Comment allez-vous?
Lieber Opi und liebe Omi, wie geht es euch?

Nach der Anrede beginnt im Französischen das nächste Wort mit einem Großbuchstaben.

faire la bise à qn = jemandem einen Kuss geben

des millions de … = Millionen von …

très tôt (sehr früh), **trop tôt** (zu früh),
très tard (sehr spät), **trop tard** (zu spät)

cent-quatre-vingt-cinq 185

7 Vocabulaire

par jour [paʁʒuʁ]	pro Tag / täglich
tu sais [tysɛ]	du weißt
les transports en commun (m./pl.) [letʁɑ̃spɔʁɑ̃kɔmɛ̃]	die öffentlichen Verkehrsmittel
fou/folle [fu/fɔl]	verrückt
un Parisien/une Parisienne [ɛ̃paʁizjɛ̃/ynpaʁizjɛn]	ein Pariser/eine Pariserin
le pain [ləpɛ̃]	das Brot

C2

un moyen de transport [ɛ̃mwajɛ̃dətʁɑ̃spɔʁ]	ein Verkehrsmittel
la Gare de l'Est [lagaʁdəlɛst]	der Gare de l'Est (der Ostbahnhof)

🇫🇷 **Vis-à-vis**

Les gares de Paris
In Paris gibt es sechs Bahnhöfe, die größten davon sind der **Gare de l'Est**, der **Gare du Nord** [gaʁdynɔʁ], der **Gare de Lyon** [gaʁdəljɔ̃] und der **Gare Montparnasse** [gaʁmɔ̃paʁnas]. Von diesen Bahnhöfen verkehren auch die TGVs.

un ticket [tikɛ]	eine Fahrkarte; ein Fahrschein
le RER [ləɛʁəʁ]	der RER (S-Bahnartiges Verkehrsnetz in Paris und Umgebung)
un aéroport [ɛ̃naeʁɔpɔʁ]	ein Flughafen
écologique [ekɔlɔʒik]	ökologisch, umweltfreundlich

C3

un avion [ɛ̃navjɔ̃]	ein Flugzeug

Il faut faire des kilomètres pour gagner son pain.
Man muss kilometerweit fahren, um sein Brot (seinen Lebensunterhalt) zu verdienen.

Fassade des **Gare Montparnasse**

zwischen **n** und **a** wird gebunden, sodass die beiden Wörter wie ein einziges ausgesprochen werden.

AUF EINEN BLICK

Du matin au soir — Von morgens bis abends.

le matin	der Morgen, morgens	**l'après-midi** [lapʁɛmidi]	der Nachmittag, nachmittags
à huit heures du matin	um acht Uhr morgens	**à trois heures de l'après-midi**	um drei Uhr nachmittags
ce matin	heute Morgen	**cet(te) après-midi**	heute Nachmittag
samedi matin	Samstagmorgen	**lundi après-midi**	Montagnachmittag
le soir	der Abend, abends	**la nuit**	die Nacht, nachts
à neuf heures du soir	um neun Uhr abends	**à deux heures du matin**	um zwei Uhr nachts
ce soir	heute Abend	**cette nuit**	heute Nacht
vendredi soir	Freitagabend	**la nuit de mardi**	Dienstagnacht

186 cent-quatre-vingt-six

Vocabulaire 7

en train [ɑ̃tʀɛ̃]	mit dem Zug	

Mit dem Zug …
en train,
en bus,
en métro,
en voiture,
à vélo, auch **en vélo**,
à pied zu Fuß.

Atelier D1

un **marché** [ɛ̃maʀʃe]	ein Markt	
un **marché aux puces** [ɛ̃maʀʃeopys]	ein Flohmarkt	
ne … pas de [nəpadə]	kein / keine	**Je n'ai pas de tickets pour le métro.** Ich habe keine Metrofahrkarten.
pas de problème [padəpʀɔblɛm]	kein Problem	
une **chose** [ynʃoz]	eine Sache / ein Ding	
un **exemple** [ɛ̃nɛgzɑ̃pl]	ein Beispiel	
par exemple [paʀɛgzɑ̃pl]	zum Beispiel	
pratique [pʀatik]	praktisch	französisch: pr**at**ique, deutsch: pr**akt**isch
on peut [ɔ̃pø]	man kann	**On peut mettre ça dans sa poche.** Man kann das in seine Tasche stecken.
la **poche** [lapɔʃ]	die Tasche	
adorer qn / qc [adɔʀe]	jemanden / etwas sehr gern mögen	**Tout le monde adore ça.** Alle mögen das sehr (gern).
ne … plus [nə … ply]	nicht mehr	**Marie ne travaille plus. Elle est fatiguée.** Marie arbeitet nicht mehr. Sie ist müde.
ne … plus de [nə … plydə]	kein / keine mehr	**J'ai soif. Je n'ai pas de jus et je n'ai plus d'eau minérale.** Ich habe Durst. Ich habe keinen Saft und kein Mineralwasser mehr.
plus de problème [plydəpʀɔblɛm]	kein Problem mehr	
inventer qc [ɛ̃vɑ̃te]	etwas erfinden	
cher / chère [ʃɛʀ]	teuer	**– C'est cher? – Non, ce n'est pas cher!** – Ist das teuer? – Nein, das ist nicht teuer.
la **valeur** [lavalœʀ]	der Wert	**Dix euros! Ça n'a plus de valeur!** Zehn Euro! Das ist nicht teuer.

D2

désirer qc [deziʀe]	etwas wünschen	**Vous désirez?** Sie wünschen? / Was wünschen Sie?
(je suis) **désolé / désolée** [dezole]	es tut mir leid	Wenn dir etwas leid tut, dann brauchst du nur „Désolé(e)" zu sagen.
beaucoup de [bokudə]	viel(e)	**– Vous n'avez pas de rollers? – Si, nous avons beaucoup de rollers.** – Habt ihr keine Rollerskates? – Doch, wir haben viele Rollerskates.
peu de [pødə]	wenig(e)	**Tu as beaucoup de pulls? – Non, j'ai peu de pulls.** Hast du viele Pullis? – Nein, ich habe wenige Pullis.

Atelier E1

un **grand huit** [ɛ̃gʀɑ̃ɥit]	eine Achterbahn	**sur** le grand huit **mit** der Achterbahn
vrai / vraie [vʀɛ]	wahr; richtig, echt	**Alors, c'est vrai, papa?** Nun, ist das wahr, Papa? **C'est un vrai problème.** Das ist ein richtiges / echtes Problem.

cent-quatre-vingt-sept 187

7 Vocabulaire

un **parc d'attractions** [ɛ̃paʀkdatʀaksjɔ̃]	ein Freizeitpark / ein Erlebnispark		
un **auditeur** / une **auditrice** [ɛ̃oditœʀ / ynoditʀis]	ein Hörer / eine Hörerin		
Internet (m.) [ɛ̃tɛʀnɛt]	das Internet	Im Französischen steht **Internet** ohne Artikel.	
sur Internet [syʀɛ̃tɛʀnɛt]	im Internet	französisch: **sur** Internet, deutsch: **im** Internet	
ne … rien [nə … ʀjɛ̃]	nichts	Léo cherche des informations. D'abord, il ne trouve rien. Léo sucht Informationen. Zunächst findet er nichts.	
une **liste** [ynlist]	eine Liste		
une **réponse** [ynʀepɔ̃s]	eine Antwort	une liste de questions et réponses eine Liste mit Fragen und Antworten	

AUF EINEN BLICK

Un croissant, s'il vous plaît. Ein Croissant, bitte.

Wörter, die im Französischen und Deutschen (fast) gleich geschrieben werden.

gleiche Schreibweise		**fast gleiche Schreibweise**	
cool	cool	**f**antasti**que**	**ph**antasti**sch**
super	super	moder**ne**	modern
gleiche Schreibweise (außer Anfangsbuchstabe)		prati**que**	pra**k**ti**sch**
un **b**onbon	ein Bonbon	int**é**ressant	interessant
une **b**outique	eine Boutique	**c**lassi**que**	**k**lassi**sch**
un **c**afé	ein Café	une **c**ath**é**drale	eine **K**athedrale
une **l**ampe	eine Lampe	une **c**atastrophe	eine **K**atastrophe
un **r**estaurant	ein Restaurant	la **g**ymnasti**que**	die **G**ymnasti**k**
une **d**ame	eine Dame	un **c**arton	ein **K**arton
un **c**ousin	ein Cousin	une id**é**e	eine Idee
un **r**eportage	eine Reportage	un **t**ouriste	ein **T**ourist
le **s**port	der Sport	… und ganz viele mehr!	

AUF EINEN BLICK

Vous désirez? Wenn du einkaufen gehst …

Du gehst in ein Geschäft und sagst, dass du etwas suchst / gern möchtest.	Bonjour, monsieur / madame. Je cherche … / Je voudrais …
Du fragst, was etwas kostet.	Le … / La … coûte / fait combien?
Nachdem der Verkäufer gesagt hat, dass der Artikel nicht teuer ist, sagst du, – dass er leider zu teuer ist. – dass du ihn nimmst.	Il n'est pas cher. / Elle n'est pas chère. Dommage, c'est trop cher. D'accord, je prends …
Du bezahlst und verabschiedest dich.	Voilà les … euros. Au revoir, monsieur / madame.

188 cent-quatre-vingt-huit

Liste des mots

- Die *Liste des mots* enthält den Lernwortschatz aus den *Unités*.
  Wörter, die innerhalb von *Lire*-Aufgaben erschlossen werden sollen, grammatische Basiswörter wie z. B. die Personalpronomen *je*, *tu* … sowie Zahlen werden in der folgenden Liste nicht aufgeführt.
- Die Fundstellen verweisen auf das erstmalige Vorkommen der Wörter, z. B.
  une **affaire I3A**, 3 = Band **1**, Unité **3**, Atelier **A**, Nummer **3**.
  DE = Einstiegsseite *Découvertes*; **A** = Atelier A; **B** = Atelier B; **C** = Atelier C; **0** = Vorkurs (Bienvenue!)

A

à vélo [avelo] mit dem Fahrrad **I7A**, 1
à (Paris) [a] in, nach (Paris) **I2DE**
A plus! *(fam.)* [aplys] bis später **I5A**, 1
une **activité** [ynaktivite] eine Freizeitbeschäftigung **I5DE**
adorer qn / qc [adɔʀe] jemanden / etwas sehr gern mögen **I7D**, 1
un **aéroport** [ɛ̃naeʀɔpɔʀ] ein Flughafen **I7C**, 2
une **affaire** [ynafɛʀ] eine Sache, eine Angelegenheit **I3A**, 3
une **affiche** [ynafiʃ] ein Plakat **I2A**, 3
l'**âge** *(m.)* [laʒ] das Alter **I3B**, 9
  Tu as quel âge? [tyakɛlaʒ] Wie alt bist du? **I3B**, 9
Aïe! [aj] Aua! **I4DE**
aider [ɛde] helfen **I6B1**
aimer qn / qc [eme] jemanden / etwas lieben, jemanden / etwas mögen **I2B**, 2
l'**allemand** [lalmɑ̃] Deutsch **I4DE**
allemand [almɑ̃] deutsch **I3A**, 3
aller [ale] gehen, fahren **I4A**, 3
aller faire qc [alefɛʀ] etwas tun werden **I5A**, 1
aller vers qn [aleveʀ] auf jemanden zugehen **I6B**, 1
Allô? [alo] Hallo? (am Telefon) **I3A**, 3
alors [alɔʀ] nun, jetzt, dann **I2B**, 2
l'**alphabet** [lalfabɛ] das Alphabet **I0**, 5
un **ami** / une **amie** [ɛ̃nami / ynami] ein Freund / eine Freundin **I2A**, 3
l'**amitié** *(f.)* [lamitje] die Feundschaft **I6A**, 4
un **an** [ɛ̃nɑ̃] ein Jahr **I3B**, 1
une **année** [ynane] ein Jahr **I3B**, 7
un **anniversaire** [ɛ̃naniveʀsɛʀ] ein Geburtstag **I3DE**
un **anorak** [ɛ̃naɔʀak] ein Anorak **I6B**, 8
août *(m.)* [ut] August **I3B**, 7
un **appartement** [ɛ̃napaʀtəmɑ̃] eine Wohnung **I5A**, 3
je m'appelle [ʒəmapɛl] ich heiße **I0**, 2
  Tu t'appelles comment? [tytapɛlkɔmɑ̃] Wie heißt du? **I1A**, 1
après [apʀɛ] nach; danach **I4A**, 1
l'**après-midi** *(m.)* [apʀɛmidi] der Nachmittag **I5A**, 6
à propos [apʀɔpo] a propos, übrigens **I3A**, 3

une **arche** [ynaʀʃ] ein Bogen **I7DE**
l'**arrivée** *(f.)* [laʀive] die Ankunft **I6A**, 2
arriver [aʀive] (an)kommen **I2DE**
l'**art** *(m.)* [laʀ] die Kunst **I7DE**
assez [asedə] genug, ziemlich **I6B**, 1
un **assistant** / une **assistante** [ɛ̃nasistɑ̃ / ynasistɑ̃t] ein Assistent / eine Assistentin **I7DE**
à table [atabl] ein Tisch **I5A**, 3
l'**athlétisme** *(m.)* [latletism] die Leichtathletik **I5A**, 3
Attention! [atɑ̃sjɔ̃] Achtung!, Vorsicht! **I1A**, 1
au contraire [okɔ̃tʀɛʀ] im Gegenteil **I6B**, 1
un **auditeur** / une **auditrice** [ɛ̃noditœʀ / ynoditʀis] ein Hörer **I7E**, 1
aujourd'hui [oʒuʀdɥi] heute **I3A**, 3
aussi [osi] auch **I1B**, 1
autre / **autre** [otʀ] anderer / andere / anderes **I6B**, 1
  les autres [lezotʀ] die anderen **I4B**, 4
avant [avɑ̃] vor **I6B**, 1
avec [avɛk] mit **I2DE**
une **avenue** [ynav(ə)ny] eine Straße **I5DE**
un **avion** [ɛ̃navjɔ̃] ein Flugzeug **I7C**, 3
avoir [avwaʀ] haben **I3B**, 1
  avoir envie de faire qc [avwaʀɑ̃vi] Lust haben, etwas zu tun **I3B**, 1
  avoir faim [avwaʀfɛ̃] Hunger haben **I3B**, 1
  avoir mal [avwaʀmal] Schmerzen haben **I5B**, 3
avoir peur [avwaʀpœʀ] Angst haben **I6A**, 4
avoir treize ans [avwaʀtʀɛzɑ̃] dreizehn Jahre alt sein **I3B**, 1
avril *(m.)* [avʀil] April **I3B**, 7

B

un **bal** [ɛ̃bal] ein Ball, ein Fest **I6B**
une **basket** [ynbaskɛt] ein Turnschuh **I6B**, 8
une **BD** [ynbede] ein Comic **I2DE**
Il fait beau. [ilfɛbo] Es ist schönes Wetter. / Das Wetter ist schön. **I7B**, 1
beaucoup [boku] viel **I5B**, 2
  beaucoup de [bokudə] viel(e) **I7B**, 2
bien *(adv.)* [bjɛ̃] gut *(Adv.)* **I0**, 4

bien sûr [bjɛ̃syʀ] Sicherlich!, Na klar!, Selbstverständlich! **I3A**, 1
bientôt [bjɛ̃to] bald **I3A**, 1
Bienvenue! [bjɛ̃vny] Willkommen! **I0**, 1
une **bise** *(fam.)* [ynbiz] ein Kuss, ein Küsschen **I7B**, 4
un **bisou** [ɛ̃bizu] ein Küsschen **I7B**, 1
bizarre [bizaʀ] komisch, merkwürdig **I1B**, 2
blanc / **blanche** [blɑ̃ / blɑ̃ʃ] weiß **I6B**, 6
bleu / **bleue** [blø] blau **I6B**, 6
un **blog** [ɛ̃blɔg] ein Blog **I6A**, 4
Bof! [bɔf] Na ja., Ach. **I1B**, 7
bon / **bonne** [bɔ̃ / bɔn] gut **I6A**, 4
  Bonne journée! [bɔnʒuʀne] Einen schönen Tag! **I5C**, 1
Bonjour! [bɔ̃ʒuʀ] Guten Tag! **I0**, 2
une **bougie** [ynbuʒi] eine Kerze **I3A**, 3
une **boulangerie** [ynbulɑ̃ʒʀi] eine Bäckerei **I5B**, 1
une **boutique** [ynbutik] eine Boutique, ein Ladengeschäft **I7B**, 1
un **bureau** [ɛ̃byʀo] ein Büro; ein Schreibtisch; *(hier)* Arbeitszimmer **I3A**, 3
un **bus** [ɛ̃bys] ein Bus **I7C**, 1

C

ça [sa] das **I2B**, 2
  C'est ça? [sɛsa] Stimmt's? **I3B**, 1
ça change (de qc) … [saʃɑ̃ʒ] es ist mal etwas anderes (als …) **I6B**, 6
un **cadeau** [ɛ̃kado] ein Geschenk **I3A**, 1
un **café** [ɛ̃kafe] ein Café **I5B**, 1
un **cahier** [ɛ̃kaje] ein Heft **I2A**
une **cantine** [ynkɑ̃tin] eine Kantine **I4DE**
la **capitale** [lakapital] die Hauptstadt **I7DE**
un **carrefour** [ɛ̃kaʀfuʀ] eine Kreuzung **I5B**, 1
une **carte** [ynkaʀt] eine Karte **I3A**, 10
  une **carte postale** [ynkaʀtpɔstal] eine Postkarte, eine Ansichtskarte **I7B**, 1
un **carton** [ɛ̃kaʀtɔ̃] ein Karton **I2A**, 3
une **casquette** [ynkaskɛt] eine Kappe, eine Schirmmütze **I6B**, 1
une **catastrophe** [ynkatastʀɔf] eine Katastrophe **I2A**, 3

cent-quatre-vingt-neuf 189

Liste des mots

Ça va bien. [savabjɛ̃] Es geht (mir) gut. **I0**, 4
un **CD** / des **CD** [s̃ede/des̃ede] eine CD / CDs **I3A**, 1
un **CDI** [s̃edei] ein CDI **I4DE**
ce / c' [sə] das (z. B. in „c'est" = das ist …) **I1A**, 1
 ce soir [səswaʀ] heute Abend **I5A**, 1
ce sont [səsɔ̃] das sind **I3A**, 3
une **ceinture** [ynsɛ̃tyʀ] ein Gürtel **I6A**, 4
un **centime** [s̃ɑ̃tim] ein Cent **I5C**, 1
le **centre-ville** [ləsɑ̃tʀəvil] das Stadtzentrum **I7A**, 1
C'est [sɛ] Das ist … **I0**, 2
une **chaise** [ynʃɛz] ein Stuhl **I8**
une **chambre** [ynʃɑ̃bʀ] ein (Schlaf)Zimmer **I3A**, 3
un **champion** / une **championne** [ɛ̃ʃɑ̃pjɔ̃/ynʃɑ̃pjɔn] ein Champion, ein Meister / eine Meisterin **I5B**, 3
changer [ʃɑ̃ʒe] wechseln, ändern **I6B**, 6
une **chanson** [ynʃɑ̃sɔ̃] ein Lied **I0**, 4
chanter [ʃɑ̃te] singen **I3B**, 1
un **chanteur** / une **chanteuse** [ɛ̃ʃɑ̃tœʀ/ynʃɑ̃tøz] ein Sänger / eine Sängerin **I6A**, 4
un **chapeau** [ɛ̃ʃapo] ein Hut **I6A**, 4
un **chat** [ɛ̃ʃa] eine Katze **I1B**, 1
chaud / chaude [ʃo/ʃod] warm / heiß **I5C**, 1
 Il fait chaud. [ilfɛʃo] Es ist warm / heiß. **I7B**, 1
un **chauffeur** [ynʃofyʀ] ein Chauffeur **I5A**, 1
une **chaussure** [ynʃəsyʀ] ein Schuh **I6B**, 8
une **chemise** [ynʃəmiz] ein Hemd **I6B**, 8
cher / chère [ʃɛʀ] teuer **I7D**, 1
Cher … / Chère … [ʃɛʀ] Lieber … / Liebe … So beginnt man Briefe, E-Mails … **I6B**, 2
chercher qn / qc [ʃɛʀʃe] jemanden / etwas suchen **I2DE**
chez qn [ʃe] bei jemandem **I4A**, 1
un **chien** [ɛ̃ʃjɛ̃] ein Hund **I1B**, 1
une **chose** [ynʃoz] eine Sache / ein Ding **I7D**, 1
 quelque chose [kɛlkəʃoz] etwas **I4B**, 4
Chut! [ʃyt] Pst! **I2A**, 3
le **ciel** [ləsjɛl] der Himmel **I6B**, 6
la 5ᵉ [lasɛ̃kjɛm] in Frankreich: die 7. Klasse **I4DE**
classique [klasik] klassisch **I2B**, 5
une **clé** [ynkle] ein Schlüssel **I4A**, 3
 une clé USB [ynkleɛsbe] ein USB-Stick **I4A**, 3; **I4A**, 3

un **client** / une **cliente** [ɛ̃klijɑ̃/ynklijɑ̃t] ein Kunde / eine Kundin **I5C**, 1
cliquer [klike] klicken **I4B**, 4
un **coca** [ɛ̃kɔka] eine Cola **I5C**, 1
un **collège** [ɛ̃kɔlɛʒ] ein „Collège" **I4DE**
un **combat** [ɛ̃kɔ̃ba] ein Kampf **I5B**, 3
combien (de) [kɔ̃bjɛ̃] wie viel **I5C**, 1
 Ça coûte combien? [sakutkɔ̃bjɛ̃] Wie viel kostet das? **I5C**, 1
 Ça fait combien? [safɛkɔ̃bjɛ̃] Wie viel kostet das? **I5C**, 1
comme [kɔm] als **I5A**, 6; wie **I4B**, 4
 comme ça [kɔmsa] so, auf diese Weise **I4B**, 4
commencer [kɔmɑ̃se] anfangen, beginnen **I4A**, 1
comment? [kɔmɑ̃] wie? (Fragewort) **I1A**, 1
 Comment allez-vous? [kɔmɑ̃talevu] Wie geht es euch / Ihnen? **I7B**, 4
un **concert** [ɛ̃kɔ̃sɛʀ] ein Konzert **I6DE**
content / contente [kɔ̃tɑ̃/kɔ̃tɑ̃t] zufrieden **I6A**, 4
continuer à faire qc [kɔ̃tinɥe] fortfahren, etwas zu tun **I6B**, 1
cool (fam.) (inv.) [kul] cool **I4B**, 4
un **copain** / une **copine** (fam.) [ɛ̃kɔpɛ̃/ynkɔpin] ein Freund / eine Freundin **I1B**, 2
une **copie** [ynkɔpi] eine Kopie **I4B**, 4
coucher [kuʃe] schlafen **I5A**, 3
une **couleur** [ynkulœʀ] eine Farbe **I6B**, 6
la **cour** [ynkuʀ] der (Schul-)Hof **I4DE**
un **courriel** [ɛ̃kuʀjɛl] eine E-Mail **I6B**, 6
un **cours** [ɛ̃kuʀ] eine Unterrichtsstunde **I4DE**
court / courte [kuʀ/kuʀt] kurz **I6A**, 4
un **cousin** / une **cousine** [ɛ̃kuzɛ̃/ynkuzin] ein Cousin / eine Cousine **I3A**, 9
coûter qc [kute] etw. kosten **I5C**, 1
 Ça coûte combien? [sakutkɔ̃bjɛ̃] Wie viel kostet das? **I5C**, 1
un **crayon** [ɛ̃kʀɛjɔ̃] ein Bleistift **I2A**, 1
une **crêpe** [ynkʀɛp] eine Crêpe **I5DE**
une **cuisine** [ynkɥizin] eine Küche **I5A**, 3

D

d'abord [dabɔʀ] zuerst **I3A**, 1
d'accord [dakɔʀ] einverstanden, o.k. **I2B**, 2
une **dame** [yndam] eine Dame, eine Frau **I1B**, 4
dans [dɑ̃] in **I0**, 6
la **danse** [ladɑ̃s] der Tanz, das Tanzen **I5A**, 5
danser [dɑ̃se] tanzen **I6DE**

dans la rue [dɑ̃laʀy] auf der Straße **I2A**, 3
de / d' [də] **I1B**, 1
 de … à [də a] von … bis **I4A**, 2
décembre (m.) [desɑ̃bʀ] Dezember **I3B**, 1
un **défilé** [ɛ̃defile] ein Umzug, eine Parade **I6B**, 1
un **degré** [ɛ̃dəgʀe] ein Grad **I7B**, 2
déjà [deʒa] schon **I5A**, 3
demain [dəmɛ̃] morgen **I3A**, 3
demander (qc) à qn [dəmɑ̃de] Frag deinen Vater. **I6B**, 1
demi / demie [dəmi] halb **I4A**, 1
dernier / dernière [dɛʀnje/dɛʀnjɛʀ] letzter / letzte / letztes **I6A**, 4
derrière [dɛʀjɛʀ] hinter **I3A**, 2
désirer qc [deziʀe] etwas wünschen **I7D**, 2
(je suis) **désolé / désolée** es tut mir leid **I7D**, 2
détester qn / qc [detɛste] jemanden / etwas verabscheuen **I2B**, 2
devant [dəvɑ̃] vor (örtlich) **I2B**, 2
les **devoirs** (m., pl.) [ledəvwaʀ] die (Haus)Aufgaben **I4B**, 4
un **diabolo menthe** [ɛ̃djabɔlomɑ̃t] ein Diabolo Menthe **I5C**, 1
dimanche (m.) [dimɑ̃ʃ] Sonntag, am Sonntag **I4B**, 1
discuter (de qc) [diskyte] (über etwas) diskutieren, sich (über etwas) unterhalten **I4A**, 3
il dit / elle dit [ildi/ɛldi] er sagt / sie sagt **I2A**, 3
dommage! [sɛdɔmaʒ] schade **I3A**, 3
donner qc à qn [dɔne] jemandem etwas geben **I6B**, 1
donner la main à qn [dɔlamɛ̃] jemandem die Hand geben **I6B**, 1
à **droite** [adʀwat] (nach) rechts **I5B**, 1
drôlement (fam.) [dʀolmɑ̃] ganz schön **I5C**, 1
un **DVD** / des **DVD** [ɛ̃devede/dedevede] eine DVD / DVDs **I3A**, 1

E

l'**eau** (f.) [lo] das Wasser **I5C**, 1
 une eau minérale [ynomineʀal] ein Mineralwasser **I5C**, 1
une **école** [ynekɔl] eine Schule **I2A**, 3
écologique [ekɔlɔʒik] ökologisch, umweltfreundlich **I7C**, 2
écouter [ekute] hören **I2A**, 2
écrire qc à qn [ekʀiʀ] jemandem etwas schreiben **I7B**, 1
un **élève** / une **élève** [ɛ̃nelɛv/ynelɛv] ein Schüler / eine Schülerin **I4DE**

Liste des mots

l' **emploi** *(m.)* **du temps** [lɑ̃plwadytɑ̃] der Stundenplan **I4B**, 1
en France [ɑ̃fʀɑ̃s] in Frankreich **I0**, 6
en français [ɑ̃fʀɑ̃sɛ] auf Französisch **I0**, 1
en train [ɑ̃tʀɛ] mit dem Zug **I7C**, 1
en voiture [ɑ̃vwatyʀ] mit dem Auto **I5A**, 1
encore [ɑ̃kɔʀ] noch **I3B**, 1
un **endroit** [ɑ̃nɑ̃dʀwa] ein Ort, eine Stelle **I7DE**
un **enfant** [ɑ̃nɑ̃fɑ̃] ein Kind **I3A**, 9
enfin [ɑ̃fɛ̃] schließlich, endlich **I6A**, 4
en plus [ɑ̃plys] dazu, zusätzlich **I2A**, 3
ensemble [ɑ̃sɑ̃bl] gemeinsam, zusammen **I3A**, 1
entre [ɑ̃tʀ] zwischen **I6B**, 1
une **entrée** [ynɑ̃tʀe] ein Eingang **I5A**, 1
entrer [ɑ̃tʀe] eintreten, hereinkommen **I2A**, 2
avoir envie de faire qc [avwaʀɑ̃vi] Lust haben, etwas zu tun **I3B**, 1
est-ce que [ɛskə] Frageformel **I5B**, 3
et [e] und **I0**, 2
une **étagère** [ynetaʒɛʀ] ein Regal **I3A**, 2
être [ɛtʀ] sein **I2B**, 2
être en retard [ɛtʀɑ̃ʀətaʀ] zu spät kommen **I4DE**
euh ... [ø] äh ... **I2A**, 3
un **euro** / des **euros** [ɛ̃nøʀo / dezøʀo] ein Euro / Euros **I5C**, 1
Excusez-moi. [ɛkskyzemwa] Entschuldigen Sie. / Entschuldigung! **I4A**, 3
un **exemple** [ɛ̃nɛgzɑ̃pl] ein Beispiel **I7D**, 1
par exemple [paʀɛgzɑ̃pl] zum Beispiel **I7D**, 1
un **exercice** [ɛ̃nɛgzɛʀsis] eine Übung **I4B**, 4
une **exposition** [ynɛkspozisjɔ̃] eine Ausstellung **I7DE**

F

la **faim** [lafɛ̃] der Hunger **I3B**, 1
faire qc [fɛʀ] etwas machen **I4B**, 4
faire la fête [fɛʀlafɛt] feiern **I6DE**
Que fait Léo? [kəfɛleo] Was macht Léo? **I2DE**
faire sa toilette [fɛʀsatwalɛt] sich waschen **I5A**, 3
faire le lit [fɛʀləli] das Bett machen **I6A**, 2
Il fait beau. [ilfɛbo] Es ist schönes Wetter. / Das Wetter ist schön. **I7B**, 1
faire mal [fɛʀmal] weh tun **I5B**, 3
Il fait mauvais. [ilfɛmovɛ] Es ist schlechtes Wetter. **I7B**, 2

une **famille** [ynfamij] eine Familie **I3A**, 8
fantastique [fɑ̃tastik] fantastisch, toll **I1B**, 1
fatigué / fatiguée [fatige] müde **I7C**, 1
une **fête** [ynfɛt] ein Fest, eine Party **I6DE**
une **fête nationale** [ynfɛtnasjɔnal] ein Nationalfeiertag **I6DE**
faire la fête [fɛʀlafɛt] feiern **I6DE**
fêter [fete] feiern **I6A**, 4
le **feu** [ləfø] die Ampel **I5B**, 2
un **feu d'artifice** [ɛ̃fødaʀtifis] ein Feuerwerk **I6DE**
février *(m.)* [fevʀije] Februar **I3B**, 7
une **fille** [ynfij] ein Mädchen, eine Tochter **I1B**, 1
un **film** [ɛ̃film] ein Film **I5A**, 3
un **fils** [ɛ̃fis] ein Sohn **I3A**, 9
la **fin** [lafɛ̃] das Ende, der Schluss **I4B**, 5
une **fleur** [ynflœʀ] eine Blume **I6B**, 6
la **FNAC** [lafnak] die FNAC **I3A**, 1
le **foot(ball)** [ləfut(bɔl)] der Fußball *(Sportart)* **I2B**, 7
fort en qc [fɔʀ] stark / (sehr) gut in etwas **I5C**, 2
Je m'en fous. *(fam.)* [ʒəmɑ̃fu] Das ist mir total egal. **I6B**, 1
le **français** [ləfʀɑ̃sɛ] Französisch, das Französische **I0**, 6
en français [ɑ̃fʀɑ̃sɛ] auf Französisch **I0**, 1
en France [ɑ̃fʀɑ̃s] in Frankreich **I3A**, 3
un **frère** [ɛ̃fʀɛʀ] ein Bruder **I2B**, 2
froid / froide [fʀwa / fʀwad] kalt **I7B**, 2
Il fait froid. [ilfɛfʀwa] Es ist kalt. **I7B**, 2

G

gagner (qc) [gaɲe] (etwas) gewinnen **I5B**, 3
un **garçon** [ɛ̃gaʀsɔ̃] ein Junge **I1B**, 1
une **gare** [yngaʀ] ein Bahnhof **I6A**, 4
un **gâteau** / des **gâteaux** [ɛ̃gato / degato] ein Kuchen / Kuchen **I3A**, 9
à gauche [agoʃ] (nach) links **I5B**, 1
une **gaufre** [yngofʀ] eine Waffel **I5C**, 1
génial / géniale [ʒenjal] super, genial **I6B**, 6
les **gens** *(m., pl.)* [leʒɑ̃] die Leute **I6DE**
une **gomme** [yngɔm] ein Radiergummi **I2A**, 1
grand / grande [gʀɑ̃ / gʀɑ̃d] groß **I6DE**
un **grand huit** [ɛ̃gʀɑ̃ɥit] eine Achterbahn **I7E**, 1
une **grand-mère** [yngʀɑ̃mɛʀ] eine Großmutter **I2A**, 3

un **grand-père** [ɛ̃gʀɑ̃pɛʀ] ein Großvater **I3A**, 9
les **grands-parents** die Großeltern **I3A**, 9
gris / grise [gʀi / gʀiz] grau **I6B**, 6
une **guitare** [yngitaʀ] eine Gitarre **I5A**, 1
un **gymnase** [ɛ̃ʒimnaz] eine Turnhalle **I4B**, 2
la **gymnastique** [laʒimnastik] das Turnen, die Gymnastik **I2B**, 7

H

habiter [abite] wohnen **I2B**, 2
hein? *(fam.)* [ɛ̃] was? äh? *(ugs.)* **I5DE**
une **heure** [ynœʀ] eine Stunde **I4A**, 1
à quelle heure [akɛlœʀ] um wie viel Uhr **I4A**, 2
Quelle heure est-il? [kɛlœʀɛtil] Wie viel Uhr ist es? **I4A**, 1
sept heures [sɛtœʀ] sieben Uhr **I4A**, 1
sept heures et demie [sɛtœʀedəmi] halb acht **I4A**, 1
sept heures et quart [sɛtœʀekaʀ] Viertel nach sieben **I4A**, 1
sept heures moins le quart [sɛtœʀəmwɛ̃lkaʀ] Viertel vor sieben **I4A**, 1
hier [jɛʀ] gestern **I6A**, 2
hi, hi, hi [iii] ha, ha, ha **I2B**, 2
une **histoire** [ynistwaʀ] eine Geschichte **I3A**, 1

I

ici [isi] hier, hierher **I1B**, 1
une **idée** [ynide] eine Idee **I3A**, 1
Il / Elle est à qui? [ilɛtaki / ɛlɛtaki] Wem gehört er / sie / es? **I4A**, 3
il y a [ilja] es gibt, es ist, es sind **I3A**, 1
une **infirmerie** [ynɛ̃fiʀməʀi] eine Krankenstation **I4DE**
intéressant / intéressante [ɛ̃teʀesɑ̃ / ɛ̃teʀesɑ̃t] interessant **I6A**, 4
Internet *(m.)* [ɛ̃tɛʀnɛt] das Internet **I7E**, 1
sur Internet [syʀɛ̃tɛʀnɛt] im Internet **I7E**, 1
une **interrogation** [ynɛ̃teʀɔgasjɔ̃] eine Klassenarbeit **I4B**, 4
une **interview** [ynɛ̃tɛʀvju] ein Interview **I5B**, 3
inventer qc [ɛ̃vɑ̃te] etwas erfinden **I7D**, 1
inviter qn [ɛ̃vite] jemanden einladen **I3A**, 3

cent-quatre-vingt-onze 191

Liste des mots

J

une **jalousie** [la ʒaluzi] die Eifersucht **I6B**, 6
jaloux / jalouse [ʒalu/ʒaluz] eifersüchtig **I6B**, 1
janvier *(m.)* [ʒɑ̃vje] Januar **I3B**, 7
jaune [ʒon] gelb **I6A**, 4
un **jean** [ɛ̃dʒin] eine Jeans **I6A**, 4
un **jeu** / des **jeux** [ʒø] ein Spiel / Spiele **I3B**, 1
  un jeu vidéo / des jeux vidéo [ɛ̃ʒøvideo/deʒøvideo] ein Computerspiel / Computerspiele **I3B**, 1
jeudi *(m.)* [ʒødi] Donnerstag, am Donnerstag **I4B**, 1
joli / jolie [ʒoli/ʒɔli] hübsch **I6A**, 4
jouer [ʒwe] spielen **I4DE**; **I5A**, 3
un **jouet** [ɛ̃ʒwɛ] ein Sielzeug **I6B**, 1
le **jour** [ləʒuʀ] der Tag **I6A**, 4
  par jour [paʀʒuʀ] pro Tag / täglich **I7C**, 1
un **journal** [ɛ̃ʒuʀnal] eine Zeitung **I2DE**
une **journée** [ynʒuʀne] ein Tag **I4A**, 1
  Bonne journée! [bɔnʒuʀne] Einen schönen Tag! **I5C**, 1
le **judo** [ləʒydo] das Judo **I2B**, 2
  aller au judo [aleoʒydo] zum Judo gehen **I5A**, 3
juillet *(m.)* [ʒɥijɛ] Juli **I3B**, 7
juin *(m.)* [ʒɥɛ̃] Juni **I3B**, 7
une **jupe** [ynʒyp] ein Rock **I6B**, 8
un **jus** [ɛ̃ʒy] ein Saft **I5C**, 1
un **jus de pomme** [ʒydpɔm] ein Apfelsaft **I5C**, 1
jusqu'à ... [ʒyska] bis **I5B**, 2
juste [ʒyst] *hier:* Punkt, genau, pünktlich **I5A**, 3

K

un **kilomètre** [ɛ̃kilɔmɛtʀ] ein Kilometer **I7C**, 1

L

là [la] da, dort **I2A**, 3
le judo [ləʒydo] Judo **I5A**, 3
une **librairie** [ynlibʀɛʀi] eine Buchhandlung **I2DE**
une librairie-papeterie [ynlibʀɛʀipapetʀi] ein Buch- und Schreibwarengeschäft **I2DE**
lire qc / qc à qn [liʀ] etwas lesen, jemandem etwas vorlesen **I7B**, 3
une **liste** [ynlist] eine Liste **I7E**, 1
un **lit** [ɛ̃li] ein Bett **I4A**, 1
un **livre** [ɛ̃livʀ] ein Buch **I2A**, 1
loin [lwɛ̃] weit *(Adv.)* **I5A**, 1
long / longue [lɔ̃/lɔ̃g] lang **I6A**, 4
lundi *(m.)* [lɛ̃di] Montag, am Montag **I4A**, 3

M

madame [madam] Frau ... **I0**, 2
mademoiselle [madmwazɛl] Fräulein ... **I0**, 2
un **magasin** [ɛ̃magazɛ̃] ein Geschäft, ein Laden **I2DE**
une **magazine** [ɛ̃magazin] eine Zeitschrift **I2DE**
mai *(m.)* [mɛ] Mai **I3B**, 7
la **main** [lamɛ̃] die Hand **I4A**, 3
maintenant [mɛ̃tnɑ̃] jetzt **I3A**, 3
mais [mɛ] aber **I1B**, 1
une **maison** [ynmɛzɔ̃] ein Haus **I2DE**
  à la maison [alamɛzɔ̃] zu Hause, nach Hause **I4A**, 1
la **Maison de la Presse** [lamɛzɔ̃dəlapʀɛs] Name einer Buchhandlung / eines Schreibwarengeschäfts **I2DE**
avoir **mal** [avwaʀmal] Schmerzen haben **I5B**, 3
mal *(adv.)* [mal] schlecht *(Adv.)* **I1B**, 7
maman *(f.)* [mamɑ̃] Mama, Mutti **I3A**, 3
mamie [mami] Omi **I2A**, 3; Oma, Omi **I7B**, 4
manger qc [mɑ̃ʒe] etwas essen **I3B**, 1
un **marché** [ɛ̃maʀʃe] ein Markt **I7D**, 1
  un marché aux puces [ɛ̃maʀʃeopys] ein Flohmarkt **I7D**, 1
mardi *(m.)* [maʀdi] Dienstag, am Dienstag **I4B**, 1
mars *(m.)* [maʀs] März **I3B**, 7
le **matin** [ləmatɛ̃] der Morgen **I5A**, 3
mauvais / mauvaise [movɛ̃/mmovɛz] schlecht **I6B**, 1
même [mɛm] sogar **I5B**, 3
merci [mɛʀsi] danke **I0**, 4
  Merci beaucoup! [mɛʀsiboku] Vielen Dank! **I5B**, 2
mercredi *(m.)* [mɛʀkʀədi] Mittwoch, am Mittwoch **I4B**, 1
une **mère** [ynmɛʀ] eine Mutter **I3A**, 9
le **métro** [ləmetʀo] die Metro, die U-Bahn **I7A**, 1; **I7B**, 1
mettre qc [mɛtʀ] etwas legen, setzen, stellen; etwas anziehen **I6B**, 1
midi [midi] zwölf Uhr (mittags) **I4A**, 1
un **million** [ɛ̃miljɔ̃] eine Million **I7C**, 1
minuit *(m.)* [minɥi] Mitternacht, 12 Uhr nachts **I5A**, 3
une **minute** [ynminyt] eine Minute **I4A**, 3
moderne [modɛʀn] modern **I7DE**
moi [mwa] ich **I0**, 2

un **mois** [ɛ̃mwa] ein Monat **I3B**, 7
mon / ma / mes [mɔ̃/ma/me] mein / meine **I3A**, 3
le **monde** [ləmɔ̃d] die Welt **I0**, 6
monsieur [məsjø] ein Herr, ein Mann **I0**, 2
  un monsieur [məsjø] ein Herr, ein Mann **I1B**, 4
montrer qc à qn [mɔ̃tʀe] jemandem etwas zeigen **I6B**, 1
un **mot** [ɛ̃mo] ein Wort **I4B**, 3
un **moyen de transport** [ɛ̃mwajɛ̃dətʀɑ̃spɔʀ] ein Verkehrsmittel **I7C**, 2
un **musée** [ɛ̃myze] ein Museum **I7DE**
la **musique** [lamyzik] die Musik **I2B**, 2

N

la **natation** [lanatasjɔ̃] das Schwimmen **I5A**, 5
ne ... pas [nə ... pa] nicht **I4A**, 3
  ne ... pas non plus [nə ... panɔ̃ply] auch nicht **I4A**, 3
  ne ... plus [nə ... ply] nicht mehr **I7D**, 1
  ne ... plus de [nə ... plydə] kein / keine mehr **I7D**, 1
  ne ... rien [nə ... ʀjɛ̃] nichts **I7E**, 1
neiger [neʒe] schneien **I7B**, 2
noir / noire [nwaʀ] schwarz **I6B**, 6
non [nɔ̃] nein **I1A**, 1
novembre *(m.)* [nɔvɑ̃bʀ] November **I3B**, 7
un **nuage** [ɛ̃nɥaʒ] eine Wolke **I7B**, 1
la **nuit** [lanɥi] die Nacht **I5A**, 1
nul / nulle [nyl] blöd **I5B**, 3
  C'est trop nul! *(fam.)* [sɛtʀonyl] Das ist zu blöd! *(ugs.)* **I5B**, 3

O

octobre *(m.)* [ɔktɔbʀ] Oktober **I3B**, 7
Oh! [o] Oh! **I1A**, 1
un **oncle** [ɛ̃nɔ̃kl] ein Onkel **I3A**, 9
un **orage** [ɛ̃nɔʀaʒ] ein Gewitter **I7B**, 2
un **ordinateur** [ɛ̃nɔʀdinatœʀ] ein Computer **I2A**
ou [u] oder **I2DE**; **I3A**, 1
où [u] wo; wohin **I2B**, 2
oublier qc [ublije] etwas vergessen **I6A**, 4
Ouf! [uf] Uff! **I6A**, 4
Oui [wi] ja **I1A**, 1

P

le **pain** [ləpɛ̃] das Brot **I7C**, 1
un **pantalon** [ɛ̃pɑ̃talɔ̃] eine Hose **I6B**, 8

192   cent-quatre-vingt-douze

Liste des mots

papa [papa] Papa **l1A**, 1
papi / papy *(fam.)* [papi] Opa; Opi **l7A**, 1
par jour [paʁʒuʁ] pro Tag / täglich **l7C**, 1
   par exemple [paʁɛgzɑ̃pl] zum Beispiel **l7D**, 1
un **parc** [ɛ̃paʁk] ein Park **l5DE**
   un **parc d'attractions** [ɛ̃paʁkdatʁaksjɔ̃] ein Freizeitpark / ein Erlebnispark **l7E**, 1
parce que [paʁskə] weil **l5B**, 3
Pardon. [paʁdɔ̃] Entschuldigung. **l1A**, 1
les **parents** *(m.)* [lepaʁɑ̃] die Eltern **l3A**, 9
un **Parisien** / une **Parisienne** [ɛ̃paʁizjɛ̃ / ynpaʁizjɛn] ein Pariser / eine Pariserin **l7C**, 1
parler [paʁle] sprechen **l2DE**
   parler à qn [paʁle] mit jemandem sprechen **l6B**, 1
pas de problèmes [padəpʁɔblɛm] kein Problem **l7D**, 1
passer qc [pase] etwas verbringen **l5A**, 1
patati patata *(fam.)* [patatipatata] blablabla **l6A**, 4
pendant [pɑ̃dɑ̃] während **l6A**, 4
penser [pɑ̃se] denken **l6A**, 4
un **père** [ɛ̃pɛʁ] ein Vater **l3A**, 9
une **personne** [ynpɛʁsɔn] eine Person **l6A**, 1
petit / petite [pəti / pətit] klein **l6A**, 4
un **peu** [ɛ̃pø] ein wenig **l7B**, 1
   peu de [pødə] wenig(e) **l7D**, 2
avoir peur [avwaʁfœʁ] Angst haben **l6A**, 4
peut-être [pøtɛtʁ] vielleicht **l6A**, 4
une **photo** [ynfoto] ein Foto **l5DE**
une **pièce** [ynpjɛs] ein Zimmer **l5A**, 3
un **pied** [ɛ̃pje] ein Fuß **l4DE**
   à pied [apje] zu Fuß **l5A**, 1
une **piscine** [ynpisin] ein Schwimmbad **l5B**, 2
une **place** [ynplas] ein Platz **l4A**, 3
pleuvoir [pløvwaʁ] regnen **l7B**, 2
   Il pleut. [ilplø] Es regnet. **l7B**, 2
la **poche** [lapɔʃ] die Tasche **l6D**, 1
un **poème** [ɛ̃pɔɛm] ein Gedicht **l6B**, 11
une **pomme** [ynpɔm] ein Apfel **l5C**, 1
un **portable** [ɛ̃pɔʁtabl] ein Handy **l5C**, 1
porter qc [pɔʁte] etwas tragen **l2A**, 2
poser [poze] setzen, stellen, legen **l5A**, 1
la **poste** [lapɔst] die Post **l5B**, 2
pour [puʁ] für **l2A**, 3
   pour faire qc [puʁfɛʁ] um etwas zu tun **l5B**, 2

pourquoi [puʁkwa] warum **l5B**, 3
pouvoir **l5B**, 2
   on peut [ɔ̃pø] man kann **l7D**, 1
pratique [pʁatik] praktisch **l7D**, 1
le **premier** / la **première** [ləpʁəmje] der erste / die erste / das erste **l3B**, 7
prendre qc [pʁɑ̃dʁ] etwas nehmen; *hier*: essen **l5C**, 1
préparer qc [pʁepaʁe] etwas vorbereiten **l3A**, 3
un **problème** [ɛ̃pʁɔblɛm] ein Problem **l6A**, 2
   plus de problème [plydəpʁɔblɛm] mehr Probleme **l7D**, 1
un **professeur** / une **professeure** [ɛ̃ / ynpʁɔfɛsœʁ] ein Lehrer / eine Lehrerin **l4A**, 3
un **projet** [ɛ̃pʁɔʒɛ] ein Projekt **l4B**, 1
ma puce *(fam.)* [mapys] meine Kleine (wörtl.: mein Floh) **l5A**, 1
puis [pɥi] dann **l3B**, 1
un **pull** [pyl] ein Pullover **l6B**, 8
une **pyramide** [ynpiʁamid] eine Pyramide **l7DE**

Q

un **quai** [ɛ̃kɛ] ein Bahnsteig **l6A**, 4
quand [kɑ̃] wann **l3B**, 7
un **quart** [ɛ̃kaʁ] ein Viertel **l4A**, 1
un **quartier** [ɛ̃kaʁtje] ein Stadtviertel **l5DE**
quelque chose [kɛlkəʃoz] etwas **l4B**, 4
Qu'est-ce que … ? [kɛskə] Was … ? **l2B**, 2
Qu'est-ce que c'est? [kɛskəsɛ] Was ist das? **l2DE**
Qu'est-ce qu'il y a? [kɛskilja] Was gibt es? **l3A**, 1
une **question** [ynkɛstjɔ̃] eine Frage **l5B**, 3
Qui est-ce? [kiɛs] Wer ist das? **l0**, 2
quitter qc [kite] etwas verlassen **l5A**, 3
Quoi? [kwa] Was? **l5A**, 1

R

raconter qc [ʁakɔ̃te] etwas erzählen **l4A**, 3
la **radio** [laʁadjo] das Radio, der Radiosender **l7DE**
avoir raison [avwaʁʁɛzɔ̃] recht haben **l4B**, 4
ranger qc [ʁɑ̃ʒe] etwas aufräumen **l3A**, 3
le **rap** [ləʁap] der Rap *(Musikstil)* **l2B**, 7
la **récréation** [laʁekʁeasjɔ̃] die Pause **l4A**, 3

regarder qc [ʁəgaʁde] etwas ansehen, etwas betrachten **l2DE**
regretter qc [ʁəgʁɛte] etwas bedauern **l3A**, 3
une **reine** [ynʁɛn] eine Königin **l6A**, 4
rencontrer qn [ʁɑ̃kɔ̃tʁe] jemanden treffen, jemandem begegnen **l6B**, 1
un **rendez-vous** [ɛ̃ʁɑ̃devu] eine Verabredung **l6B**, 1
rentrer [ʁɑ̃tʁe] zurückkommen, nach Hause gehen **l4A**, 1
un **repas** [ɛ̃ʁəpa] ein Essen; eine Mahlzeit **l5A**, 3
Vous pouvez répéter, s'il vous plaît? [vupuveʁepete] Können Sie bitte wiederholen? **l5B**, 2
une **réponse** [ynʁepɔ̃s] eine Antwort **l7E**, 1
un **reportage** [ɛ̃ʁəpɔʁtaʒ] eine Reportage **l7DE**
le **RER** [ləɛʁəɛʁ] der RER *(S-Bahnartiges Verkehrsnetz in Paris und Umgebung)* **l7C**, 2
un **restaurant** [ɛ̃ʁɛstɔʁɑ̃] ein Restaurant **l7B**, 1
rester [ʁɛste] bleiben **l6A**, 2; **l6A**, 2
être en retard [ɛtʁɑ̃ʁətaʁ] zu spät kommen **l4DE**
retrouver qn / qc [ʁətʁuve] jemanden treffen; etwas wiederfinden **l4A**, 3
rêver [ʁɛve] träumen **l4B**, 4
Au revoir! [oʁvwaʁ] Auf Wiedersehen! **l0**, 2
une **robe** [ynʁɔb] ein Kleid **l6A**, 4
le **rock** [ləʁɔk] der Rock, die Rockmusik **l2B**, 7
le **roller** [ləʁɔlœʁ] das Inlinerfahren **l5DE**
rouge [ʁuʒ] rot **l6A**, 4
une **rue** [ynʁy] eine Straße **l2A**, 3
le **rugby** [ləʁygbi] das Rugby *(Ballspiel)* **l2B**, 2

S

un **sac** [ɛ̃sak] eine Tasche **l4B**, 4
une **salle de bains** [ynsaldəbɛ̃] ein Badezimmer **l5A**, 3
une **salle de cours** [ynsaldəkuʁ] ein Klassenraum **l4A**, 3
un **salon** [ɛ̃salɔ̃] ein Wohnzimmer **l5A**, 3
saluer qn [salɥe] jemanden begrüßen **l5B**, 3
Salut! *(fam.)* [saly] Hallo! / Tschüss! **l0**, 2
samedi *(m.)* [samdi] Samstag, am Samstag **l4B**, 1
le **samedi** [ləsamdi] samstags **l5A**, 3

cent-quatre-vingt-treize 193

Liste des mots

il / elle s'appelle [il/ɛlsapɛl] er/sie heißt **I0**, 2
tu sais [tysɛ] wissen **I7C**, 1
Je ne sais pas. [ʒənəsepa] Ich weiß nicht. **I4A**, 3
une **semaine** [ynsəmɛn] eine Woche **I5A**, 1
septembre (m.) [sɛptɑ̃bʀ] September **I3B**, 7
si [si] doch **I4B**, 4
s'il te plait [siltəplɛ] bitte (wenn man jemanden duzt) **I3A**, 3
s'il vous plait! [silvuplɛ] bitte./bitte schön. **I0**, 1
sinon [sinɔ̃] **I6B**, 1
un **SMS** [ɛsɛmɛs] eine SMS **I5C**, 1
une **sœur** [ynsœʀ] eine Schwester **I2B**, 2
la **soif** [laswaf] der Durst **I5C**, 1
avoir soif [avwaʀswaf] Durst haben **I5C**, 1
le **soir** [ləswaʀ] der Abend **I5A**, 1
ce soir [səswaʀ] heute Abend **I5A**, 1
le **soleil** [ləsɔlɛj] die Sonne **I7B**, 1
son / sa / ses (+ Nomen) [sɔ̃/sa/se] sein/seine; ihr/ihre **I3B**, 1
souffler qc [sufle] etwas ausblasen **I3B**, 1
sous [su] unter **I3A**, 2
un **souvenir** [ɛ̃suvniʀ] eine Erinnerung, ein Andenken **I7B**, 1
un **spectacle** [ɛ̃spɛktakl] Vorstellung, Darbietung **I7DE**
le **sport** [ləspɔʀ] der Sport **I2B**, 2
un **stand** [ɛ̃stɑ̃d] ein Stand, eine Bude **I5DE**
une **station** [ynstasjɔ̃] eine Station, eine Haltestelle **I7A**, 1
le **strass** [lestʀas] der Strass (Glitzerperlen etc.) **I6A**, 4
un **stylo** [ɛ̃stilo] ein Füller, ein Kuli **I2A**, 1
super (inv.) [sypɛʀ] super, toll **I0**, 4
sur [syʀ] auf, über **I3A**, 2
une **surprise** [ynsyʀpʀiz] eine Überraschung **I3B**, 1
Quelle surprise! [kɛlsyʀpʀiz] Was für eine Überraschung! **I7A**, 1
surtout [syʀtu] vor allem **I6B**, 1
un **sweat-shirt** [ɛ̃swɛtʃœʀt] ein Sweatshirt **I6B**, 8
sympa [sɛ̃pa] nett **I2B**, 2

T

une **table** [yntabl] ein Tisch **I5A**, 3
à table [atabl] bei Tisch **I5A**, 3
une **tante** [yntɑ̃t] eine Tante **I3A**, 9
tard [taʀ] spät **I5A**, 3

ta [ta] dir **I6B**, 1
un **taxi** [ɛ̃taksi] ein Taxi **I5A**, 1
la **techno** [latɛkno] Techno (Musikstil) **I2B**, 7
un **téléphone** [ɛ̃telefɔn] ein Telefon **I3A**, 3
téléphoner à qn [telefɔne] mit jemandem telefonieren, jemanden anrufen **I5B**
la **télévision** (fam.: la télé) [latelevizjɔ̃] das Fernsehen **I4A**, 1
le **temps** [lətɑ̃] die Zeit **I4B**, 1; das Wetter **I7B**, 2
Quel temps fait-il? [kɛltɑ̃fɛtil] Wie ist das Wetter? **I7B**, 2
le **TGV** [ləteʒeve] der TGV **I6A**, 1
le **théâtre** [ləteatʀ] das Theater **I5A**, 5
un **ticket** [ɛ̃tikɛ] ein Fahrschein, eine Fahrkarte **I7C**, 2
Tiens! [tjɛ̃] Sieh mal!/Schau mal! **I2A**, 3
toi [twa] du **I0**, 2
les **toilettes** [letwalɛt] die Toilette **I4A**, 1
la toilette [latwalɛt] die Körperpflege **I5A**, 3
tomber [tɔ̃be] fallen **I5B**, 3
une **tombola** [yntɔ̃mbɔla] eine Tombola **I6B**, 9
ton / ta / tes [tɔ̃/ta/te] dein/deine **I3A**, 3
tôt (adv.) [to] früh (Adv.) **I7C**, 1
toujours [tuʒuʀ] immer **I3A**, 3
un **tour** [ɛ̃tuʀ] eine Tour, ein Rundgang **I5A**, 3
une **tour** [yntuʀ] ein Turm **I6DE**
un **touriste** / une **touriste** [ɛ̃tuʀist/ynturist] ein Tourist/eine Touristin **I7DE**
tourner [tuʀne] drehen, abbiegen **I5B**, 1
tout / toute [tu/tut] ganz **I6A**, 4
tout droit [tudʀwa] geradeaus **I5B**, 1
tout le monde [tulmɔ̃d] alle, jeder **I5DE**
un **train** [ɛ̃tʀɛ̃] ein Zug **I3A**, 3
les **transports en commun** (m./pl.) [letʀɑ̃spɔʀɑ̃kɔmɛ̃] die öffentlichen Verkehrsmittel **I7C**, 1
travailler [tʀavaje] arbeiten **I2A**, 2
traverser qc [tʀavɛʀse] etwas überqueren **I5B**, 1
très [tʀɛ] sehr **I6A**, 4
triste / triste [tʀist/tʀist] traurig **I6A**, 4
trop [tʀo] zu viel, zu sehr **I5B**, 3
C'est trop nul! (fam.) [sɛtʀɔnyl] Das ist zu blöd! (ugs.) **I5B**, 3
trouver qn/qc [tʀuve] jemanden/etwas finden **I2A**, 2

un **truc** (fam.) [ɛ̃tʀyk] ein Ding, eine Sache **I2A**, 1
un **t-shirt** [ɛ̃tiʃœʀt] ein T-Shirt **I2B**, 2

V

les **vacances** (f., pl.) [levakɑ̃s] die Ferien **I2A**, 3; der Urlaub, die Ferien **I6A**, 4
la **valeur** [lavalœʀ] der Wert **I7D**, 1
le **vélib** [ləvelib] Bezeichnung für bezahlbaren Fahrradverleih in Großstädten **I7A**, 1
un **vélo** [ɛ̃velo] ein Fahrrad **I2B**, 7
à vélo [avelo] mit dem Fahrrad **I7A**, 1
un **vendeur** / une **vendeuse** [ɛ̃vɑ̃dœʀ/ynvɑ̃døz] ein Verkäufer/eine Verkäuferin **I5C**, 1
vendredi (m.) [vɑ̃dʀədi] Freitag, am Freitag **I4B**, 1
le **vent** [ləvɑ̃] der Wind **I7B**, 1
une **veste** [ynvɛst] eine Jacke **I6B**, 8
vert / verte [vɛʀ/vɛʀt] grün **I6A**, 4
un **vêtement** [ɛ̃vɛtmɑ̃] ein Kleidungsstück **I6B**, 8
Viens! [vjɛ̃] Komm! (Aufforderung) **I1A**, 1
visiter qc [vizite] etwas besichtigen **I7DE**
vite [vit] (adv.) schnell (Adv.) **I1A**, 1
Voilà … [vwala] Da ist … / Da sind … **I0**, 2
Je te vois venir. (fam.) [ʒətəvwavəniʀ] hier: Ich merke schon, worauf du hinauswillst. **I6B**, 1
une **voiture** [ynvwatyʀ] ein Auto **I5A**, 1
en voiture [ɑ̃vwatyʀ] mit dem Auto **I5A**, 1
votre , vos [vɔtʀ/vo] euer/eure; Ihr/Ihre **I4B**, 1
vous [vu] euch/Ihnen **I6B**, 1
je voudrais [ʒəvudʀɛ] ich möchte **I5C**, 1
je veux [ʒəvø] ich will, ich möchte **I6B**, 1
vrai / vraie [vʀɛ] wahr; richtig, echt **I7E**, 1
vraiment [vʀɛmɑ̃] wirklich **I5B**, 3
la **vue** [lavy] die Aussicht **I7B**, 1

Z

Zut! (fam.) [zyt] Mist!, Verdammt! **I2A**, 3

194   cent-quatre-vingt-quatorze

Liste des mots

Noms masculins

Antoine [ɑ̃twan] **I0**, 1
Charles [ʃaʀl] **I0**, 1
Clément [klemɑ̃] **I0**, 1
Damien [damjɛ̃] **I5B**, 3
Gabriel [gabʀiɛl] **I0**, 1; **I5A**, 3
Gaspard [gaspaʀ] **I0**, 1
Jérôme [ʒeʀom] **I2B**, 2
Justin [ʒystɛ̃] **I0**, 1
Léo [leo] **I0**, 1
Louis [lwi] **I0**, 1
Maurice [mɔʀis] **I0**, 1
Paul [pɔl] **I0**, 1
Pierre [pjɛʀ] **I0**, 1
Romain [ʀɔmɛ̃] **I0**, 1
Thomas [tɔma] **I0**, 1
Valentin [valɑ̃tɛ̃] **I0**, 1

Prénoms féminins

Alex(andra) [alɛks] **I2A**, 3
Anne [an] **I0**, 1
Béatrice [beatʀis] **I0**, 1
Clara [klaʀa] **I5A**, 3
Delphine [dɛlfin] **I6A**, 2
Elise [eliz] **I0**, 1
Fleur [flœʀ] **I0**, 1
Gabrielle [gabʀiɛl] **I0**, 1
Joséphine [ʒozefin] **I0**, 1
Léa [lea] **I0**, 1
Lilou [lilu] **I0**, 1; **I6A**, 2
Louise [lwiz] **I0**, 1
Lucie [lysi] **I0**, 1
Manon [manɔ̃] **I0**, 1
Marie [maʀi] **I0**, 1; **I1A**, 1
Sarah [saʀa] **I0**, 1
Zoé [zɔe] **I0**, 1

Noms de famille

Chabane [ʃaban] **I5A**, 3
Latière [latjɛʀ] **I2A**, 3
Mangin [mɑ̃ʒɛ̃] **I4A**, 3
Pirou [piʀu] **I3A**, 3
Racine [ʀasin] **I4A**, 1

Noms de villes

Batignolles **I5DE**
Brest [bʀɛst] **I1B**, 6
Clichy [kliʃi] **I5DE**
Cologne [kɔlɔn] **I3A**, 3
Dunkerque [dɛ̃kɛʀk] **I7A**, 1
Nice [nis] **I1B**, 6
Paris [paʀi] **I1DE**
la **Place de la Bastille** [laplasdəlabastij] **I6B**, 1
Strasbourg [stʀasbuʀ] **I1B**, 6
Toulouse [tuluz] **I1B**, 6

Noms géographiques

l'**Allemagne** (f.) [lalman] **I3A**, 3
l'**Angleterre** (f:) [lɑ̃glətɛʀ] **I6A**, 4
la **France** [lafʀɑ̃s] **I3A**, 3

Noms divers

Centre Pompidou [ləsɑ̃tʀ(ə)pɔ̃pidu] **I7DE**
la **Gare du Nord** [lagaʀdynɔʀ] **I7A**, 1
la **Gare de l'Est** [lagaʀdəlɛst] **I7C**, 2
l'**Institut du Monde arabe** [lɛ̃stitydymɔ̃daʀab] **I7DE**
Interclub 17 [ɛ̃tɛʀklœbdisɛt] **I5DE**
La Défense [ladefɑ̃s] **I7DE**
La Joconde [laʒɔkɔ̃d] **I7B**, 4
le **parc des Batignolles** [ləpaʀkdebatinɔl] **I5C**, 1
le **Thalys** [lətalis] **I7A**, 1
le **Louvre** [ləluvʀ] **I7DE**
Malabar [malabaʀ] **I1A**, 1
Malou [malu] **I2A**, 3
Moustique [mustik] **I1A**, 1
la **rue Nollet** [ʀynɔlɛ] **I2B**, 2
la **rue Truffaut** [ʀytʀyfo] **I2B**, 2
la **tour Eiffel** [latuʀɛfɛl] **I6DE**

Noms de personnes connues

Gustave Eiffel [gystavɛfɛl] **I7A**, 1
Honoré de Balzac [ɔnɔʀedəbalzak] **I4DE**
Kad Merad [kadmeʀad] **I5A**, 3
Martin Luther King [maʀtɛ̃lytɛʀking] **I5DE**

Wortliste

A

abbiegen tourner **I5B**, 1
der Abend le soir **I5A**, 1
　heute Abend ce soir **I5A**, 1
aber mais **I1B**, 1
Achtung! Attention! **I1A**, 1
Wie alt bist du? Tu as quel âge? **I3B**, 9
äh? was? hein? *(fam.)* **I5DE**
alle tout le monde **I5DE**
als comme **I5A**, 6
das Alter l'âge *(m.)* **I3B**, 9
　Wie alt bist du? l'âge *(m.)* **I3B**, 9
die Ampel le feu **I5B**, 2
ein Andenken un souvenir **I7B**, 1
die anderen autre **I4B**, 4
anderer / andere / anderes
　autre / autre **I6B**, 1
es ist mal etwas anderes (als . . .) ça change (de qc) … **I6B**, 6
ändern, wechseln changer **I6B**, 6
anfangen commencer **I4A**, 1
eine Angelegenheit une affaire **I3A**, 3
Angst haben avoir peur **I6A**, 4
(an)kommen arriver **I2DE**
die Ankunft l'arrivée *(f.)* **I6A**, 2
ein Anorak un anorak **I6B**, 8
anrufen téléphoner à qn **I5B**, 1
etwas ansehen regarder qc **I2DE**
eine Postkarte, eine Ansichtskarte
　une carte postale **I7B**, 1
etwas anziehen mettre qc **I6B**, 1
ein Apfel une pomme **I5C**, 1
ein Apfelsaft un jus de pomme **I5C**, 1
April avril *(m.)* **I3B**, 7
ein Büro; *(hier)* **Arbeitszimmer** un bureau **I3A**, 3
ein Assistent / eine Assistentin un assistant / une assistante **I7DE**
auch aussi **I1B**, 1
auf sur **I3A**, 2
　auf, über sur **I3A**, 2
　auf der Straße dans la rue **I2A**, 3
　auf Deutsch en allemand **I3A**, 3
auf diese Weise comme ça **I4B**, 4
etwas aufräumen ranger qc **I3A**, 3
August août *(m.)* **I3B**, 7
aus de / d' **I1B**, 1
ausblasen souffler qc **I3B**, 1
die Aussicht la vue **I7B**, 1
eine Ausstellung une exposition **I7DE**
ein Auto une voiture **I5A**, 1

B

eine Bäckerei une boulangerie **I5B**, 1
ein Bahnhof une gare **I6A**, 4
ein Bahnsteig un quai **I6A**, 4
bald bientôt **I3B**, 1

ein Ball un bal **I6B**
etwas bedauern regretter qc **I3A**, 3
jemandem begegnen rencontrer qn **I6B**, 1
beginnen commencer **I4A**, 1
jemanden begrüßen saluer qn **I5B**, 3
bei jemandem chez qn **I4A**, 1
etwas besichtigen visiter qc **I7DE**
etwas betrachten regarder qc **I2DE**
ein Bett un lit **I4A**, 1
bis jusqu'à … **I5B**, 2
bis später A plus! *(fam.)* **I5A**, 1
bitte *(wenn man jemanden duzt))*
　s'il te plaît **I3A**, 3
jemanden um etwas bitten demander (qc) à qn **I6B**, 1
blablabla patati patata *(fam.)* **I6A**, 4
blau bleu / bleue **I6B**, 6
bleiben rester **I6A**, 2
ein Bleistift un crayon **I2A**, 1
blöd nul **I5B**, 3
　Das ist zu blöd! *(ugs.)* C'est trop nul! *(fam.)* **I5B**, 3
ein Blog un blog **I6A**, 4
eine Blume une fleur **I6B**, 6
ein Bogen une arche **I7DE**
eine Boutique une boutique **I7B**, 1
das Brot le pain **I7C**, 1
ein Bruder un frère **I2B**, 2
ein Buch un livre **I2A**, 1
Buchhandlung la Maison de la Presse **I2DE**
ein Büro; *(hier)* **Arbeitszimmer** un bureau **I3A**, 3
ein Bus un bus **I7C**, 1

C

ein Café un café **I5B**, 1
eine CD / CDs un CD / des CD **I3A**, 1
ein Champion un champion / une championne **I5B**, 3
chauffeur un chauffeur **I5A**, 1
ein „Collège" un collège **I4DE**
ein Comic une BD **I2DE**
ein Computer un ordinateur **I2A**
ein Cousin / eine Cousine un cousin / une cousine **I3A**, 9

D

eine Dame une dame **I1B**, 4
danach, nach après **I4A**, 1
danke merci **I0**, 4
　Vielen Dank! Merci beaucoup! **I5B**, 2
dann puis **I3B**, 1
Vorstellung, Darbietung un spectacle **I7DE**
das ça **I2B**, 2

das Bad, das Badezimmer une salle de bains **I5A**, 3
das sind ce sont **I3A**, 3
dazu, zusätzlich en plus **I2A**, 3
denken penser **I6A**, 4
Deutsch l'allemand **I4DE**
　auf Deutsch en allemand **I3A**, 3
Dezember décembre *(m.)* **I3B**, 1
Dienstag, am Dienstag mardi *(m.)* **I4B**, 1
ein Ding un truc *(fam.)* **I2A**, 1
(über etwas) diskutieren discuter (de qc) **I4A**, 3
doch si **I4B**, 4
Donnerstag, am Donnerstag jeudi *(m.)* **I4B**, 1
dort / da là **I2A**, 3
Durst haben avoir soif **I5C**, 1
eine DVD / DVDs un DVD / des DVD **I3A**, 1

E

die Eifersucht une jalousie **I6B**, 6
ein Eingang une entrée **I5A**, 1
jemanden einladen inviter qn **I3A**, 3
eintreten entrer **I2A**, 2
einverstanden d'accord **I2B**, 2
die Eltern les parents *(m.)* **I3A**, 9
eine E-Mail un courriel **I6B**, 6
das Ende la fin **I4B**, 5
schließlich, endlich enfin **I6A**, 4
Entschuldigen Sie. / Entschuldigung! Excusez-moi. **I4A**, 3
Entschuldigung. Pardon. **I1A**, 1
etwas erfinden inventer qc **I7D**, 1
eine Erinnerung un souvenir **I7B**, 1
der erste le premier **I3B**, 7
etwas erzählen raconter qc **I4A**, 3
etwas essen manger qc **I3B**, 1
Essen un repas **I5A**, 3
etwas quelque chose **I4B**, 4

F

fahren aller **I4A**, 3
ein Fahrschein, eine Fahrkarte un ticket **I7C**, 2
ein Fahrrad un vélo **I2B**, 7
mit Fahrrad à vélo **I7A**, 1
ein Fahrschein, eine Fahrkarte un ticket **I7C**, 2
fallen tomber **I5B**, 3
eine Familie une famille **I3A**, 8
fantastisch fantastique **I1B**, 1
eine Farbe une couleur **I6B**, 6
Februar février *(m.)* **I3B**, 7
feiern faire la fête **I6DE**; fêter **I6A**, 4
die Ferien les vacances *(f., pl.)* **I2A**, 3; **I6A**, 4

Wortliste

das Fernsehen la télévision **I4A**, 1
ein Fest, eine Party une fête **I6DE**
  ein Fest un bal **I6B**
ein Feuerwerk un feu d'artifice **I6DE**
die Feundschaft l' amitié(f.) **I6A**, 4
ein Film (Kino) un film **I5A**, 3
jemanden / etwas finden trouver qn / qc **I2A**, 2
ein Flughafen un aéroport **I7C**, 2
ein Flugzeug un avion **I7C**, 3
fortfahren, etwas zu tun continuer à faire qc **I6B**, 1
ein Foto une photo **I5DE**
eine Frage une question **I5B**, 3
jemanden nach etwas fragen demander (qc) à qn **I6B**, 1
in Frankreich en France **I3A**, 3
Französisch, das Französische le français **I0**, 6
eine Frau une dame **I1B**, 4
Freitag, am Freitag vendredi (m.) **I4B**, 1
Freizeitbeschäftigung une activité **I5DE**
ein Freund / eine Freundin un copain / une copine (fam.) **I1B**, 2; un ami / une amie **I2A**, 3
früh (Adv.) tôt(adv.) **I7C**, 1
ein Füller un stylo **I2A**, 1
für pour **I2A**, 3
ein Fuß un pied **I4DE**
  zu Fuß à pied **I5A**, 1

G

ganz tout / toute **I6A**, 4
ganz schön drôlement (fam.) **I5C**, 1
jemandem etwas geben donner qc à qn **I6B**, 2
ein Geburtstag un anniversaire **I3DE**
ein Gedicht un poème **I6B**, 11
im Gegenteil au contraire **I6B**, 1
gehen aller **I4A**, 3
Wem gehört er / sie / es? Il / Elle est à qui? **I4A**, 3
gelb jaune / jaune **I6A**, 4
gemeinsam ensemble **I3A**, 1
Punkt, genau, pünktlich juste **I5A**, 3
genug, ziemlich assez **I6B**, 1
geradeaus tout droit **I5B**, 1
ein Geschäft un magasin **I2DE**
ein Geschenk un cadeau **I3A**, 1
eine Geschichte une histoire **I3A**, 1
gestern hier **I6A**, 2
(etwas) gewinnen gagner (qc) **I5B**, 3
ein Gewitter un orage **I7B**, 2
eine Gitarre une guitare **I5A**, 5
ein Grad un degré **I7B**, 2
grau gris / grise **I6B**, 6
groß grand / grande **I6DE**

die Großeltern les grands-parents **I3A**, 9
eine Großmutter une grand-mère **I2A**, 3
Großvater un grand-père **I3A**, 9
grün vert / verte **I6A**, 4
ein Gürtel une ceinture **I6A**, 4
gut bon / bonne **I6A**, 4
gut (Adv.) bien (adv.) **I0**, 4
Es geht (mir) gut. Ça va bien. **I0**, 4
stark / (sehr) gut in etwas fort en qc **I5C**, 1

H

haben avoir **I3B**, 1
Hallo? (am Telefon) Allô? **I3A**, 3
Hallo! Coucou! **I7B**, 4
Station; Haltestelle une station **I7A**, 1
die Hand la main **I4A**, 3
jemandem die Hand geben donner la main à qn **I6B**, 1
ein Handy un portable **I5C**, 1
die Hauptstadt la capitale **I7DE**
ein Haus une maison **I2A**, 3
  zu Hause, nach Hause à la maison **I4A**, 1
die (Haus)Aufgaben les devoirs (m., pl.) **I4B**, 4
ein Heft un cahier **I2A**
Es ist warm / heiß. Il fait chaud. **I7B**, 1
Es ist ganz schön heiß. chaud / chaude **I5C**, 1
ein Hemd une chemise **I6B**, 8
hereinkommen entrer **I2A**, 2
ein Herr un monsieur **I1B**, 4
heute aujourd'hui **I3A**, 3
  heute Abend ce soir **I5A**, 1
hier, hierher ici **I1B**, 1
der Himmel le ciel **I6B**, 6
hinter derrière **I3A**, 2
eine Hose un pantalon **I6B**, 8
hübsch joli / jolie **I6A**, 4
ein Hund un chien **I1B**, 1
Hunger haben avoir faim **I3B**, 1
ein Hut un chapeau **I6A**, 4

I

eine Idee une idée **I3A**, 1
im Gegenteil au contraire **I6B**, 1
in dans **I0**, 6
  in (Paris) à (Paris) **I2DE**
interessant intéressant / intéressante **I6A**, 4
ein Interview une interview **I5B**, 3

J

Ja Oui **I1A**, 1

ein Jahr un an **I3B**, 1; une année **I3B**, 7
Januar janvier (m.) **I3B**, 7
eine Jeans un jean **I6A**, 4
jeder tout le monde **I5DE**
jetzt maintenant **I3A**, 3
das Judo le judo **I2B**, 2
  Judo le judo **I5A**, 3
Judo aller au judo **I5A**, 3
Juli juillet (m.) **I3B**, 7
ein Junge un garçon **I1B**, 1
Juni juin (m.) **I3B**, 7

K

kalt froid / froide **I7B**, 2
  Es ist kalt. Il fait froid. **I7B**, 2
ein Kampf un combat **I5B**, 3
eine Kantine une cantine **I4DE**
eine Kappe une casquette **I6B**, 1
eine Karte une carte **I7B**, 1
ein Karton un carton **I2A**, 3
eine Katze un chat **I1B**, 1
kein / keine mehr ne … plus de **I7D**, 1
eine Kerze une bougie **I3A**, 3
ein Kilometer un kilomètre **I7C**, 1
Kind un enfant **I3A**, 9
eine Klassenarbeit une interrogation **I4B**, 4
ein Klassenraum une salle de cours **I4A**, 3
klassisch classique **I2B**, 7
ein Kleid une robe **I6A**, 4
ein Kleidungsstück un vêtement **I6B**, 8
klein petit / petite **I6A**, 4
klicken cliquer **I4B**, 4
komisch bizarre **I5C**, 1
Komm! (Aufforderung) Viens! **I1A**, 1
(an)kommen arriver **I2DE**
eine Königin une reine **I6A**, 4
eine Kopie une copie **I4B**, 4
Körperpflege la toilette **I5A**, 3
etw. kosten coûter qc **I5C**, 1
  Wieviel kostet das? Ça coûte combien? **I5C**, 1
Wie viel macht / kostet das? Ça fait combien? **I5C**, 1
eine Krankenstation une infirmerie **I4DE**
eine Kreuzung un carrefour **I5B**, 1
eine Küche une cuisine **I5A**, 3
ein Kuchen / Kuchen un gâteau / des gâteaux **I3A**, 3
Kuckuck! Coucou! **I7B**, 4
ein Kuli un stylo **I2A**, 1
ein Freund / eine Freundin un copain / une copine (fam.) **I1B**, 2
ein Kunde / eine Kundin un client / une cliente **I5C**, 1

cent-quatre-vingt-dix-sept 197

Wortliste

die Kunst l'art *(m.)* **I7DE**
kurz court/courte **I6A**, 4
ein Kuss, ein Küsschen une bise *(fam.)* **I7B**, 4
ein Küsschen un bisou **I7B**, 1

L

ein Laden un magasin **I2DE**
ein Ladengeschäft une boutique **I7B**, 1
lang long/longue **I6A**, 4
setzen, stellen, legen poser **I5A**, 1
  etwas legen mettre qc **I6B**, 1
ein Lehrer/eine Lehrerin un professeur/une professeure **I4A**, 3
die Leichtathletik l'athlétisme *(m.)* **I5A**, 3
es tut mir leid (je suis) désolé/désolée **I7D**, 1
etwas lesen lire qc/qc à qn **I7B**, 3
letzter/letzte/letztes dernier/dernière **I6A**, 4
die Leute les gens *(m., pl.)* **I6DE**
Lieber .../Liebe ... Cher **I6B**, 6
etwas lieben/mögen aimer qn/qc **I2B**, 2
  jemanden/etwas lieben aimer qn/qc **I2B**, 2
(nach) links à gauche **I5B**, 1
Lust haben, etwas zu tun avoir envie de faire qc **I3B**, 1

M

etwas machen faire qc **I4B**, 4
Was macht Léo? Que fait Léo? **I2DE**
das Bett machen faire le lit **I6A**, 2
ein Mädchen une fille **I1B**, 1
Mahlzeit un repas **I5A**, 3
Mai mai *(m.)* **I3B**, 7
ein Mann un monsieur **I1B**, 4
März mars *(m.)* **I3B**, 7
ein Meister/eine Meisterin un champion/une championne **I5B**, 3
Ich merke schon, worauf du hinauswillst. Je te vois venir. *(fam.)* **I6B**, 1
merkwürdig bizarre **I1B**, 1
Million un million **I7C**, 1
ein Mineralwasser une eau minérale **I5C**, 1
Mist! Zut! *(fam.)* **I2A**, 3
mit avec **I2DE**
mit dem Zug en train **I7C**, 3
mit jemandem sprechen parler à qn **I6B**, 1
Mitternacht minuit *(m.)* **I5A**, 3
Mittwoch, am Mittwoch mercredi *(m.)* **I4B**, 1
modern moderne **I7DE**

jemanden/etwas mögen aimer qn/qc **I2B**, 2
  ich möchte je voudrais **I5C**, 1
  ich will, ich möchte je veux **I6B**, 1
ein Monat un mois **I3B**, 7
Montag, am Montag lundi *(m.)* **I4A**, 3
morgen demain **I3A**, 3
der Morgen le matin **I5A**, 3
müde fatigué/fatiguée **I7C**, 1
ein Museum un musée **I7DE**
die Musik la musique **I2B**, 2
eine Mutter une mère **I3A**, 9

N

nach (Paris) à (Paris) **I2DE**
  nach, danach après **I4A**, 1
nach Hause gehen rentrer **I4A**, 1
die Nacht la nuit **I5A**, 1
Na ja., Ach. Bof! *(fam.)* **I1B**, 7
Na klar! bien sûr **I1B**, 1
ein Nationalfeiertag une fête nationale **I6DE**
etwas nehmen; *hier:* essen prendre qc **I5C**, 1
nett sympa **I2B**, 2
  hübsch joli/jolie **I6A**, 4
nicht ne ... pas **I4A**, 3
  auch nicht ne ... pas non plus **I4A**, 3
noch encore **I3B**, 1
November novembre *(m.)* **I3B**, 7
eine Nummer un numéro **I5B**, 3

O

oder ou **I2DE**; **I3A**, 1
die öffentlichen Verkehrsmittel les transports en commun *(m./pl.)* **I7C**, 1
Oh! Oh! **I1A**, 1
o.k. d'accord **I2B**, 2
ökologisch écologique **I7C**, 2
Oktober octobre *(m.)* **I3B**, 7
ein Onkel un oncle **I3A**, 9
Opa; Opi papi/papy *(fam.)* **I7A**, 1
ein Ort un endroit **I7DE**

P

Papa papa **I1A**, 1
ein Umzug, eine Parade un défilé **I6B**, 1
ein Pariser/eine Pariserin un Parisien/une Parisienne **I7C**, 1
ein Park un parc **I5DE**
die Pause la récréation **I4A**, 3
eine Person une personne **I6A**, 1
ein Plakat une affiche **I2A**, 3
ein Platz une place **I4A**, 3

die Post la poste **I5B**, 2
eine Postkarte, eine Ansichtskarte une carte postale **I7B**, 1
ein Problem un problème **I6A**, 2
  kein Problem pas de problèmes **I7D**, 1
kein Problem mehr problème **I7D**, 1
ein Projekt un projet **I4B**, 1
ein Pullover un pull **I6B**, 8
Punkt, genau, pünktlich juste **I5A**, 3; **I5A**, 3
eine Pyramide une pyramide **I7DE**

R

ein Radiergummi une gomme **I2A**, 1
recht haben avoir raison **I4B**, 4
(nach) rechts à droite **I5B**, 1
ein Regal une étagère **I3A**, 2
Es regnet. Il pleut. **I7B**, 2
  regnen pleuvoir **I7B**, 2
eine Reportage un reportage **I7DE**
der RER *(S-Bahnartiges Verkehrsnetz in Paris und Umgebung)* le RER **I7C**, 2
ein Restaurant un restaurant **I7B**, 1
der Rock, die Rockmusik le rock **I2B**, 7
  ein Rock une jupe **I6B**, 8
rot rouge/rouge **I6A**, 4
eine Tour, ein Rundgang un tour **I5A**, 3

S

eine Sache un truc *(fam.)* **I2A**, 1; une affaire **I3A**, 3
ein Saft un jus **I5C**, 1
er sagt/sie sagt il dit/elle dit **I2A**, 3
Samstag, am Samstag samedi *(m.)* **I4B**, 1
samstags le samedi **I5A**, 3
ein Sänger/eine Sängerin un chanteur/une chanteuse **I6A**, 4
schade dommage! **I3A**, 3
eine Schirmmütze une casquette **I6B**, 1
schlafen coucher **I5A**, 3
schlecht mauvais/mauvaise **I6B**, 1
  Es ist schlechtes Wetter. Il fait mauvais. **I7B**, 2
schlecht *(Adv.)* mal *(adv.)* **I1B**, 7
schließlich, endlich enfin **I6A**, 4
der Schluss la fin **I4B**, 5
ein Schlüssel une clé **I4A**, 3
Schmerzen haben avoir mal **I5B**, 3
schneien neiger **I7B**, 2
schnell *(Adv.)* vite **I1A**, 1
schön beau **I7A**, 1
schon déjà **I5A**, 3

Wortliste

jemandem etwas schreiben écrire qc à qn **I7B**, 1
ein Schreibtisch; *(hier)* **Arbeitszimmer** un bureau **I3A**, 3
eine Schule une école **I2A**, 3
ein „Collège" un collège **I4DE**
ein Schüler / eine Schülerin un élève / une élève **I4DE**
der (Schul-)Hof la cour **I4DE**
schwarz noir / noire **I6B**, 6
eine Schwester une sœur **I2B**, 2
Schwimmbad une piscine **I5B**, 2
das Schwimmen la natation **I5A**, 5
sehr très **I6A**, 4
sein être **I2B**, 2
September septembre *(m.)* **I3B**, 7
etwas setzen mettre qc **I6B**, 1
setzen, stellen, legen poser **I5A**, 1
Sicherlich!, Na klar!, Selbstverständlich! bien sûr **I3A**, 1
Sieh mal! Tiens! **I2A**, 3
ein Sielzeug un jouet **I6B**, 1
singen chanter **I3B**, 1
so comme ça **I5A**, 1
sogar même **I5B**, 3
ein Sohn un fils **I3A**, 9
die Sonne le soleil **I7B**, 1
Sonntag, am Sonntag dimanche *(m.)* **I4B**, 1
spät tard **I5A**, 3
  zu spät kommen être en retard **I4DE**
ein Spiel / Spiele un jeu / des jeux **I3B**, 1
spielen jouer **I4DE; I5A**, 3
der Sport le sport **I2B**, 2
sprechen parler **I2DE**
das Stadtzentrum le centre-ville **I7A**, 1
Stand un stand **I5DE**
stark / (sehr) gut in etwas fort en qc **I5C**, 1
Station; Haltestelle une station **I7A**, 1
eine Stelle un endroit **I7DE**
setzen, stellen, legen poser **I5A**, 1
  etwas stellen mettre qc **I6B**, 1
Stimmt's? C'est ça? **I3B**, 1
der Strass *(Glitzerperlen etc.)* le strass **I6A**, 4
eine Straße une rue **I2A**, 3
  auf der Straße dans la rue **I2A**, 3
eine Stunde une heure **I4A**, 1
  (der Stundenplan) l' emploi *(m.)* du temps **I4B**, 1
jemanden / etwas suchen chercher qn / qc **I2DE**
super super *(inv.)* **I0**, 4
ein Sweatshirt un sweat-shirt **I6B**, 8

T

ein Tag une journée **I4A**, 1
  der Tag le jour **I6A**, 4
  pro Tag / täglich par jour **I7C**, 1
  Einen schönen Tag! Bonne journée! **I5C**, 1
eine Tante une tante **I3A**, 9
der Tanz, das Tanzen la danse **I5A**, 5
tanzen danser **I6DE**
eine Tasche un sac **I4B**, 4
Techno *(Musikstil)* la techno **I2B**, 7
ein Telefon un téléphone **I3A**, 3
teuer cher / chère **I7D**, 1
Lieber … / Liebe … Cher **I6B**, 6
das Theater le théâtre **I5A**, 5
ein Tisch une table **I5A**, 3
  bei Tisch à table **I5A**, 3
ein Tisch à table **I5A**, 3
eine Tochter une fille **I1B**, 1
die Toilette les toilettes **I4A**, 1
toll super *(inv.)* **I0**, 4; fantastique **I1B**, 1
eine Tombola une tombola **I6B**, 9
eine Tour, ein Rundgang un tour **I5A**, 3
ein Tourist / eine Touristin un touriste / une touriste **I7DE**
etwas tragen porter qc **I2A**, 2
träumen rêver **I4B**, 4
traurig triste / triste **I6A**, 4
jemanden treffen retrouver qn / qc **I4A**, 3; rencontrer qn **I6B**, 1
ein T-Shirt un t-shirt **I2B**, 2
ein Turm une tour **I6DE**
das Turnen, die Gymnastik la gymnastique **I2B**, 7
eine Turnhalle un gymnase **I4B**, 3
ein Turnschuh une basket **I6B**, 8

U

etwas überqueren traverser qc **I5B**, 1
eine Überraschung une surprise **I3B**, 1
Was für eine Überraschung! Quelle surprise! **I7A**, 1
eine Übung un exercice **I4B**, 4
Uff! Ouf! **I6A**, 4
sieben Uhr sept heures **I4A**, 1
  halb acht sept heures et demie **I4A**, 1
  Viertel nach sieben sept heures et quart **I4A**, 1
  Viertel vor sieben sept heures moins le quart **I4A**, 1
umweltfreundlich écologique **I7C**, 2
um wie viel Uhr à quelle heure **I4A**, 2
ein Umzug, eine Parade un défilé **I6B**, 1
unter sous **I3A**, 2

sich (über etwas) unterhalten discuter (de qc) **I4A**, 3
eine Unterrichtsstunde un cours **I4DE**
der Urlaub les vacances *(f., pl.)* **I2A**, 3; **I6A**, 4
ein USB-Stick une clé USB **I4A**, 3

V

ein Vater un père **I3A**, 9
eine Verabredung un rendez-vous **I6B**, 1
jemanden / etwas verabscheuen détester qn / qc **I2B**, 2
etwas verbringen passer qc **I5A**, 1
Verdammt! Zut! *(fam.)* **I2A**, 3
etwas vergessen oublier qc **I6A**, 4
ein Verkäufer / eine Verkäuferin un vendeur / une vendeuse **I5C**, 1
ein Verkehrsmittel un moyen de transport **I7C**, 2
etwas verlassen quitter qc **I5A**, 3
Entschuldigung. Pardon. **I1A**, 1
viel beaucoup **I5B**, 2
  viel(e) beaucoup de **I7B**, 1
vielleicht peut-être **I6A**, 4
(Stadt-)Viertel un quartier **I5DE**
von de / d' **I1B**, 1
  von … bis de … à **I4A**, 2
vor *(örtlich)* devant **I2B**, 2
  vor avant **I6B**, 1
vor allem surtout **I6B**, 1
etwas vorbereiten préparer qc **I3A**, 3
jemandem etwas vorlesen lire qc / qc à qn **I7B**, 3
Vorsicht! Attention! **I1A**, 1
Vorstellung, Darbietung un spectacle **I7DE**

W

eine Waffel une gaufre **I5C**, 1
während *(Präp.)* pendant **I6A**, 4
wann quand **I3B**, 7
warm chaud / chaude **I5C**, 1
  Es ist warm / heiß. Il fait chaud. **I7B**, 1
warum pourquoi **I5B**, 3
Was … ? Qu'est-ce que … ? **I2B**, 2
was? äh? hein? *(fam.)* **I5DE**
Was? Quoi? **I5A**, 1
Was ist das? Qu'est-ce que c'est? **I2DE**
sich waschen faire sa toilette **I5A**, 3
Was gibt es? Qu'est-ce qu'il y a? **I3A**, 1
das Wasser l'eau *(f.)* **I5C**, 1
wechseln, ändern changer **I6B**, 6
weh tun faire mal **I5B**, 3
weil parce que **I5B**, 3
weiß blanc / blanche **I6B**, 6
weit *(Adv.)* loin **I5A**, 1

Wortliste

ein wenig un peu **I7B**, 1
der Wert la valeur **I7D**, 1
das Wetter le temps **I7B**, 2
Wie ist das Wetter? Quel temps fait-il? **I7B**, 2
Es ist schönes Wetter. Il fait beau. **I7B**, 1
wie? *(Fragewort)* comment? **I1A**, 1
   wie comme **I4B**, 4
wieder, noch encore **I3B**, 1
jd. wiederfinden; jd. treffen retrouver qn/qc **I4A**, 3
   etwas wiederfinden retrouver qn/qc **I4A**, 3
Wie geht es euch/Ihnen? Comment allez-vous? **I7B**, 4
Wie geht's? Ça va? **I0**, 4
wie viel combien (de) **I5C**, 1
Wieviel kostet das? Ça fait combien? **I5C**, 1
der Wind le vent **I7B**, 1
wirklich vraiment **I5B**, 3
Ich weiß nicht. Je ne sais pas. **I4A**, 3
   du weisst tu sais **I7C**, 1
wo; wohin où **I2B**, 2
eine Woche une semaine **I5A**, 1
wohnen habiter **I2B**, 2
eine Wohnung un appartement **I5A**, 3
ein Wohnzimmer un salon **I5A**, 3
eine Wolke un nuage **I7B**, 1
ich will, ich möchte je veux **I6B**, 1
ein Wort un mot **I4B**, 3
etwas wünschen désirer qc **I7D**, 2

Z

jemandem etwas zeigen montrer qc à qn **I6B**, 1
die Zeit le temps **I4B**, 1
eine Zeitschrift une magazine **I2DE**
eine Zeitung un journal **I2DE**
genug, ziemlich assez **I6B**, 1
ein (Schlaf)Zimmer une chambre **I3A**, 3
   ein Zimmer une pièce **I5A**, 3
zuerst d'abord **I3A**, 1
zufrieden content/contente **I6A**, 4
ein Zug un train **I3A**, 3
auf jemanden zugehen aller vers qn **I6B**, 1
zurückkommen rentrer **I4A**, 1
zusammen ensemble **I3A**, 1
zusätzlich, dazu en plus **I2A**, 3
zu viel, zu sehr trop **I5B**, 3
zwischen entre **I6B**, 1
zwölf Uhr (mittags) midi **I4A**, 1

200   deux cents

Vocabulaire

Österreichische Geografie auf Französisch

Deutsch	Französisch
Linz	Linz
Burgenland	Burgenland
Kärnten	Carinthie
Niederösterreich	Basse-Autriche
Oberösterreich	Haute-Autriche
Salzburg	Salzbourg
Steiermark	Styrie
Tirol	Tyrol
Vorarlberg	Vorarlberg
Wien	Vienne

Geografie der Schweiz auf Französisch

Deutsch	Französisch
Zürich	Zurich
Bern	Berne
Luzern	Lucerne
Uri	Uri
Schwyz	Schwyz
Obwalden	Obwald
Nidwalden	Nidwald
Glarus	Glaris
Zug	Zoug
Freiburg	Fribourg
Solothurn	Soleure
Basel-Stadt	Bâle-Ville
Basel-Landschaft	Bâle-Campagne
Schaffhausen	Schaffhouse
Appenzell Ausserrhoden	Appenzell Rhodes-Extérieures
Appenzell Innerrhoden	Appenzell Rhodes-Intérieures
St. Gallen	Saint-Gall
Graubünden	Grisons
Aargau	Argovie
Thurgau	Thurgovie
Tessin	Tessin
Waadt	Vaud
Wallis	Valais
Neuenburg	Neuchâtel
Genf	Genève
Jura	Jura

deux-cent-un

Solutions: Lösungen

Mit dem Lösungsteil kannst du dich selbst kontrollieren. Damit du eigene Fehler erkennst, musst du sehr genau hinsehen und deine Lösungen sorgfältig mit den hier abgedruckten vergleichen. Trage deine Fehler in dein „Fehlerprotokoll" ein. Wie du damit arbeiten kannst, steht auf Seite 141.

Au début (S. 10–15)

2 Mit dem französischen Buch arbeiten
1. le Vocabulaire / le Vocabulaire en classe **3.** „Au revoir!" / „je m'appelle XY." **6.** G = Grammatik / Cahier d'activités **7.** La tour Eiffel, l'arc de triomphe / le tour de France **9.** Nicolas Sarkozy, Thierry Henry, Asterix / Carla Bruni, Catherine Deneuve, Zaz **12.** parler = „sprechen" / lire = (Texte) lesen **13.** Comment ça va? / Moi, ça va. **14.** la baguette / le camembert **16.** A propos du texte / vis-à-vis = gegenüber **17.** Le Louvre / Frankreich, die Schweiz, Belgien, Kanada, Marokko, Algerien … **18.** La liste des mots / Überprüfen der erworbenen Fähigkeiten **19.** Deutsch-französische Wortliste / belegt, dass das Ziel der Lektion erreicht wurde. **21.** Moustique & Malabar, Léo & Marie

Unité 1, Bilan (S. 26–27)

1 Parler
1. Je m'appelle … **2.** Il / elle est de … **3.** Tu es de Paris? **4.** Qui est-ce? **5.** Ça va? **6.** Bonjour, monsieur! / Bonjour, madame! **7.** Salut! **8.** Au revoir! / Salut! **9.** C'est … / Voilà … **10.** Pardon! **11.** Attention! **12.** Merci!

2 Ecouter et lire
1. C'est Flora. **2.** C'est Magali. **3.** C'est Zoé. **4.** C'est Emma. **5.** C'est Erkan.

3 En forme
A 1. Bonjour! Moi, c'est Marie. Je suis de Paris. **2.** Et toi? Tu es aussi de Paris? **3.** Oui! Et voilà Malabar. C'est un chien fantastique! **4.** Moustique aussi. Il est super! **5.** Mais toi aussi, tu es super! **6.** Oui, moi, je suis super et fantastique!

B 1. C'est un chien. Il est bizarre. **2.** C'est un monsieur. Il est super. **3.** C'est un garçon. Il est super. **4.** C'est une fille. Elle est fantastique. **5.** C'est un chat. Il est bizarre.

Unité 2, Bilan (S. 39–40)

1 Parler
1. Je suis l'ami (l'amie) *oder:* le copain (la copine) de … **2.** Tu habites où? **3.** J'habite à Neustadt, Kantstraße 39. **4.** Qu'est-ce que c'est, en français? **5.** Que fait Max? **6.** Qu'est-ce que tu aimes / vous aimez? **7.** J'aime le vélo. **8.** Je déteste le rap. **9.** D'accord!

2 Lire et écrire
1. Marie entre dans un magasin. Elle cherche une BD pour une amie. **2.** Elle regarde une BD. Ah! Voilà une BD super! **3.** Tiens, voilà Jérôme. Mais que fait Jérôme? **4.** Jérôme, attention, la BD! Oh! C'est la catastrophe!

3 Ecouter et comprendre
Dialogue 1: 1. c); 2. a) ; 3. c)
Dialogue 2: 1. b); 2. a)

4 Lire et comprendre
1. faux: Ils sont cousins; **2.** faux: ils cherchent un journal de sport; **3.** vrai; **4.** faux: ils trouvent Léo avec son chien Filou; **5.** faux: ils cherchent un journal de sport; **6.** faux: Léo cherche une BD; **7.** faux: Filou déteste les chats; **8.** faux: Paul aime le sport

5 En forme
1. Alex et Mme Latière sont dans un magasin. **2.** *Mme Latière:* Bonjour, madame, nous cherchons un t-shirt. **3.** La dame cherche et dit: Voilà un t-shirt pour vous, avec un chat. **4.** Mme Latière et Alex regardent le t-shirt. **5.** *La dame:* Vous aimez le t-shirt? **6.** *Mme Latière:* Il est super, Alex, tu es d'accord, non? **7.** *Alex:* Tu trouves? Je déteste ça, moi. **8.** *Mme Latière:* Alors, on cherche un t-shirt avec un chien.

Plateau 1, Révisions (S. 42)

1 Qui est-ce?
1. C'est le chien de Marie. **2.** C'est le chien de Léo. **3.** Elle travaille. **4.** C'est la grand-mère d'Alex et de Jérôme. **5.** C'est le frère d'Alex.

2 Marie et Alex
1. Bonjour, tu t'appelles comment? **2.** Tu es de Paris? Moi aussi. **3.** J'habite dans une maison super, rue Truffaut. **4.** Tu travailles ici? **5.** Le chien devant le magasin, c'est Moustique. **6.** Je cherche une BD pour un copain. **7.** Viens, Moustique, viens avec moi.

3 Réponse et question
1. Qui est-ce? **2.** Que fait Alex? **3.** Qu'est-ce que c'est? **4.** Tu t'appelles comment? **5.** Tu habites où? **6.** Qu'est-ce que tu aimes?

4 Au camping
1. *(zu Jan)* Er fragt, wie es dir geht und ob wir Franzosen sind. **2.** *(zu Romain)* Non, nous sommes Allemands. **3.** *(zu Jan)* Er fragt, ob wir Brüder sind. **4.** *(zu Romain)* Non, nous sommes copains. **5.** *(zu Jan)* Er möchte wissen, wie wir heißen. **6.** *(zu Romain)* Je suis Jan et mon copain s'appelle Paul. **7.** *(zu Jan)* Er heißt Romain und heißt uns in Frankreich willkommen. **8.** *(zu Romain)* Muss nicht wiedergegeben werden.

Unité 3, Bilan (S. 57–58)

1 Parler
1. Bon anniversaire! / Joyeux anniversaire! **2.** Qu'est-ce qu'il y a dans le magasin? **3.** Tu ranges ta chambre, s'il te plaît? **4.** J'aime les BD. **5.** Tu as faim? **6.** J'ai 13 ans. **7.** Mon anniversaire, c'est le premier mars. **8.** J'ai envie d'écouter un CD.

2 Regarder et écrire
A **1.** Aujourd'hui, c'est l'anniversaire de Léo. Sa mère prépare un gâteau. **2.** Léo est dans sa chambre avec son amie Marie et Malabar. Et voilà ses cadeaux: son jeu vidéo et sa BD. **3.** Maintenant, son père est là aussi.

B **1.** Aujourd'hui, c'est mon anniversaire. Ma mère prépare un gâteau. **2.** Je suis dans ma chambre avec mon amie Marie et Malabar. Et voilà mes cadeaux: mon jeu vidéo et ma BD. **3.** Maintenant, mon père est là aussi.

3 En forme
(z. B.) **1.** J'ai une idée. **2.** Tu as envie d'écouter un CD? **3.** Il a 11 ans. **4.** Nous avons une surprise. **5.** Vous avez faim? **6.** Elles ont un cadeau pour Léo.

4 Jeu de mots
1. Léo est le fils de Marc Pirou. **2.** La mère de Marc Pirou est la grand-mère de Léo. **3.** La fille de l'oncle de Léo est la cousine de Léo. **4.** La sœur de la mère de Léo est la tante de Léo.

5 Ecouter et comprendre
1. Non, Malika téléphone à Thomas. **2.** Non, la mère de Malika prépare un gâteau. **3.** Oui, Malika invite aussi Luc. **4.** Non, Laure est à Munich. **5.** Non, Thomas apporte des CD.

6 Lire et comprendre
1. faux: il y a un message de Clara. **2.** vrai **3.** faux: Léo travaille pour son interro de maths. **4.** faux: Léo déteste les maths. **5.** faux: Après l'ordinateur, Léo mange.

Unité 4, Bilan (S. 72–73)

1 Parler
1. On a allemand à quelle heure? **2.** Il est quelle heure? **3.** On a récréation de quelle heure à quelle heure? **4.** Aujourd'hui, c'est quel jour? **5.** On fait nos (*oder:* les) devoirs ensemble? **6.** Où est-ce qu'on va à la pause de midi? **7.** Tu aimes la cantine?
1. Excusez-moi od. Pardon! **2.** Je ne sais pas.

2 Ecouter
12.00 (midi) → **C**; 8.05 (huit heures cinq) → **O**; 9.20 (neuf heures vingt) → **L**; 15.45 (quatre heures moins le quart) → **L**; 19.50 (huit heures moins dix) → **E**; 12.15 (midi et quart) → **G**; 10.30 (dix heures et demie) → **E**; Lösungswort: COLLEGE (*In Großbuchstaben fallen die accents weg.*)

3 En forme
1. Non, je ne travaille pas. **2.** Non, je ne joue pas. **3.** Non, je ne range pas ma chambre. **4.** Non, je ne suis pas au lit.

4 Vis-à-vis
1. Un collège en France a quatre classes. **2.** On entre au collège à l'âge de 11 ans. **3.** faux. **4.** Un «gymnase», c'est une «Sporthalle» en allemand. **5.** faux. **6.** faux: en 6ème. faux: au lycée

5 En forme
1. Qu'est-ce que tu fais maintenant? – Là, je vais à la maison. **2.** Est-ce que nous faisons nos exercices pour M. Racine à cinq heures? – Oui, mais d'abord, nous allons chez Léo, d'accord? **3.** Marie et Alex font leurs devoirs? – Non, elles vont au CDI. **4.** Et Mehdi, qu'est-ce qu'il fait? – Il va à la FNAC. **5.** Léo et toi, vous faites un gâteau pour Alex? – Oui, mais Marie et toi, vous allez chez Mme Latière. **6.** Et moi, qu'est-ce que je fais, alors? – (z. B.) *Tu vas chez ta copine.*

6 En forme
1. Léo et Medhi n'ont pas envie de faire leurs devoirs. **2.** Marie et moi, nous allons chez notre copine aujourd'hui. **3.** Alex et Jérôme ne trouvent pas leur copain Léo. **4.** «Vous ne rangez pas votre salle de classe, les enfants?» **5.** Les professeurs préparent leurs cours. **6.** «Monsieur, nous n'avons pas nos affaires de sport.»

7 En forme
1. Non, je ne vais pas au lit! **2.** Non, nous n'allons pas à la gym à 4 heures. **3.** Non, je ne vais pas au CDI. **4.** Non, nous n'allons pas à l'école. **5.** Non, je n'ai pas faim. **6.** Non, nous n'avons pas faim. **7.** Non, les garçons ne rangent pas la classe. **8.** Non, nous ne faisons pas l'interro. **9.** Non, nous ne regardons pas la télé! **10.** Non, nous ne sommes pas en retard.

Plateau 2, Révisions (S. 75)

1 Où est Moustique?
1. Il est sur le sac. **2.** Il est dans le train. **3.** Il est sous le lit. **4.** Il est derrière l'ordinateur. **5.** Il est devant la télé.

2 Allez!
Mehdi: Vous allez au CDI aussi, maintenant?
Marie: On va à la cantine mais après, on va au CDI avec toi.
Léo: Oui, mais moi, je vais à l'infirmerie, c'est pour mon pied.
Alex: Tu n'as pas envie de travailler, alors tu vas à l'infirmerie, c'est ça?
Léo: Mais non, je ne vais pas bien. Après, je vais à la maison.
Alex: Léo a raison. Et nous, après le collège, nous allons chez Marie pour regarder «Spiderman».
Léo: Zut, ils vont chez Marie pour regarder «Spiderman», et moi, je vais au lit …

3 Bonjour, c'est Joséphine …
Notizen: **Qui:** Joséphine; **Où:** Strasbourg, gare; **Quand:** vendredi, 17h45.
Zusammenfassung: Isabel, hör mal zu. Deine Freundin Joséphine aus Frankreich hat angerufen. Sie kommt am Freitag (erst) um Viertel vor sechs (17 Uhr 45) an den Bahnhof in Straßburg.

4 Cherchez et trouvez.
A 1. commencer à 10 heures; commencer dans une minute **2.** avoir 13 ans; avoir raison **3.** être en retard; être frère et sœur **4.** faire un gâteau; faire ses devoirs

Unité 5, Activités au choix (S. 87–90)

1 Une chambre à deux
A 1. Porte / portez mon sac. **2.** Fais tes devoirs. **3.** Joue avec moi. **4.** Range tes affaires.

B 1. N'écoute pas mes CD. **2.** Ne prends pas mon t-shirt. **3.** Ne prends pas le train. **4.** Ne joue pas avec mon portable.

2 Qu'est-ce qu'on prend?
A prendre une douche: duschen; prendre le train: den Zug nehmen; prendre un médicament: ein Medikament einnehmen; prendre des notes: Notizen machen; prendre une photo: ein Foto machen

B 1. Ça fait mal, monsieur? Alors prenez un médicament. **2.** Attention, je prends une photo de toi. Clic! **3.** Après le sport, nous prenons une douche. **4.** Pour faire une interview, elles prennent des notes. **5.** Pour aller à Paris, tu prends le train.

3 Des activités pour tout le monde!
(z. B.) Le Jugendtreff est une maison pour les enfants. On va au Jugendtreff pour retrouver des amis. Il y a des activités pour tout le monde: samedi, on fait de la danse pour les filles. Il y a aussi un jeu de foot sur une table (Qu'est ce que c'est en français?). Lundi, il y a un film. Mardi, il y a des cours pour les enfants, on fait des combats, c'est quelque chose comme le judo. Mercredi, on fait du foot. Il y a aussi un truc de musique, on écoute des guitares. Jeudi, on fait des jeux. Il y a aussi un cours pour raconter des histoires. Vendredi, on fait du théâtre. On joue des scènes. Il y a aussi un cours pour préparer des crêpes.

4 L'agenda de Marie et d'Alex
Marie: On va à la piscine lundi, après-midi et avant 16 heures?
Alex: Lundi après-midi, je rencontre Nadja. Ça ne va pas. Mais mardi matin, à 10 heures?
Marie: Mardi matin, ça ne va pas. je vais chercher un cadeau d'anniversaire pour mamie, mais mardi soir?
Alex: Mardi soir, je vais au restaurant avec mamie.
Marie: Alors mercredi matin?
Alex: Ah, non, ça ne va pas. J'ai une compétition de judo à 9 heures. Mais jeudi matin?
Marie: Jeudi matin, j'ai dentiste? a 9 heures et je prends un café avec Claire à 15 heures …
Alex: Pour moi, ca ne va pas, jeudi, mais vendredi après-midi?
Marie: Ah, non, vendredi après-midi, c'est l'anniversaire de Gabriel et …

5 Un rêve bizarre
A 1. C'est la catastrophe, l'ordinateur est dans l'entrée! **2.** C'est la catastrophe, les livres et les cahiers sont dans la cuisine. **3.** C'est la catastrophe, le lit est dans le salon. **4.** C'est la catastrophe, les photos sont dans les toilettes. **5.** C'est la catastrophe, la table est dans la chambre (des parents). **6.** C'est la catastrophe, la télé est dans la salle de bains.

B (z. B.) **1.** Chez nous, l'ordinateur est dans la chambre de maman. **2.** Chez nous, les livres et les cahiers sont dans ma chambre. **3.** Chez nous, le lit est dans la chambre. **4.** Chez nous, les photos sont dans la chambre des parents. **5.** Chez nous, la table est dans la cuisine. **6.** Chez nous, la télé est dans le salon.

6 Qui est Scoubidou?
(z. B.) – Scoubidou a quel âge? – Il a onze ans. – Est-ce qu'il va au collège? – Oui, il va au collège. – Qu'est-ce qu'il aime? – Il aime le judo et le rugby. – C'est Alex! – Oui, c'est ça!

7 Mon quartier et mes activités

A 1. Il/elle va arriver chez Valentin dans 15 jours. (en avril)   2. En allemand, un *terrain de sport*, est un Sportplatz.   3. Dans une *bibliothèque*, on trouve des livres. (et des BD, des journaux, des CD, des DVD, des ordinateurs …)   4. Il ne joue pas dans la rue parce qu'il y a toujours des voitures.   5. Dans une piscine, on fait de la natation.   6. Dans un cinéma, on regarde des films.

B (z. B.)
Bonjour Valentin,
Merci beaucoup pour ton courriel! Je vais bientôt arriver chez toi, et je trouve ça super. Chez moi, il y a aussi des voitures et nous ne jouons pas dans la rue. Nous jouons dans la cour de notre maison. Nous faisons du foot, mais Monsieur Schneider n'aime pas ça! Il est bizarre. J'aime bien mon quartier parce que mes copains sont là et parce qu'il y a un terrain de sport. Mon collège est loin, alors je prends mon vélo. Le samedi, je vais chez mes copains. Nous faisons des jeux vidéo. Je fais aussi du tennis. Le dimanche, je suis avec ma famille.
A bientôt   Lukas

Unité 5, Bilan (S. 91)

1 Parler
1. Qu'est-ce que tu fais comme activité?   2. Le mardi, je fais du sport.   3. Pourquoi est-ce que tu rentres déjà?   4. Parce qu'il est tard.   5. Quand est-ce qu'on va à Paris?   6. Est-ce que tu as mal?   7. Pardon, monsieur/madame, pour aller à la piscine?   8. Vous pouvez répéter, s'il vous plaît?   9. J'ai faim et soif.   10. Ça coûte combien, une crêpe?   11. Je voudrais une eau minérale, s'il vous plaît.   12. Bonne journée!

2 Jeu de mots
1. Je vais passer la nuit de vendredi à samedi chez mon copain.   2. En avril, je vais passer 10 jours chez ma grand-mère.   3. Oh, il est tard. Il est déjà minuit.   4. Ce soir, je vais au lit à 9 heures et demie.   5. Le mercredi après-midi, à 3 heures moins le quart, je fais de la guitare.

Unité 6, Bilan (S. 104)

1 Parler
1. Qu'est-ce que tu as fait samedi dernier?   2. D'abord, j'ai retrouvé mes amis et puis nous avons fait des jeux ensemble.   3. Je suis content(e). / Je suis triste.   4. Je mets un pull et des baskets.   5. J'ai aidé mon copain / ma copine.   6. J'ai donné un livre à mon copain.   7. C'est une bonne idée.

2 En forme
1. A la fête, les gens sont contents.   2. La musique n'est pas mauvaise/bonne/intéressante.   3. Il y a des gaufres. Elles sont bonnes/mauvaises/fantastiques.   4. Max est un garçon intéressant/sympa.   5. Il est très grand/intéressant/content.   6. Lilou trouve les filles nulles.

3 Ecrire
1. A la gare, Gabriel a parlé à un chanteur.   2. Il a demandé un CD au chanteur.   3. Le chanteur a donné une photo au garçon.   4. Gabriel a raconté l'histoire à sa famille.   5. Il a montré le CD à ses copains.

Unité 7, Jeu (S. 116)

Edition Paris
1. A Paris, il y a 6 gares.   2. La tour Eiffel, l'arc de triomphe, le Louvre, …   3. b) un quartier   4. Le Louvre   5. le bus, le métro, le taxi, le train, le vélo   6. le métro et le bus   7. un vélo / une bicyclette   8. c) plus de 2000 vendeurs   9. dans le chenil   10. des livres, des CD, des voitures, des lampes, des ordinateurs, …

Edition superchampion
1. Roissy Charles de Gaulle   2. La Seine   3. L'Île de la Cité   4. c) 20 arrondissements

Plateau 3, Révisions (S. 118)

1 Comment trouver le stand de crêpes?
A Der Crêpes-Stand befindet sich bei Nummer 2.

B Léo habite 23, rue Truffaut. Quitte le parc et va tout droit. Tu arrives à la rue Truffaut. Tourne à droite et va tout droit. Traverse la rue des Moines puis traverse la rue Legendre. Va tout droit. La maison de Léo est à droite.

2 Sur la tour Eiffel
1. Léo et son père visitent la tour Eiffel.   2. M. Pirou parle avec / parle à des touristes.   3. Il fait des interviews.   4. Il pose des questions à des / aux touristes.   5. Les touristes aiment bien la vue sur Paris.   6. Une dame écrit une carte postale à une / à son amie.   7. Léo prend des photos.   8. A la maison, Léo montre les / montre ses photos à sa mère.

3 La carte postale de Marie
Chère Alex,
J'aime bien Lyon, c'est une ville fantastique. Je suis tout le temps avec Lilou. Elle habite avec sa mère dans un petit appartement de trois pièces. Elle n'a pas de frère et pas de sœur (pas comme moi avec Gabriel et Clara!). Elle a beaucoup d'activités: elle fait de la gymnastique, de la danse et surtout du théâtre. Elle adore ça! Mais elle n'aime pas trop ranger sa chambre. Alors hier, elle n'a plus trouvé ses vêtements préférés. Enfin, elle a retrouvé sa casquette sous son lit. Voilà, Lilou est comme moi.

En classe

Pour faire les exercices du livre

Accordez les adjectifs.	Gleicht die Adjektive an.
Ajoutez …	Fügt … hinzu.
Chantez.	Singt.
Cherchez …	Sucht …
Classez les mots dans votre cahier.	Ordnet die Wörter in eurem Heft.
Commence comme ça: …	Beginne so: …
Comparez …	Vergleicht …
Complétez les phrases.	Vervollständigt die Sätze.
Comptez.	Zählt.
Continuez.	Macht weiter.
Copiez et complétez … dans votre cahier.	Übertragt und ergänzt … in eurem Heft.
Corrigez les phrases.	Korrigiert die Sätze.
Décris les images.	Beschreibe die Bilder.
Dessinez …	Zeichnet …
Devinez.	Ratet.
Ecoutez.	Hört zu.
Ecrivez …	Schreibt …
Faites des dessins.	Macht Zeichnungen.
Faites des devinettes.	Macht Rätsel.
Faites des dialogues.	Macht Dialoge.
Faites des phrases.	Bildet Sätze.
Faites les pantomimes.	Macht die Pantomimen.
Faites trois groupes.	Bildet drei Gruppen.
Invente …	Erfinde …
Jouez à deux.	Spielt zu zweit.
Jouez avec deux dés.	Spielt mit zwei Würfeln.
Jouez la scène.	Spielt die Szene.
Justifiez …	Begründet …
Lis le message.	Lies die Nachricht.
Lisez.	Lest.
Lisez les questions et trouvez les réponses.	Lest die Fragen und findet die Antworten.
Mettez la bonne négation.	Setzt die richtige Verneinung ein.
Mettez les phrases dans le bon ordre.	Bringe die Sätze in die richtige Reihenfolge.
Mettez les verbes à la bonne forme	Setzt die Verben in die richtige Form.
Mimez …	Stellt … als Pantomime dar.
Notez …	Schreibt … auf.
Parlez de …	Sprecht über …
Parlez avec votre voisin / votre voisine.	Sprecht mit eurem Banknachbarn / eurer Banknachbarin
Pas dans le texte.	Nicht im Text.
Posez des questions et répondez.	Stellt Fragen und beantwortet sie.
Prends des notes.	Mache Notizen.
Préparez le dialogue et jouez-le.	Bereitet den Dialog vor und spielt ihn.
Présentez …	Präsentiert … / Stellt … vor.

206 deux-cent-six

En classe

Quand vous entendez … levez les mains.	Wenn ihr … hört, hebt die Hände.
Quelle est la différence entre … ?	Was ist der Unterschied zwischen … ?
Quels mots vont ensemble?	Welche Wörter passen zusammen?
Qui dit quoi?	Wer sagt was?
Raconte …	Erzähle …
Regardez l'image.	Seht das Bild an.
Remplacez …	Ersetzt …
Répétez.	Sprecht nach.
Répondez.	Antwortet.
Travaillez à deux.	Arbeitet zu zweit.
Trouvez des réponses.	Findet Antworten.
Trouvez la bonne forme du verbe.	Findet die richtige Verbform.
Trouvez le bon ordre.	Findet die richtige Anordnung.
Trouvez le pronom.	Findet das Pronomen.
Trouvez les mots-clés.	Findet die Schlüsselwörter.
Trouvez les mots.	Findet die Wörter.
Trouvez les phrases.	Findet die Sätze.
Utilisez …	Verwendet …
Utilisez les mots donnés.	Verwendet die angegebenen Wörter.
Vrai ou faux? Corrigez.	Richtig oder falsch? Verbessert.

Des phrases utiles / Nützliche Sätze

Je ne comprends pas ce mot.	Ich verstehe dieses Wort nicht.
Est-ce que vous pouvez expliquer ce mot?	Können Sie dieses Wort bitte erklären?
Est-ce que vous pouvez épeler ce mot?	Können Sie bitte dieses Wort buchstabieren?
Est-ce que vous pouvez répéter la phrase, s'il vous plaît?	Können Sie den Satz bitte wiederholen?
Est-ce que vous pouvez répéter la question, s'il vous plaît?	Können Sie die Frage bitte wiederholen?
J'ai oublié mes devoirs.	Ich habe meine Hausaufgaben vergessen.
Nous sommes à quelle page?	Auf welcher Seite sind wir?
Nous sommes à quel paragraphe?	In welchem Abschnitt sind wir?
Nous sommes à quelle ligne?	In welcher Zeile sind wir?
Nous sommes à quelle phrase?	Bei welchem Satz sind wir?
Comment est-ce qu'on prononce ce mot?	Wie spricht man dieses Wort aus?
Je ne sais pas.	Ich weiß nicht.

Les lettres de l'alphabet

A [a]	D [de]	G [ʒe]	J [ʒi]	M [ɛm]	P [pe]	S [ɛs]	V [ve]	Y [igʀɛk]
B [be]	E [ə]	H [aʃ]	K [ka]	N [ɛn]	Q [ky]	T [te]	W [dublərve]	Z [zɛd]
C [se]	F [ɛf]	I [i]	L [ɛl]	O [o]	R [ɛʀ]	U [y]	X [iks]

deux-cent-sept 207

Textes supplémentaires

Théâtre

Klett propose

La dame du Rez-de-chaussée
de Léo Koesten

Personnages:
Marie, 13 ans; **Théo**, 13 ans; **Alexa**, 13 ans; **Jamel**, 13 ans
Gilles, environ 35 ans, papa de Théo, journaliste
Une habitante du 3e étage de l'immeuble
La dame du Rez-de-Chaussée, autour de 80 ans

Scène 1

Extérieur jour, sur le trottoir (Marie, Théo, Alexa et Jamel)

Les quatre jeunes marchent sur le trottoir. Au bruit de la circulation se mêle celui que fait le ballon qu'Alexa fait rebondir sur le trottoir.

Jamel: Alexa, j'ai envie de jouer au ballon.
Théo: Moi aussi!
Alexa: C'est mon ballon, oui ou non?
Jamel: C'est *ton* ballon, Alexa.
Alexa: C'est exact, Jamel.
Théo: Et pourquoi est-ce que tu ne le prêtes[1] pas, ton ballon?
Alexa: Ecoute Théo: il y a beaucoup de voitures dans la rue, alors moi, je fais très attention.
Jamel: Tu fais très attention, d'accord. Mais tu joues quand même[2]. Alors pourquoi pas moi?
Théo: Oui, pourquoi pas nous?!!
Marie: Dans cinq minutes, on arrive dans la cour de mon immeuble[3]. Et là, il n'y a pas de voitures. Et là, Alexa, elle va nous le prêter, son ballon.

Alexa: Exact, Marie! On va dans ta cour pour jouer au foot *ensemble*, les quatre copains.
Théo: Je suis super, au foot. Faites attention, vous les mauvais …
Alexa: Ha! Ha! Ha! «Nous les mauvais»!!! Dans tes rêves, Théo, oui!!!

Scène 2

Extérieur, dans la cour de l'immeuble (Marie, Théo, Alexa, Jamel, L'habitante du 3e étage)

Les jeunes sont maintenant dans une cour entourée d'immeubles.
Les bruits de la circulation se sont atténués.
Quant à Alexa, elle continue à faire rebondir son ballon sur le sol.

---

1 prêter leihen – **2 quand même** trotzdem – **3 un immeuble** ein Gebäude

Textes supplémentaires

Marie: C'est la cour de mon immeuble.
Jamel: Waouh! C'est super!
Théo: Super grand, je trouve.
Jamel: On a le droit de faire du foot dans ta cour, Marie?
Marie: (évasive) Oui, oui …
Jamel: Cool.
Alexa: Bon. Les buts, on les met entre les deux poubelles. D'accord?
Jamel: D'accord. Moi, je vais dans les buts.
Marie: Attention, Jamel: je suis comme Théo, je joue super bien au foot!
Alexa: Ah bon?! T'es nulle, oui!
Marie: Regarde ce tir …
Jamel: Vas-y, Marie!

Marie tire et fait tomber une poubelle. Les copains éclatent de rire.

Alexa: Ha! Ha! Ha! Un joli tir, oui! Bravo pour la poubelle.

Une dame ouvre violemment la fenêtre de son appartement, lequel est situé au 3e étage.

L'habitante: Vous n'avez pas le droit de jouer dans la cour.

La dame referme violemment sa fenêtre.

Jamel: Qu'est-ce qu'on fait, Marie?
Marie: On joue, bien sûr.
Jamel: D'accord. Bon. Moi, je range la poubelle.

Jamel redresse la poubelle, et y remet les sacs qui en sont sortis.

Jamel: Voilà! Qui tire, maintenant?
Alexa: Moi!
Marie: Tire bien entre les buts, Alexa, pas dans la poubelle. Comme moi!
Alexa: Jamel va rien pouvoir faire.
Jamel: Vas-y, Alexa! Tire!

Alexa tire.

Théo: Waouh!
Marie: Waouh!

C'est alors qu'on entend le fracas d'une vitre brisée. Puis plus rien, pendant quelques secondes.
Enfin, la même dame en colère que précédemment ouvre violemment sa fenêtre.

L'habitante: Bravo, les jeunes ! Je répète: vous n'avez pas le droit de jouer dans la cour de l'immeuble.

La dame referme violemment sa fenêtre.

Fortsetzung online unter www.klett.de

Textes supplémentaires

zu Unité 4, Atelier A1: Léo ne chante pas.

1. Marie
2. discuter
3. Jérôme 
4. arriver dans la cour
5. Alex
6. entrer dans le collège
7. Mme Latière 
8. être à la cantine
9. Malabar
10. avoir faim

zu Unité 6, Pratique 1, Chanson: Noël est là!

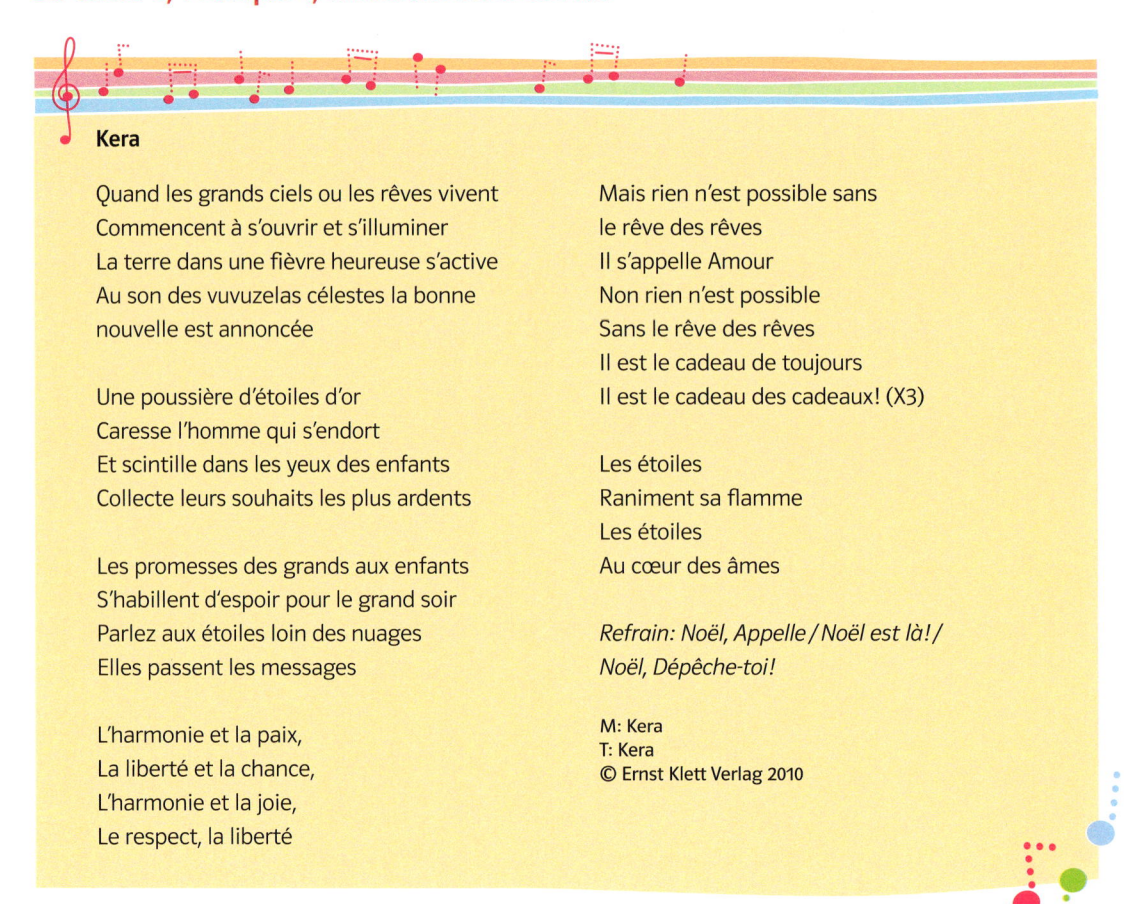

Kera

Quand les grands ciels ou les rêves vivent
Commencent à s'ouvrir et s'illuminer
La terre dans une fièvre heureuse s'active
Au son des vuvuzelas célestes la bonne nouvelle est annoncée

Une poussière d'étoiles d'or
Caresse l'homme qui s'endort
Et scintille dans les yeux des enfants
Collecte leurs souhaits les plus ardents

Les promesses des grands aux enfants
S'habillent d'espoir pour le grand soir
Parlez aux étoiles loin des nuages
Elles passent les messages

L'harmonie et la paix,
La liberté et la chance,
L'harmonie et la joie,
Le respect, la liberté

Mais rien n'est possible sans
le rêve des rêves
Il s'appelle Amour
Non rien n'est possible
Sans le rêve des rêves
Il est le cadeau de toujours
Il est le cadeau des cadeaux! (X3)

Les étoiles
Raniment sa flamme
Les étoiles
Au cœur des âmes

Refrain: Noël, Appelle / Noël est là! / Noël, Dépêche-toi!

M: Kera
T: Kera
© Ernst Klett Verlag 2010

Textes supplémentaires

zu Unité 6, Pratique 1, Chanson: Les rois mages

Sheila

Comme les Rois Mages en Galilée
Suivaient des yeux l'étoile du Berger
Je te suivrai, où tu iras j'irai
Fidèle comme une ombre jusqu'à destination

Comme les Rois Mages en Galilée
Suivaient des yeux l'étoile du Berger
Comme Christophe Colomb et ses trois caravelles
Ont suivi le soleil avec obstination

Plaise au ciel que j'ouvre mes fenêtres
Le matin au bord d'un étang bleu
Plaise au ciel que rien ne nous arrête
Dans ce monde aventureux

Comme les Rois Mages en Galilée
Suivaient confiants l'étoile du Berger
Mon Amérique, ma lumière biblique
Ma vérité cosmique, c'est de vivre avec toi

Comme les Rois Mages en Galilée
Suivaient des yeux l'étoile du Berger
Je te suivrai, où tu iras j'irai
Fidèle comme une ombre jusqu'à destination

Plaise au ciel que s'ouvrent les nuages
L'éclaircie dévoile le chemin
Plaise au ciel qu'au terme du voyage
Son triomphe soit le mien

Comme les Rois Mages en Galilée
Suivaient confiants l'étoile du Berger
Comme Christophe Colomb et ses trois caravelles
Ont suivi le soleil avec obstination

Original: Tweedle Dee Tweedle dum
M: Giosafette Capuano, Mario Capuano
T: Harold Stott
© Universal Music Publishing Ricordi Srl.
Musik Edition Discoton GmbH
(Universal Music Publishing Group)

zu Unité 7, Atelier A1, Chanson: La complainte de l'heure de pointe

Joe Dassin

Dans Paris à vélo on dépasse les autos,
A vélo dans Paris on dépasse les taxis.
Dans Paris à vélo on dépasse les autos,
A vélo dans Paris on dépasse les taxis.

Place des Fêtes on roule au pas,
Place Clichy on roule au pas,
La Bastille est assiégée
Et la République est en danger.

Dans Paris à vélo on dépasse les autos,
A vélo dans Paris on dépasse les taxis.
Dans Paris à vélo on dépasse les autos,
a vélo dans Paris on dépasse les taxis.

L'agent voudrait se mettre au vert,
L'Opéra rêve de grand air,
A Cambronne on a des mots,
Et à Austerlitz c'est Waterloo!

Dans Paris à vélo on dépasse les autos,
A vélo dans Paris on dépasse les taxis.
Dans Paris à vélo on dépasse les autos,
A vélo dans Paris on dépasse les taxis.

M: Chris Juwens
T: Carl-Ulrich Blecher, Leon Dean
Bearbeitung: Claude Lemesle, Richelle Dassin
© Toledo Musik Produktion GmbH, Berlin

deux-cent-onze 211

Bildquellennachweis

Action Press GmbH, Hamburg, **114.1**; Airbus, Hamburg, **10.4**, **132.2**; AKG, Berlin: **188.1**; (Herve Champollion), **10.2**; (RIA Nowosti), **65.5**; Alamy Images, Abingdon, Oxon: (MARKA), **155.1**; (Peter Horree), **112.2**; Avenue Images GmbH, Hamburg: (Banana Stock), **37.6**; (corbis RF), **174.1**; (Digital Vision), **169.1**; Bayard Presse, Paris Cedex 08, **29.1**; Bétotè., Bill Akwa, Bagnolet: **44.1**, **45.1**, **45.2**, **45.3**, **47.1**, **47.2**, **47.3**, **48.1**, **48.2**, **48.3**, **49.3**, **49.5**, **51.1**, **51.2**, **51.3**, **51.4**, **51.5**, **51.6**, **53.1**, **53.2**, **53.3**, **53.4**, **53.5**, **54.1**, **61.1**, **61.2**, **61.3**, **61.4**, **61.5**, **68.1**, **70.1**, **70.3**, **77.2**, **90.1**, **94.1**, **118.1**, **167.1**; V.v. **6**, **9**, **10**, **11**, **12**, **13**; (Bill Akwa Bétotè.), **60.2**; BigStockPhoto.com (Fotosmurf01), Davis, CA, **186.1**; Collage,, **47.1**; Corbis, Düsseldorf: (Joson/Corbis), **26.5**; (Fougere), **12.3**; (George Shelley), **49.2**; (Heide Benser), **103.1**; (Laurence Mouton/PhotoAlto), **38.11**; (Odilon Dimier/PhotoAlto), **34.1**; (Yves Forestier), **96.1**; Corbis RF (RF), Düsseldorf, **49.1**; Corel Corporation Deutschland, Unterschleissheim, **153.4**, **154.3**; ddp images GmbH, Hamburg, **55.1**; Deutsche Bahn AG, Berlin, **11.3**, **113.2**, **132.1**; Dreamstime LLC, Brentwood, TN: (Alvaro Ennes), **153.2**; (Antonio Ros), **158.1**; (Kadir Karcioglu), **85.7**; (RF), **37.8**; (Sandra Iacone), **173.1**; Éditions Glénat ("Captain Biceps", tome 1 de ZEP et TEBO), Issy-Les-Moulineaux, **43.2**; Editions Larivière, Clichy Cedex, **29.4**; f1 online digitale Bildagentur (Ruddy Gold/AGE), Frankfurt, **38.7**; **158.6**; (Anna Pozzi), **153.3**; (ArTo), **182.1**; (digi_dresden), **158.5**; (Gino Santa Maria), **56.4**; (Julijah), **38.8**; (Kheng Guan Toh), **143.1**; (kmit), **103.5**; (Kristina Afanasyeva), **108.2**; (Lorenzo Breig), **10.3**; (Maceo), **85.5**; (Magix Print), **103.4**; (Michael Homann), **25.2**; (moonrun), **143.2**; (morena), **152.1**; (NataliTerr), **86.1**; (Nathalie P), **23.2**; (openlens), **158.3**; (Otto Durst), **111.4**; (Philophoto), **132.2**; (picturemaker01), **25.6**; (raphotography), **10.1**; (schenkArt), **U4**; (swisshippo), **158.4**; (Sylvain Bouquet), **153.1**; (Val Thoermer), **38.5**; (Walter Luger), **38.6**; (Yarek Gora), **49.7**; (Yvan Reitserof), **113.1**; Fotosearch Stock Photography, Waukesha, WI: (BrandXPictures), **65.8**; (Stockbyte), **37.8**, **43.1**; Getty Images, München: (JOEL ROBINE/AFP), **114.2**; , **24.1**, **92.2**; (Bridgeman), **12.2**; (JODY AMIET/AFP), **52.1**; (Travelpix Ltd), **U1**, **113.4**; Getty Images RF (Stockbyte), München, **108.1**; Grange Loisirs, Valloire, **29.3**; Image 100, Berlin, **89.1**; Imageshop (Imageshop), Düsseldorf, **75.1**; Interfoto (imagebroker/Jens-Christof Niemeyer), München, **110.3**; iStockphoto, Calgary, Alberta: (Carmen Martínez Banús), **49.4**; (dirkr), **85.3**; (Jamie Farrant), **55.3**; (jan kranendonk), **186.5**; (Jo Ann Snover), **55.4**; (JurgaR), **186.2**; (Luca di Filippo), **69.2**; (mbbirdy), **48.4**; (Milan Zeremski), **24.2**; (misterelements), **37.9**; (naphtalina), **162.1**; (NLshop), **71.1**; (patrimonio designs limited), **55.2**; (Paul Johnson), **85.2**; (pomortzeff), **154.5**; (RF), **85.8**; (RF/Andrea Leone), **85.6**; (RF/Paul Cowan), **183.2**; (RF/Slawomir Fajer), **56.3**; (Sergey Dubrovskiy), **26.2**; (Shelly Perry), **154.2**; (Stanislav Fadyukhin), **25.10**; (TwilightEye), **168.1**; (victor zastol`skiy), **65.2**; (Vladimir), **71.2**; (Zeiss4Me), **172.2**; Joëlle Racary/ ParisDixSept (Thierry Dubois), Paris, **78.4**; JupiterImages photos.com, Tucson, AZ: **154.1**; (photos.com), **12.1**; Klett-Archiv, Stuttgart: **38.3**, **71.3**, **103.2**; (Christelle Souvras), **74.1**, V.v. **1**; (Dembski), **30.1**, **30.2**, **35.1**, **50.1**, **50.2**, **146.1**, **146.2**; (Dr. Gilles Floret), **11.5**, **50.3**, **56.1**, **65.1**, **85.9**, **87.1**, **87.2**, **87.4**, **87.5**, **91.1**, **106.4**, **110.7**, **120.1**, **122.1**, **131.2**, **132.1**, **190.1**; (Jens Joachim, Leipzig), **88.1**; (Leicht, Jürgen), **109.1**; (Martaguet), **177.1**, **177.2**, **U4**; (Patrick Dembski), **38.9**, **84.2**; (Prisca Martaguet), **37.5**, **128.1**, **172.1**, V.v. **3**, **4**; (Stefan Zörlein), **49.6**, **52.2**, **52.3**, **70.2**, **82.1**, **82.2**, **82.3**, **82.4**, **82.5**, **93.1**, **103.3**, **110.2**, **110.4**, **110.4**, **110.5**, **111.2**, **127.1**, **161.1**; (Weccard), **U1**; laif, Köln: (Cyril DELETTRE/REA), **28.1**; (Denis/REA), **92.1**; (Gilles ROLLE/REA), **94.2**, **107.1**, **110.6**, **162.3**; (Jean-Daniel Sudres/hemis.fr), **186.4**; (Nicolas TAVERNIER/REA), **65.7**; (Romain Degoul/REA), **65.6**; Logo, Stuttgart, **55.2**, **111.1**, **111.3**, **111.5**, **111.6**; MARCO POLO (F. Bouillot, Naudin) Paris: **60.1**, **77.1**, **78.1**, **78.2**, **78.3**, **85.1**, **105.1**, **110.1**, **177.1**, V.v. **5**, **7**, **8**; Masterfile Deutschland GmbH, Düsseldorf: (Rolf Bruderer), **37.1**; (Ron Fehling), **37.2**, **37.4**; Mauritius Images (AGE), Mittenwald, **112.1**; Okapia (Lanceau/NATURE), Frankfurt, **154.4**; Parc Astérix Communication Department, Plailly, **115.1**; Parigramme, Paris, **119.1**; PhotoAlto (Isabelle Rozenbaum & Frédéric Cirou), Paris, **186.6**; Picture-Alliance, Frankfurt: (Arco Images), **47.1**; (Bernd Weißbrod), **150.1**; Pixelio.de, München, **25.12**; Prisma Presse, Paris, **29.2**; Reuters (Langsdon), Frankfurt, **183.1**; shutterstock, New York, NY: (Aleksejs Kostins), **106.2**; (Cathy Keifer), **25.14**; (Dawn Hudson), **25.3**; (Dragan Trifunovic), **25.11**; (Edyta Pawlowska), **23.1**; (el lobo), **25.1**; (empipe), **38.10**; (fotoret), **25.7**; (Gregory Guivarch), **106.3**; (Iurii Osadchi), **103.6**; (Ivonne Wierink), **11.4**; (Jason Stitt), **26.4**; (Jorge Felix Costa), **106.1**; (Jose Ignacio Soto), **109.2**; (Keith Bell), **25.4**; (Kirk Peart Professional Imaging), **186.3**; (Michaela Stejskalova), **154.6**; (Monkey Business Images), **123.2**; (Murat Subatli), **26.3**; (muzsy), **84.1**; (Oceania), **115.1**; (Paul Prescott), **11.2**, **132.3**; (Phase4Photography), **125.1**; (Rob Wilson), **158.2**; (Stefan Ataman), **179.1**; (Stephen Finn), **25.5**; (vlad_star), **69.1**; The Walt Disney Company (Germany) GmbH, München, **55.1**; Thinkstock, München: (AbleStock.com), **38.1**; (Brand X Pictures), **76.1**; (Digital Vision), **56.2**; (Goodshoot), **25.13**, **55.2**, **65.4**; (Hemera), **25.9**, **26.1**, **119.2**, **119.3**; (iStockphoto), **11.1**, **25.8**, **37.3**, **65.3**, **123.1**, **131.1**, **162.2**; (Lifesize), **44.2**; (Photodisc), **87.3**; (Photos.com), **12.4**, **87.8**, **123.3**, **123.4**; (Steve Maehl), **191.1**; (Stockbyte), **13.1**; (Valueline), **85.4**, **86.1**; Ullstein Bild GmbH, Berlin: (AISA), **109.3**; (Roger Viollet), **87.7**; (SIPA), **23.3**, **92.3**; Wikimedia Foundation Inc. (CC-BY-SA.3.0/Yuichi), St. Petersburg FL, **189.1**

Sollte es in einem Einzelfall nicht gelungen sein, den korrekten Rechteinhaber ausfindig zu machen, so werden berechtigte Ansprüche selbstverständlich im Rahmen der üblichen Regelungen abgegolten.

GRANDE-BRETAGNE
Londres
la Manche
PAYS-BAS
Amsterdam
La Haye
Hambourg
Rostock
Schwerin
Berlin
Hanovre
Magdebourg
Halle/Saale
Leipzig
Dresde
Erfurt
Düsseldorf
Cologne
Aix-la-Chapelle
BELGIQUE
Bruxelles
Liège
Calais
Lille
Nord-Pas-de-Calais
LUXEMBOURG
Francfort
Mayence
ALLEMAGNE
Sarrebruck
Nuremberg
Stuttgart
Munich
POLOGNE
Varsovie
Prague
REPUBLIQUE TCHEQUE
SLOVAQUIE
Bratislava
Vienne
Linz
Salzbourg
AUTRICHE
Budapest
HONGRIE
Innsbruck
LIECHTENSTEIN
Mont-Saint-Michel
Brest
Bretagne
Carnac
Normandie
Le Havre
Parc Astérix
Reims
Champagne
Paris
Tour Eiffel
la Seine
Lorraine
Strasbourg
le Rhin
LES VOSGES
Alsace
Fribourg
Le Mans
Orléans
la Loire
Tours
Chambord
Nantes
Bourgogne
Dijon
la Saône
Bâle
Zurich
Berne
LE JURA
Lausanne
SUISSE
FRANCE
Genève
Clermont-Ferrand
Lyon
l'Océan Atlantique
Lascaux
Auvergne
LE MASSIF CENTRAL
Mont-Blanc
LES ALPES
Bordeaux
Aquitaine
la Garonne
Airbus
Pont du Gard
le Rhône
Provence
Biarritz
Toulouse
le Canal du Midi
Nîmes
MONACO
Nice
Marseille
Toulon
LES PYRENEES
ESPAGNE
ANDORRE
la Mer Méditerranée
Madrid
Barcelone
Ajaccio
Corse
SLOVENIE
Ljubljana
Zagreb
CROATIE
SERBIE
Belgrade
BOSNIE-HERZEGOVINE
Sarajevo
Milan
Turin
ITALIE
Gênes
Florence
Rome
la Mer Adriatique
0
100
200
300 km

PARIS
0
500 m
1 km
CLICHY
COURBEVOIE
LA SEINE
Bessièr
Boulevard
Grande Arche
LEVALLOIS-PERRET
Avenue de Clichy
Quartier des Batignolles
Boulevard Berthier
LA DEFENSE
Place de Wagram
17e
NEUILLY-SUR-SEINE
Pont de Neuilly
Boulevard Circulaire
Bd. Gouvion St-Cyr
Place du Maréchal Juin
PUTEAUX
Avenue de Wagram
Place du Général Catroux
Avenue Charles De Gaulle
Boulevard des Batignol
Boulevard Pereire
Bd. Villiers
Arc de Triomphe
Boulevard de Courcelles
Place de la Porte Maillot
Parc de Monceau
Gare Saint-Lazare
Av. de la Grande Armée
Rue du Faubourg Saint-Honoré
Boulevard Malesherbes
Bd. de l'Amiral Bruix
Place Charles De Gaulle
Palais de l'Elysée
Avenue Foch
Av. des Champs-Elysées
8e
Avenue Victor Hugo
Avenue Kléber
Avenue d'Iéna
Avenue Marceau
Mad
Bd. Lannes
Place de la Concorde
Bois de Boulogne
Place du Trocadéro
Cours Albert 1er
Quai
Av. de New York
Tour Eiffel
16e
Av. du Président Kennedy
Av. G. Eiffel
Champs-de-Mars
Boulevard Suchet
Quai de Grenelle
Boulevard de Grenelle
Bd. des Invalides
7e
Parc des Princes
Avenue Emile Zola
Boulevard Garibaldi
Boulevard Murat
Boulevard Exelmans
LA SEINE
Quai Louis Blériot
Quai André Citroën
Rue de la Convention
Rue de Sèvres
Bd. Pasteur
15e
Place de la Porte Saint-Cloud
Rue Lecourbe
Gare Montparnasse
Bd. du Général Martial Valin
Rue de Vouillé
Boulevard Victor
14e
BOULOGNE-BILLANCOURT
Rue d'Alésia
Boulevard Lefebvre
Boulevard Brune
ISSY-LES-MOULINEAUX
MALAKOFF
MONTROUGE